D0560474

A SPANISH READER

Abriendo puertas:

Antología de literatura en español   Tomo I

nextext

Contenido

Lo sociopolítico en el cuento hispanoamericano del siglo XX

La tradición del romance en lengua castellana: Del Medioevo al siglo XX

Poemas de José Martí
José Martí (Cuba)

Versos sencillos, I
("Yo soy un hombre sincero")
Martí expresa sus valores humanos: la sinceridad,
la sencillez en la vida, el amor por su patria, su
admiración por las artes y la naturaleza, su horror
ante el mal y la injusticia, y su deseo de libertad.

Dos patrias
("Dos patrias tengo yo: Cuba y la noche")
Martí piensa en su patria, Cuba, en medio de la
noche. Para Martí, la falta de libertad en su patria
es como la falta de sol o como el silencio de la
noche. Martí intuye que para que Cuba sea libre,
él mismo tendrá que morir en el campo de batalla.

Poemas de Rubén Darío
Rubén Darío (Nicaragua)

A Roosevelt,
Poema VIII de Cantos de vida y esperanza
Darío dedica esta oda a Theodore Roosevelt,
presidente de Estados Unidos, y expresa sus
preocupaciones políticas en las relaciones entre
Estados Unidos y América Latina.

Canción de otoño en primavera,
Poema VI de Cantos de vida y esperanza:
Otros poemas
El poeta lamenta que la juventud sea fugaz y
afirma que aunque no logra encontrar amor y
felicidad, los sigue buscando.

Lo fatal, Poema XLI de Cantos de vida y
esperanza: Otros poemas
Darío expresa su preocupación por las
incertidumbres de la vida y por la muerte.

Poemas de Nicolás Guillén
Nicolás Guillén (Cuba)

A lo largo del libro, las palabras de vocabulario aparecen
en negrita y llevan notas a pie de página. Las palabras y frases
especializadas o técnicas aparecen sin negrita y llevan notas
a pie de página.

EL CUENTO

Horacio Quiroga ▶

El hijo

HORACIO QUIROGA

*El cuentista uruguayo Horacio Quiroga (1878–1937) es un
maestro de la escueta narración lineal. Sus relatos suelen presentar
escenas de terror y temas austeros. Quiroga nos pinta inolvidables
retratos de la vida primitiva en la selvática provincia de Misiones,
en el noreste de la Argentina, donde vivió. Quiroga tuvo una
importante influencia sobre los cuentistas hispanoamericanos que
le siguieron, no sólo por sus cuentos, sino también por sus artículos
sobre el arte de escribir cuentos.*

*Como se ve aquí en "El hijo" (1928), la obra de Quiroga
ofrece, con dramática intensidad, perspicaces estudios sombríos
del carácter humano. Sus personajes son atormentados por ansias
de una muerte que acecha, escondida muchas veces en un
accidente a primera vista insignificante. Cuento fatalista, "El hijo"
es típico de Quiroga: se enfoca sobre una tragedia inexorable, y
nos recuerda lo vulnerables y lo débiles que somos los seres
humanos ante la indiferente naturaleza.*

Es un poderoso día de verano en Misiones[1] con todo el sol, el calor y la calma que puede **deparar**[2] la estación. La naturaleza, plenamente abierta, se siente satisfecha de sí.

Como el sol, el calor y la calma ambiente, el padre abre también su corazón a la naturaleza.

—Ten cuidado, chiquito —dice a su hijo abreviando en esa frase todas las observaciones del caso y que su hijo comprende perfectamente.

—Sí, papá —responde la criatura, mientras coge la **escopeta**[3] y carga de **cartuchos**[4] los bolsillos de su camisa, que cierra con cuidado.

—Vuelve a la hora de almorzar —observa aún el padre.

—Sí, papá —repite el chico.

Equilibra la escopeta en la mano, sonríe a su padre, lo besa en la cabeza y parte.

Su padre lo sigue un rato con los ojos y vuelve a su quehacer de ese día, feliz con la alegría de su pequeño.

Sabe que su hijo, educado desde su más tierna infancia en el hábito y la precaución del peligro, puede manejar un **fusil**[5] y cazar no importa qué. Aunque es muy alto para su edad, no tiene sino trece años. Y parecería tener menos, a juzgar por la pureza de sus ojos azules, frescos aún de sorpresa infantil.

No necesita el padre levantar los ojos de su quehacer para seguir con la mente la marcha de su hijo: ha cruzado la **picada**[6] roja y se encamina rectamente al monte a través del **abra**[7] de espartillo.

---

[1] Misiones—provincia argentina, escasamente poblada, en la frontera con Brasil y Paraguay.

[2] **deparar**—brindar; ofrecer; poner delante de uno.

[3] **escopeta**—arma de fuego, para cazar aves o animales.

[4] **cartuchos**—municiones sueltas.

[5] **fusil** (m.)—arma de fuego de cañón largo.

[6] **picada**—senda estrecha en el bosque.

[7] **abra** (f.)—sitio despejado de árboles; claro en el bosque.

Para cazar en el monte —caza de pelo— se requiere más paciencia de la que su **cachorro**[8] puede rendir. Después de atravesar esa isla de monte, su hijo costeará la linde de cactus hasta el bañado,[9] en procura de palomas, tucanes o tal cual casal[10] de garzas, como las que su amigo Juan ha descubierto días anteriores.

Solo ahora, el padre **esboza**[11] una sonrisa al recuerdo de la pasión cinegética[12] de las dos criaturas. Cazan sólo a veces un yacútoro,[13] un surucuá[14] —menos aún— y regresan triunfales, Juan a su rancho con el fusil de nueve milímetros que él le ha regalado, y su hijo a la meseta, con la gran escopeta Saint-Etienne calibre 16, cuádruple cierre y pólvora blanca.

Él fue lo mismo. A los trece años hubiera dado la vida por poseer una escopeta. Su hijo, de aquella edad, la posee ahora; —y el padre sonríe.

No es fácil, sin embargo, para un padre viudo, sin otra fe ni esperanza que la vida de su hijo, educarlo como lo ha hecho él, libre en su corto radio de acción, seguro de sus pequeños pies y manos desde que tenía cuatro años, consciente de la inmensidad de ciertos peligros y de la escasez de sus propias fuerzas.

Ese padre ha debido luchar fuertemente contra lo que él considera su egoísmo. ¡Tan fácilmente una criatura calcula mal, sienta un pie en el vacío y se pierde un hijo!

El peligro subsiste siempre para el hombre en cualquier edad; pero su amenaza **amengua**[15] si desde

---

[8] **cachorro**—hijo, metafóricamente.

[9] bañado—terreno bajo e inundable cuando llueve.

[10] casal (m.)—pareja; macho y hembra.

[11] **esboza**—ensaya; inicia.

[12] cinegética—perteneciente a la caza.

[13] yacútoro—ave grande de color negro.

[14] surucuá (m.)—ave grande, parecida al quetzal.

[15] **amengua**—disminuye.

pequeño se acostumbra a no contar sino con sus propias fuerzas.

De este modo ha educado el padre a su hijo. Y para conseguirlo ha debido resistir no sólo a su corazón, sino a sus tormentos morales; porque ese padre, de estómago y vista débiles, sufre desde hace un tiempo de alucinaciones.

Ha visto, **concretados**[16] en dolorosísima ilusión, recuerdos de una felicidad que no debía surgir más de la nada en que se recluyó.[17] La imagen de su propio hijo no ha escapado a este tormento. Lo ha visto una vez rodar envuelto en sangre cuando el chico **percutía**[18] en la **morsa**[19] del taller una bala de parabellum,[20] siendo así que lo que hacía era **limar**[21] la hebilla de su cinturón de caza.

Horribles cosas . . . Pero hoy, con el ardiente y vital día de verano, cuyo amor su hijo parece haber heredado, el padre se siente feliz, tranquilo y seguro del porvenir.

En ese instante, no muy lejos, suena un estampido.[22]

—La Saint-Etienne . . . —piensa el padre al reconocer la detonación.— Dos palomas de menos en el monte . . .

Sin prestar más atención al **nimio**[23] acontecimiento, el hombre se abstrae de nuevo en su tarea.

El sol, ya muy alto, continúa ascendiendo. Adonde quiera que se mire —piedras, tierra, árboles,— el aire, enrarecido como en un horno, vibra con el calor. Un profundo zumbido que llena el ser entero e impregna el ámbito hasta donde la vista alcanza, concentra a esa hora toda la vida tropical.

---

[16] **concretados**—hechos realidad.

[17] se recluyó—se encerró; se aisló.

[18] **percutía**—golpeaba.

[19] morsa—prensa pequeña para sujetar algo.

[20] bala de parabellum—tipo de munición, calibre de 9 milímetros.

[21] **limar**—alisar; poner liso.

[22] estampido—detonación; ruido producido cuando se dispara un arma de fuego.

[23] **nimio**—insignificante.

El padre echa una ojeada a su muñeca: las doce. Y levanta los ojos al monte.

Su hijo debía estar ya de vuelta. En la mutua confianza que depositan el uno en el otro —el padre de sienes plateadas[24] y la criatura de trece años,— no se engañan jamás. Cuando su hijo responde: —Sí, papá—, hará lo que dice. Dijo que volvería antes de las doce, y el padre ha sonreído al verlo partir.

Y no ha vuelto.

El hombre torna a su quehacer, esforzándose en concentrar la atención en su tarea. ¡Es tan fácil, tan fácil perder la noción de la hora dentro del monte, y sentarse un rato en el suelo mientras se descansa inmóvil . . .

Bruscamente, la luz **meridiana**,[25] el zumbido tropical y el corazón del padre se detienen a compás de[26] lo que acaba de pensar: su hijo descansa inmóvil . . .

El tiempo ha pasado; son las doce y media. El padre sale de su taller, y al apoyar la mano en el banco de mecánica sube del fondo de su memoria el estallido de una bala de parabellum, e instantáneamente, por primera vez en las tres horas transcurridas, piensa que tras el estampido de la Saint-Etienne no ha oído nada más. No ha oído rodar el pedregullo[27] bajo un paso conocido. Su hijo no ha vuelto, y la naturaleza se halla detenida a la vera[28] del bosque, esperándolo . . .

¡Oh! No son suficientes un carácter templado y una ciega confianza en la educación de un hijo para **ahuyentar**[29] el espectro de la fatalidad que un padre de vista enferma ve alzarse desde la línea del monte. Distracción, olvido, demora fortuita: ninguno de estos

---

[24] de sienes plateadas—con canas; con cabello gris o blanco.

[25] **meridiana**—clara; luminosa; del mediodía.

[26] a compás de—de acuerdo con.

[27] pedregullo—piedras pequeñas.

[28] vera—borde.

[29] **ahuyentar**—alejar; poner en fuga; hacer huir.

nimios motivos que pueden retardar la llegada de su hijo, hallan cabida[30] en aquel corazón.

Un tiro, un solo tiro ha sonado, y hace ya mucho. Tras él el padre no ha oído un ruido, no ha visto un pájaro, no ha cruzado el abra una sola persona a anunciarle que al cruzar un **alambrado**,[31] una gran **desgracia** . . . [32]

La cabeza al aire y sin machete, el padre va. Corta el abra de espartillo, entra en el monte, costea la línea de cactus sin hallar el menor **rastro**[33] de su hijo.

Pero la naturaleza prosigue detenida. Y cuando el padre ha recorrido las sendas de caza conocidas y ha explorado el bañado en vano, adquiere la seguridad de que cada paso que da en adelante lo lleva, fatal e inexorablemente, al cadáver de su hijo.

Ni un reproche que hacerse, el lamentable. Sólo la realidad fría, terrible y **consumada**:[34] ha muerto su hijo al cruzar un . . .

¡Pero dónde, en qué parte! ¡Hay tantos alambrados allí, y es tan tan sucio el monte! . . . ¡Oh, muy sucio! . . . Por poco que no se tenga cuidado al cruzar los hilos con la escopeta en la mano . . .

El padre **sofoca**[35] un grito. Ha visto levantarse en el aire . . . ¡Oh, no es su hijo, no! . . . Y vuelve a otro lado, y a otro y a otro . . .

Nada se ganaría con ver el color de su tez y la **angustia**[36] de sus ojos. Ese hombre aún no ha llamado a su hijo. Aunque su corazón **clama**[37] por él a gritos, su boca continúa muda. Sabe bien que el solo acto de

---

[30] hallan cabida—logran entrar.

[31] **alambrado**—barrera de alambre.

[32] **desgracia**—calamidad.

[33] **rastro**—indicio; señal.

[34] **consumada**—hecha.

[35] **sofoca**—reprime.

[36] **angustia**—sufrimiento emocional.

[37] **clama**—da voces.

pronunciar su nombre, de llamarlo en voz alta, será la confesión de su muerte . . .

—¡Chiquito! —se le escapa de pronto. Y si la voz de un hombre de carácter es capaz de llorar, tapémonos de misericordia los oídos ante la angustia que clama en aquella voz.

Nadie ni nada ha respondido. Por las picadas rojas de sol, envejecido en diez años, va el padre buscando a su hijo que acaba de morir.

—¡Hijito mío! . . . ¡Chiquito mío! . . . —clama en un diminutivo que se alza del fondo de sus entrañas.

Ya antes, en plena **dicha**[38] y paz, ese padre ha sufrido la alucinación de su hijo rodando con la frente abierta por una bala al cromo níquel. Ahora, en cada rincón **sombrío**[39] de bosque ve **centelleos**[40] de alambre; y al pie de un poste, con la escopeta descargada al lado, ve a su . . .

—¡Chiquito! . . . ¡Mi hijo! . . .

Las fuerzas que permiten entregar un pobre padre alucinado a la más atroz pesadilla tienen también un límite. Y el nuestro siente que las suyas se le escapan, cuando ve bruscamente desembocar de un **pique**[41] lateral a su hijo.

A un chico de trece años bástale ver desde cincuenta metros la expresión de su padre sin machete dentro del monte, para apresurar el paso con los ojos húmedos.

—Chiquito . . . —murmura el hombre. Y, exhausto, se deja caer sentado en la arena **albeante**,[42] rodeando con los brazos las piernas de su hijo.

---

[38] **dicha**—felicidad.

[39] **sombrío**—oscuro.

[40] **centelleos**—reflejos brillantes.

[41] **pique**—picada; senda pequeña.

[42] **albeante**—blanco.

La criatura, así **ceñida**,[43] queda de pie; y como comprende el dolor de su padre, le acaricia despacio la cabeza:

—Pobre papá . . .

En fin, el tiempo ha pasado. Ya van a ser las tres. Juntos, ahora, padre e hijo **emprenden**[44] el regreso a la casa.

—¿Cómo no te fijaste en el sol para saber la hora? . . . —murmura aún el primero.

—Me fijé, papá . . . Pero cuando iba a volver vi las garzas de Juan y las seguí . . .

—¡Lo que me has hecho pasar, chiquito! . . .

— Piapiá . . .[45] —murmura también el chico.

Después de un largo silencio:

—Y las garzas, ¿las mataste? —pregunta el padre.

—No . . .

Nimio detalle, después de todo. Bajo el cielo y el aire **candentes**,[46] **a la descubierta**[47] por el abra de espartillo, el hombre vuelve a casa con su hijo, sobre cuyos hombros, casi del alto de los suyos, lleva pasado su feliz brazo de padre. Regresa **empapado**[48] de sudor, y aunque quebrantado[49] de cuerpo y alma, sonríe de felicidad . . .

Sonríe de alucinada felicidad . . . Pues ese padre va solo. A nadie ha encontrado, y su brazo se apoya en el vacío. Porque tras él, al pie de un poste y con las piernas en alto, enredadas en el alambre de púa, su hijo bien amado yace al sol, muerto desde las diez de la mañana.

---

[43] **ceñida**—abrazada.

[44] **emprenden**—empiezan.

[45] piapiá—forma familiar y cariñosa de *papá* o de *papi*.

[46] **candente(s)**—muy caluroso; de gran calor.

[47] **a la descubierta**—sin sombra; al sol.

[48] **empapado**—completamente mojado.

[49] quebrantado—afligido; descorazonado.

PREGUNTAS

1. El bosque tropical es omnipresente en los cuentos de Horacio Quiroga. Comenta la relación que llevan entre sí la vida de padre e hijo y el medio ambiente que los rodea.

2. El narrador nos informa que el padre sufre desde hace un tiempo de alucinaciones. Las alucinaciones de antes eran pesadillas que tuvieron que ver con los peligros que corre la vida del hijo en este medio ambiente. ¿Cómo se diferencia de éstas la alucinación final del padre, cuando lo vemos sonriendo "de alucinada felicidad"?

3. ¿Qué efecto narrativo crees que surte el hecho de que Quiroga relata esta historia en tiempo presente?

Sabine R. Ulibarrí ▶

Mi caballo mago

SABINE R. ULIBARRI

El cuentista nuevomexicano Sabine Ulibarrí (1919–   ) lleva toda una vida contando, con voz de diáfana inocencia, su caudal de cuentos sobre la tierra de su niñez. Tierra Amarilla era un sitio mágico de serranías y de llanuras, de ganados y de gentes, cuya vida consistía tanto en arduos trabajos como en hondas satisfacciones. El español, idioma en que escribe Ulibarrí, formaba parte fundamental de la vida de todos en Tierra Amarilla, ya fueran hispanos, gringos o gente indígena de la tribu Pueblo. El lector se embelesa con los recuerdos del autor, al acompañarlo a aquel lugar aislado entre montañas, en el norte del estado de Nuevo México, donde "todo era paz y armonía".

"Mi caballo Mago" (1964), de carácter costumbrista y sabor mitológico o legendario, conserva los recuerdos que guarda el autor de un estilo de vida singular para Norteamérica en el siglo XX. Su estilo alegra el espíritu y cautiva los sentidos. La totalidad de su obra capta, con compasión, con autenticidad y con un profundo sentido poético, las pasiones y los gozos de la vida humana.

Era blanco. Blanco como el olvido. Era libre. Libre como la alegría. Era la ilusión, la libertad y la emoción. Poblaba y dominaba las serranías y las llanuras de las cercanías. Era un caballo blanco que llenó mi juventud de fantasía y poesía.

Alrededor de las fogatas del campo y en las resolanas[1] del pueblo los vaqueros de esas tierras hablaban de él con entusiasmo y admiración. Y la mirada se volvía **turbia**[2] y borrosa de ensueño. La animada charla se apagaba. Todos atentos a la visión evocada. Mito del reino animal. Poema del mundo viril.

Blanco y **arcano**.[3] Paseaba su harén por el bosque de verano en **regocijo**[4] imperial. El invierno decretaba el llano y la ladera para sus hembras. Veraneaba como rey de oriente en su jardín silvestre. Invernaba como guerrero ilustre que celebra la victoria ganada.

Era leyenda. Eran sin fin las historias que se contaban del caballo brujo. Unas verdad, otras invención. Tantas trampas, tantas redes, tantas expediciones. Todas venidas a menos. El caballo siempre se escapaba, siempre se burlaba, siempre se alzaba por encima del dominio de los hombres. ¡Cuánto valedor no juró ponerle su **jáquima**[5] y su marca para confesar después que el brujo había sido más hombre que él!

Yo tenía quince años. Y sin haberlo visto nunca el brujo me llenaba ya la imaginación y la esperanza. Escuchaba embobado a mi padre y a sus vaqueros hablar del caballo fantasma que al atraparlo se volvía espuma y aire y nada. Participaba de la obsesión de todos, ambición de lotería, de algún día ponerle mi lazo,

---

[1] resolanas—lugares protegidos del viento, donde se puede tomar el sol.

[2] **turbia**—revuelta; no transparente.

[3] **arcano**—remoto; difícil de alcanzar o entender.

[4] **regocijo**—gran alegría; júbilo.

[5] jáquima—cabezada o correaje de un caballo, hecha con cordel.

de hacerlo mío, y **lucirlo**[6] los domingos por la tarde cuando las muchachas salen a paseo por la calle.

Pleno el verano. Los bosques verdes, frescos y alegres. Las **reses**[7] lentas, gordas y luminosas en la sombra y en el sol de agosto. Dormitaba yo en un caballo brioso, lánguido y sutil en el sopor del atardecer. Era hora ya de acercarse a la majada,[8] al buen pan y al rancho del rodeo. Ya los compañeros estarían alrededor de la hoguera agitando la guitarra, contando cuentos del pasado o de hoy o entregándose al cansancio de la tarde. El sol se ponía ya, detrás de mí, en escándalos de rayo y color. Silencio orgánico y denso.

Sigo insensible a las reses al abra. De pronto el bosque se calla. El silencio enmudece. La tarde se detiene. La brisa deja de respirar, pero tiembla. El sol se excita. El planeta, la vida y el tiempo se han detenido de una manera inexplicable. Por un instante no sé lo que pasa.

Luego mis ojos aciertan. ¡Allí está! ¡El caballo Mago! Al extremo del abra, en un promontorio, rodeado de verde. Hecho estatua, hecho estampa. Línea y forma y mancha blanca en fondo verde. Orgullo, fama y arte en carne animal. Cuadro de belleza encendida y libertad varonil. Ideal **invicto**[9] y limpio de la eterna ilusión humana. Hoy palpito todo aún al recordarlo.

Silbido. Reto trascendental que sube y rompe la tela virginal de las nubes rojas. Orejas lanzas. Ojos rayos. Cola viva y ondulante, desafío movedizo. Pezuña tersa y destructiva. Arrogante majestad de los campos.

El momento es eterno. La eternidad momentánea. Ya no está, pero siempre estará. Debió de haber

---

[6] **lucirlo**—ostentarlo; exhibirlo.

[7] **reses** (f.)—ganado; toros y vacas.

[8] majada—cobijo; cobertura nocturna para el ganado.

[9] invicto—triunfante; victorioso; que no ha sido vencido.

yeguas.[10] Yo no las vi. Las reses siguen indiferentes. Mi caballo las sigue y yo vuelvo lentamente del mundo del sueño a la tierra del sudor. Pero ya la vida no volverá a ser lo que antes fue.

Aquella noche bajo las estrellas no dormí. Soñé. Cuánto soñé despierto y cuánto soñé dormido yo no sé. Sólo sé que un caballo blanco pobló mis sueños y los llenó de resonancia y de luz y de violencia.

Pasó el verano y entró el invierno. El verde **pasto**[11] dio lugar a la blanca nieve. Las **manadas**[12] bajaron de las sierras a los valles y cañadas. Y en el pueblo se comentaba que el brujo andaba por este o aquel rincón. Yo **indagaba**[13] por todas partes su **paradero.**[14] Cada día se me hacía más ideal, más imagen, más misterio.

Domingo. Apenas rayaba el sol de la sierra nevada. Aliento vaporoso. Caballo tembloroso de frío y de ansias. Como yo. Salí sin ir a misa. Sin desayunarme siquiera. Sin pan ni sardinas en las alforjas. Había dormido mal y velado bien. Iba en busca de la blanca luz que galopaba en mis sueños.

Al salir del pueblo al campo libre, desaparecen los caminos. No hay **rastro**[15] humano o animal. Silencio blanco, hondo y rutilante.[16] Mi caballo corta el camino con el pecho y deja estela eterna, grieta abierta, en la mar cana. La mirada diestra y atenta puebla el paisaje hasta cada horizonte buscando el noble perfil del caballo místico.

---

[10] **yeguas**—hembras del caballo.

[11] **pasto**—hierba; zacate.

[12] **manadas**—agrupaciones de ganado.

[13] **indagaba**—investigaba; preguntaba; inquiría; averiguaba.

[14] **paradero**—sitio donde se encuentra una persona o un animal.

[15] **rastro**—indicio; señal.

[16] rutilante—brillante; resplandeciente.

Sería medio día. No sé. El tiempo había perdido su rigor. Di con él. En una ladera contaminada de sol. Nos vimos al mismo tiempo. Juntos nos hicimos piedra. Inmóvil, absorto y jadeante contemplé su belleza, su arrogancia, su nobleza. Esculpido en mármol, se dejó admirar.

Silbido violento que rompe el silencio. Guante arrojado a la cara. **Desafío**[17] y decreto a la vez. Asombro nuevo. El caballo que en verano se coloca entre la amenaza y la manada, oscilando a distancia de diestra a siniestra, ahora se lanza a la nieve. Más fuerte que ellas, abre la vereda a las yeguas. Y ellas lo siguen. Su fuga es lenta para conservar sus fuerzas.

Sigo. Despacio. Palpitante. Pensando en su inteligencia. Admirando su valentía. Apreciando su cortesía. La tarde se alarga. Mi caballo cebado[18] **a sus anchas.**[19]

Una a una las yeguas se van cansando. Una a una se van quedando a un lado. ¡Solos! Él y yo. La agitación interna rebosa a los labios. Le hablo. Me escucha y calla.

Él abre el camino y yo sigo por la vereda que me deja. Detrás de nosotros una larga y honda zanja blanca que cruza la llanura. El caballo que ha comido grano y buen pasto sigue fuerte. A él, mal nutrido, se le han agotado las fuerzas. Pero sigue porque es él y porque no sabe **ceder.**[20]

Encuentro negro y manchas negras por el cuerpo. La nieve y el sudor han revelado la piel negra bajo el pecho. Mecheros violentos de vapor rompen el aire. Espumarajos blancos sobre la blanca nieve. Sudor, espuma y vapor. Ansia.

---

[17] **desafío**—reto; guante arrojado a la cara.

[18] cebado—alimentado.

[19] **a sus anchas**—a su gusto; sin impedimento.

[20] **ceder**—darse por vencido; rendirse.

Me sentí **verdugo**.[21] Pero ya no había retorno. La distancia entre nosotros se acortaba implacablemente. Dios y la naturaleza indiferentes.

Me siento seguro. Desato el **cabestro**.[22] Abro el lazo. Las riendas tirantes. Cada nervio, cada músculo y el alma en la boca. Espuelas tensas en **ijares**[23] temblorosos. Arranca el caballo. Remolineo el cabestro y lanzo el lazo obediente.

Vértigo de furia y rabia. Remolinos de luz y abanicos de transparente nieve. Cabestro que silba y quema en la teja de la silla. Guantes violentos que humean. Ojos ardientes en sus pozos. Boca seca. Frente caliente. Y el mundo se sacude y se estremece. Y se acaba la larga zanja blanca en un ancho charco blanco.

Sosiego jadeante y denso. El caballo mago es mío. Temblorosos ambos, nos miramos de hito en hito por un largo rato. Inteligente y realista, deja de **forcejar**[24] y hasta toma un paso hacia mí. Yo le hablo. Hablándole me acerco. Primero recula. Luego me espera. Hasta que los dos caballos se saludan a la manera suya. Y por fin llego a alisarle la **crin**.[25] Le digo muchas cosas, y parece que me entiende.

Por delante y por las huellas de antes lo dirigí hacia el pueblo. Triunfante. **Exaltado**.[26] Una risa infantil me brotaba. Yo, varonil, la dominaba. Quería cantar y pronto me olvidaba. Quería gritar pero callaba. Era un manojo de alegría. Era el orgullo del hombre adolescente. Me sentí conquistador.

El Mago ensayaba la libertad una y otra vez, arrancándome de mis meditaciones abruptamente. Por

---

[21] **verdugo**—el que ejecuta la pena de muerte.

[22] **cabestro**—cuerda que se ata a la cabeza o al cuello de un caballo para llevarlo.

[23] **ijares** (m.)—parte del cuerpo situada entre las costillas y la cadera.

[24] **forcejar**—forcejear; esforzarse por escapar; luchar.

[25] **crin** (f.)—pelo largo que crece en la parte superior del pescuezo del caballo.

[26] **exaltado**—muy emocionado.

unos instantes se armaba la lucha otra vez. Luego seguíamos.

Fue necesario pasar por el pueblo. No había remedio. Sol poniente. Calles de hielo y gente en los portales. El Mago lleno de terror y pánico por la primera vez. Huía y mi caballo herrado lo detenía. Se resbalaba y caía de costalazo. Yo lloré por él. La indignidad. La humillación. La **alteza**[27] venida a menos. Le rogaba que no forcejara, que se dejara llevar. ¡Cómo me dolió que lo vieran así los otros!

Por fin llegamos a la casa. "¿Qué hacer contigo, Mago? Si te meto en el establo o en el corral, de seguro te haces daño. Además sería un insulto. No eres esclavo. No eres criado. Ni siquiera eres animal." Decidí soltarlo en el **potrero**.[28] Allí podría el Mago irse acostumbrando poco a poco a mi amistad y compañía. De ese potrero no se había escapado nunca un animal.

Mi padre me vio llegar y me esperó sin hablar. En la cara le jugaba una sonrisa y en los ojos le bailaba una **chispa**.[29] Me vio quitarle el cabestro al Mago y los dos lo vimos alejarse, pensativos. Me estrechó la mano un poco más fuerte que de ordinario y me dijo: "Esos son hombres." Nada más. Ni hacía falta. Nos entendíamos mi padre y yo muy bien. Yo hacía el papel de *muy hombre* pero aquella risa infantil y aquel grito que me andaban por dentro por poco **estropean**[30] la impresión que yo quería dar.

Aquella noche casi no dormí y cuando dormí no supe que dormía. Pues el soñar es igual, cuando se sueña de veras, dormido o despierto. Al amanecer yo ya estaba de pie. Tenía que ir a ver al Mago. En cuanto aclaró salí al frío a buscarlo.

---

[27] **alteza**—orgullo; soberbia; arrogancia.

[28] **potrero**—lugar de pasto para los caballos.

[29] **chispa**—partícula encendida que salta de la lumbre.

[30] **estropean**—dañan.

El potrero era grande. Tenía un bosque y una cañada. No se veía el Mago en ninguna parte pero yo me sentía seguro. Caminaba despacio, la cabeza toda llena de los **acontecimientos**[31] de ayer y de los proyectos de mañana. De pronto me di cuenta que había andado mucho. Aprieto el paso. Miro aprensivo a todos lados. Empieza a entrarme el miedo. Sin saber voy corriendo. Cada vez más rápido.

No está. El Mago se ha escapado. Recorro cada rincón donde pudiera haberse **agazapado**.[32] Sigo la huella. Veo que durante toda la noche el Mago anduvo sin cesar buscando, olfateando, una salida. No la encontró. La inventó.

Seguí la huella que se dirigía directamente a la cerca. Y vi como el rastro no se detenía sino continuaba del otro lado. El alambre era de púas. Y había manchas rojas en la nieve y gotitas rojas en las huellas del otro lado de la cerca.

Allí me detuve. No fui más allá. Sol radiante en la cara. Ojos nublados y llenos de luz. Lágrimas infantiles en mejillas varoniles. Grito hecho nudo en la garganta. Sollozos espaciosos y silenciosos.

Allí me quedé y me olvidé de mí y del mundo y del tiempo. No sé cómo estuvo, pero mi tristeza era gusto. Lloraba de alegría. Estaba celebrando, por mucho que me dolía, la fuga y la libertad del Mago, la trascendencia de ese espíritu indomable. Ahora seguiría siendo el ideal, la ilusión y la emoción. El Mago era un absoluto. A mí me había enriquecido la vida para siempre.

Allí me halló mi padre. Se acercó sin decir nada y me puso el brazo sobre el hombro. Nos quedamos mirando la zanja blanca con flecos de rojo que se dirigía al sol rayante.

---

[31] **acontecimientos**—sucesos de cierta importancia; cosas importantes que ocurren.
[32] **agazapado**—escondido; ocultado.

PREGUNTAS

1. Describe en tus propias palabras el proceso de cambio que sufre el joven protagonista desde el comienzo hasta el fin de la historia.

2. El padre del protagonista, al ver que éste ha traído al potrero al caballo Mago, lo ve llegar y lo espera sin hablar. Sólo le dice, "Esos son hombres". ¿Qué quiere decir con esto?

3. Justifica, dentro del contexto del cuento, la alegría que siente el protagonista al final del cuento, al decir, "mi tristeza era gusto".

4. Comenta tus impresiones de la técnica narrativa de Ulibarrí, en este cuento. ¿Qué encuentras de notable o de diferente en la forma de Ulibarrí de labrar sus frases? ¿Qué efecto surte esta técnica estilística?

Juan Rulfo ▶

No oyes ladrar los perros

JUAN RULFO

*Por su liricomágica producción narrativa, el mexicano Juan Rulfo
(1918–1986) se cuenta entre los creadores del realismo mágico
hispanoamericano. Su célebre novela* Pedro Páramo *(1955),
con su pueblo muerto, lleno de muertos, hechizó al escritor
Gabriel García Márquez de tal forma que pocos años después
de conocerla, pudo crear su gran novela* Cien años de soledad.
*De las escasas pero deslumbrantes páginas de Rulfo se ha dicho
que cifran un laconismo angustiado. Su lenguaje es un lenguaje
puro del pueblo que tiende más al silencio que a la palabra. El
escritor, en vida, era un hombre descomunalmente reservado, y su
obra lleva el sello técnico de aquella reserva.*

    *"No oyes ladrar los perros" (1953), de la colección de
cuentos* El llano en llamas *(1953), tiene lugar durante la
Rebelión de los Cristeros (1925–1928). Rulfo nos presenta la
amargura familiar de dos seres desolados, padre e hijo, pobres
e indigentes física y espiritualmente.*

—Tú que vas allá arriba, Ignacio, dime si no oyes alguna señal de algo o si ves alguna luz en alguna parte.

—No se ve nada.

—Ya debemos estar cerca.

—Sí, pero no se oye nada.

—Mira bien.

—No se ve nada.

—Pobre de ti, Ignacio.

La sombra larga y negra de los hombres siguió moviéndose de arriba abajo, **trepándose**[1] a las piedras, disminuyendo y creciendo según avanzaba por la orilla del arroyo. Era una sola sombra, tambaleante.[2]

La luna venía saliendo de la tierra, como una llamarada redonda.

—Ya debemos estar llegando a ese pueblo, Ignacio. Tú que llevas las orejas de fuera, fíjate a ver si no oyes ladrar los perros. Acuérdate que nos dijeron que Tonaya estaba detrasito del monte. Y desde qué horas que hemos dejado el monte. Acuérdate, Ignacio.

—Sí, pero no veo rastro de nada.

—Me estoy cansando.

—Bájame.

El viejo se fue reculando[3] hasta encontrarse con el paredón y **se recargó**[4] allí, sin soltar la carga de sus hombros. Aunque se le doblaban las piernas, no quería sentarse, porque después no hubiera podido levantar el cuerpo de su hijo, al que allá atrás, horas antes, le habían ayudado a echárselo a la espalda. Y así lo había traído desde entonces.

—¿Cómo te sientes?

—Mal.

---

[1] **trepándose**—encaramándose; subiendo.

[2] tambaleante—inseguro; vacilante.

[3] reculando—retrocediendo.

[4] **se recargó**—se apoyó.

Hablaba poco. Cada vez menos. En ratos parecía dormir. En ratos parecía tener frío. Temblaba. Sabía cuándo le agarraba a su hijo el temblor por las **sacudidas**[5] que le daba, y porque los pies se le encajaban en los ijares como espuelas. Luego las manos del hijo, que traía **trabadas**[6] en su pescuezo, le zarandeaban[7] la cabeza como si fuera una **sonaja**.[8]

Él apretaba los dientes para no morderse la lengua y cuando acababa aquello le preguntaba:

—¿Te duele mucho?

—Algo —contestaba él.

Primero le había dicho: "Apéame aquí . . . Déjame aquí . . . Vete tú solo. Yo te alcanzaré mañana o en cuanto me reponga un poco." Se lo había dicho como cincuenta veces. Ahora ni siquiera eso decía.

Allí estaba la luna. Enfrente de ellos. Una luna grande y colorada que les llenaba de luz los ojos y que estiraba y oscurecía más su sombra sobre la tierra.

—No veo ya por dónde voy —decía él.

Pero nadie le contestaba.

El otro iba allá arriba, todo iluminado por la luna, con su cara descolorida, sin sangre, reflejando una luz opaca. Y él acá abajo.

—¿Me oíste, Ignacio? Te digo que no veo bien.

Y el otro se quedaba callado.

Siguió caminando, a tropezones. Encogía el cuerpo y luego **se enderezaba**[9] para volver a tropezar de nuevo.

—Éste no es ningún camino. Nos dijeron que detrás del cerro estaba Tonaya. Ya hemos pasado el cerro. Y Tonaya no se ve, ni se oye ningún ruido que nos diga que está cerca. ¿Por qué no quieres decirme qué ves, tú que vas allá arriba, Ignacio?

---

[5] **sacudidas**—movimientos agitados.

[6] **trabadas**—apretadas; agarradas.

[7] zarandeaban—maltrataban; agitaban.

[8] **sonaja**—juguete infantil que suena cuando el bebé lo agita.

[9] **se enderezaba**—se paraba; se ponía derecho.

—Bájame, padre.

—¿Te sientes mal?

—Sí.

—Te llevaré a Tonaya **a como dé lugar**.[10] Allí encontraré quien te cuide. Dicen que allí hay un doctor. Yo te llevaré con él. Te he traído cargando desde hace horas y no te dejaré tirado aquí para que acaben contigo quienes sean.

Se tambaleó un poco. Dio dos o tres pasos de lado y volvió a enderezarse.

—Te llevaré a Tonaya.

—Bájame.

Su voz se hizo quedita, apenas murmurada:

—Quiero acostarme un rato.

—Duérmete allí arriba. Al cabo te llevo bien agarrado.

La luna iba subiendo, casi azul, sobre un cielo claro. La cara del viejo, mojada en sudor, se llenó de luz. Escondió los ojos para no mirar de frente, ya que no podía agachar la cabeza agarrotada entre las manos de su hijo.

—Todo esto que hago, no lo hago por usted. Lo hago por su **difunta**[11] madre. Porque usted fue su hijo. Por eso lo hago. Ella me reconvendría[12] si yo lo hubiera dejado tirado allí, donde lo encontré, y no lo hubiera recogido para llevarlo a que lo curen, como estoy haciéndolo. Es ella la que me da ánimos, no usted. Comenzando porque a usted no le debo más que puras dificultades, puras mortificaciones, puras vergüenzas.

Sudaba al hablar. Pero el viento de la noche le secaba el sudor. Y sobre el sudor seco, volvía a sudar.

---

[10] **a como dé lugar**—sea como sea; venga lo que venga.

[11] **difunta**—muerta.

[12] reconvendría—reprocharía; regañaría.

—Me derrengaré,[13] pero llegaré con usted a Tonaya, para que le alivien esas heridas que le han hecho. Y estoy seguro de que, en cuanto se sienta usted bien, volverá a sus malos pasos. Eso ya no me importa. Con tal que se vaya lejos, donde yo no vuelva a saber de usted. Con tal de eso . . . Porque para mí usted ya no es mi hijo. He maldecido la sangre que usted tiene de mí. La parte que a mí me tocaba la he maldecido. He dicho: "¡Que se le pudra en los riñones la sangre que yo le di!" Lo dije desde que supe que usted andaba trajinando[14] por los caminos, viviendo del robo y matando gente . . . Y gente buena. Y si no, allí está mi compadre Tranquilino. El que lo bautizó a usted. El que le dio su nombre. A él también le tocó la mala suerte de encontrarse con usted. Desde entonces dije: "Ése no puede ser mi hijo."

—Mira a ver si ya ves algo. O si oyes algo. Tú que puedes hacerlo desde allá arriba, porque yo me siento sordo.

—No veo nada.

—Peor para ti, Ignacio.

—Tengo sed.

—¡Aguántate! Ya debemos estar cerca. Lo que pasa es que ya es muy noche y han de haber apagado la luz en el pueblo. Pero al menos debías de oír si ladran los perros. Haz por oír.

—Dame agua.

—Aquí no hay agua. No hay más que piedras. Aguántate. Y aunque la hubiera, no te bajaría a tomar agua. Nadie me ayudaría a subirte otra vez y yo solo no puedo.

—Tengo mucha sed y mucho sueño.

—Me acuerdo cuando naciste. Así eras entonces. Despertabas con hambre y comías para volver a

---

[13] me derrengaré—me romperé el espinazo; me agotaré.

[14] trajinando—yendo y viniendo, al hacer mandados o al trabajar.

dormirte. Y tu madre te daba agua, porque ya te habías acabado la leche de ella. No tenías llenadero.[15] Y eras muy **rabioso**.[16] Nunca pensé que con el tiempo se te fuera a subir aquella rabia a la cabeza . . . Pero así fue. Tu madre, que descanse en paz, quería que te criaras fuerte. Creía que cuando tú crecieras irías a ser su **sostén**.[17] No te tuvo más que a ti. El otro hijo que iba a tener la mató. Y tú la hubieras matado otra vez si ella estuviera viva **a estas alturas**.[18]

Sintió que el hombre aquel que llevaba sobre sus hombros dejó de apretar las rodillas y comenzó a soltar los pies, balanceándolos de un lado para otro. Y le pareció que la cabeza, allá arriba, se sacudía como si **sollozara**.[19]

Sobre su cabello sintió que caían gruesas gotas, como de lágrimas.

—¿Lloras, Ignacio? Lo hace llorar a usted el recuerdo de su madre, ¿verdad? Pero nunca hizo usted nada por ella. Nos pagó siempre mal. Parece que, en lugar de cariño, le hubiéramos retacado[20] el cuerpo de maldad. ¿Y ya ve? Ahora lo han herido. ¿Qué pasó con sus amigos? Los mataron a todos. Pero ellos no tenían a nadie. Ellos bien hubieran podido decir: "No tenemos a quién darle nuestra lástima." ¿Pero usted, Ignacio?

Allí estaba ya el pueblo. Vio brillar los tejados bajo la luz de la luna. Tuvo la impresión de que lo aplastaba el peso de su hijo al sentir que las corvas[21] se le doblaban

---

[15] no tenías llenadero—nunca te llenabas; nunca te bastaba lo que te dábamos de comer.

[16] **rabioso**—de mal genio; enojadizo.

[17] **sostén** (m.)—fuente de apoyo económico y emocional.

[18] **a estas alturas**—ahora; en este momento.

[19] **sollozara**—llorara convulsivamente.

[20] retacado—llenado.

[21] corvas—partes de las piernas opuestas a las rodillas.

en el último esfuerzo. Al llegar al primer tejabán,[22] se recostó sobre el pretil[23] de la acera y soltó el cuerpo, flojo, como si lo hubieran descoyuntado.[24]

Destrabó difícilmente los dedos con que su hijo había venido sosteniéndose de su cuello y, al quedar libre, oyó cómo por todas partes ladraban los perros.

—¿Y tú no los oías, Ignacio? —dijo—. No me ayudaste ni siquiera con esta esperanza.

---

[22] tejabán (m.)—casa rústica y pobre.

[23] pretil (m.)—baranda; barrera.

[24] descoyuntado—dislocado (las articulaciones).

PREGUNTAS

1. La relación que ha existido entre este padre y su hijo es compleja. ¿Cómo es? ¿En qué consiste? ¿Qué llegamos a saber de las desavenencias entre padre e hijo? Y, ¿cuál es el motivo de la ira del padre contra el hijo? Apoya tus observaciones con detalles extraídos del texto.

2. El padre de vez en cuando deja de tutear a su hijo, y lo trata de usted. Contrasta el uso de cada una de estas formas en el contexto de la historia. ¿Qué se logra? ¿Qué se expresa?

3. ¿Qué opinión tiene el padre de las amistades que llevaron a Ignacio a participar en ciertos actos ruines? Sé específico.

4. Compara y contrasta las acciones del padre con las palabras duras con que lo regaña a lo largo del cuento.

Gabriel García Márquez ▶

La siesta del martes

GABRIEL GARCÍA MÁRQUEZ

La cuna de Gabriel García Márquez (1928   ) fue Aracataca, municipio caribeño en la parte noreste de Colombia en el que se inspiró el escritor colombiano para crear el pueblo fabuloso de Macondo. A pesar de haber salido de Aracataca, para desenvolver su vida de escritor en Bogotá y en otras ciudades del mundo, el célebre novelista, cuentista, periodista y Premio Nobel de Literatura, sigue siendo de Aracataca. El autor mismo señala la trascendencia del día en que volvió a Aracataca, acompañando a su madre para vender la casa de los abuelos, casa donde él se había criado. Fue un día de monumentales repercusiones, para él y para el mundo literario, pues entonces fue cuando se germinó la creación de su obra magna, Cien años de soledad, *cuyo mundo es el mítico pueblo Macondo.*

Pero antes de terminar Cien años de soledad, *García Márquez escribiría "La siesta del martes" (1962), cuyo trasfondo también es Macondo. La madre, protagonista de este cuento, es uno de los ejemplos más acabados y más memorables de la mujer fuerte en la obra del autor. En "La siesta del martes" se narran minuciosamente los movimientos de madre e hija al viajar largas horas calurosas en el tren, al llegar a Macondo, y al cruzar por el pueblo, solas y tomadas de la mano, en busca de la casa del cura y de las llaves del cementerio. García Márquez ha dicho que, antes de escribir una sola palabra de su cuento, había elaborado mentalmente hasta el detalle más ínfimo de la escena de calor y hostilidad por fuera de la casa del cura, después de que, cerrado el cuento, salen madre e hija por la puerta.*

El tren salió del trepidante[1] corredor de rocas bermejas,[2] penetró en las plantaciones de banano, simétricas e interminables, y el aire se hizo húmedo y no se volvió a sentir la brisa del mar. Una **humareda**[3] sofocante entró por la ventanilla del vagón. En el estrecho camino paralelo a la **vía férrea**[4] había carretas de bueyes cargadas de racimos verdes. Al otro lado del camino, en intempestivos[5] espacios sin sembrar, había oficinas con ventiladores eléctricos, campamentos de ladrillos rojos y residencias con sillas y mesitas blancas en las terrazas entre palmeras y rosales polvorientos. Eran las once de la mañana y aún no había empezado el calor.

—Es mejor que subas el **vidrio**[6] —dijo la mujer—. El pelo se te va a llenar de **carbón**.[7]

La niña trató de hacerlo pero la persiana[8] estaba bloqueada por **óxido**.[9]

---

[1] trepidante—que retiembla; que vibra.

[2] bermejas—rojas.

[3] **humareda**—nube de humo.

[4] **vía férrea**—vía del ferrocarril.

[5] intempestivos—inoportunos; poco aptos.

[6] **vidrio**—ventanilla.

[7] **carbón**—polvo negro que echan con el humo las locomotoras de vapor; o bien, combustible de las antiguas locomotoras de vapor; el carbón, al consumirse, produce humo que contiene polvo negro, los residuos del carbón quemado.

[8] persiana—especie de cortina de tela o de tablitas de madera.

[9] **óxido**—herrumbre; capa rojiza que se forma en la superficie del hierro por reacción química con el oxígeno.

Eran los únicos pasajeros en el **escueto**[10] vagón de tercera clase. Como el humo de la locomotora siguió entrando por la ventanilla, la niña abandonó el puesto y puso en su lugar los únicos objetos que llevaban: una bolsa de material plástico con cosas de comer y un ramo de flores envuelto en papel de periódicos. Se sentó en el asiento opuesto, alejada de la ventanilla, de frente a su madre. Ambas guardaban un **luto**[11] riguroso y pobre.

La niña tenía doce años y era la primera vez que viajaba. La mujer parecía demasiado vieja para ser su madre, a causa de las venas azules en los párpados y del cuerpo pequeño, blando y sin formas, en un traje cortado como una **sotana**.[12] Viajaba con la columna vertebral firmemente apoyada contra el espaldar del asiento, sosteniendo en el **regazo**[13] con ambas manos una cartera de **charol**[14] desconchado.[15] Tenía la serenidad escrupulosa de la gente acostumbrada a la pobreza.

A las doce había empezado el calor. El tren se detuvo diez minutos en una estación sin pueblo para abastecerse de agua. Afuera, en el misterioso silencio de las plantaciones, la sombra tenía un aspecto limpio. Pero el aire **estancado**[16] dentro del vagón olía a cuero sin curtir.[17] El tren no volvió a acelerar. Se detuvo en dos pueblos iguales, con casas de madera pintadas de colores vivos. La mujer inclinó la cabeza y **se hundió**[18]

---

[10] **escueto**—que tiene únicamente lo esencial; sin adornos; sin lujo.

[11] **luto**—ropa negra, llevada tras la muerte de un familiar.

[12] **sotana**—especie de vestidura larga y negra que usan los curas.

[13] **regazo**—ángulo formado por las piernas y la cadera cuando una persona está sentada.

[14] **charol** (m.)—cuero lustroso, que brilla.

[15] desconchado—gastado por el uso o el tiempo; agrietado; descascarado.

[16] **estancado**—sin movimiento; paralizado.

[17] cuero sin curtir—pieles de animales sin procesar.

[18] **se hundió**—se dejó caer; se sumergió.

en el **sopor**.[19] La niña se quitó los zapatos. Después fue a los servicios sanitarios a poner en agua el ramo de flores muertas.

Cuando volvió al asiento la madre le esperaba para comer. Le dio un pedazo de queso, medio bollo de maíz y una galleta dulce, y sacó para ella de la bolsa de material plástico una ración igual. Mientras comían, el tren atravesó muy despacio un puente de hierro y pasó de largo por un pueblo igual a los anteriores, sólo que en éste había una multitud en la plaza. Una banda de músicos tocaba una pieza alegre bajo el sol **aplastante**.[20] Al otro lado del pueblo, en una **llanura**[21] **cuarteada**[22] por la aridez, terminaban las plantaciones.

La mujer dejó de comer.

—Ponte los zapatos —dijo.

La niña miró hacia el exterior. No vio nada más que la llanura desierta por donde el tren empezaba a correr de nuevo, pero metió en la bolsa el último pedazo de galleta y se puso rápidamente los zapatos. La mujer le dio la peineta.

—Péinate —dijo.

El tren empezó a **pitar**[23] mientras la niña se peinaba. La mujer se secó el sudor del cuello y se limpió la grasa de la cara con los dedos. Cuando la niña acabó de peinarse el tren pasó frente a las primeras casas de un pueblo más grande pero más triste que los anteriores.

—Si tienes ganas de hacer algo, hazlo ahora —dijo la mujer —. Después, aunque te estés muriendo de sed no tomes agua en ninguna parte. Sobre todo, no vayas a llorar.

---

[19] **sopor** (m.)—modorra; estado soñoliento, como efecto del gran calor.

[20] **aplastante**—que aplasta, o aprieta con fuerza; opresivo; fuerte.

[21] **llanura**—terreno plano, sin colinas.

[22] **cuarteada**—rajada; agrietada; con roturas.

[23] **pitar**—silbar; soplar produciendo un sonido agudo.

La niña aprobó con la cabeza. Por la ventanilla entraba un viento **ardiente**[24] y seco, mezclado con el pito de la locomotora y el **estrépito**[25] de los viejos vagones. La mujer enrolló la bolsa con el resto de los alimentos y la metió en la cartera. Por un instante, la imagen total del pueblo, en el luminoso martes de agosto, **resplandeció**[26] en la ventanilla. La niña envolvió las flores en los periódicos **empapados**,[27] se apartó un poco más de la ventanilla y miró fijamente a su madre. Ella le devolvió una expresión **apacible**.[28] El tren acabó de pitar y disminuyó la marcha. Un momento después se detuvo.

No había nadie en la estación. Del otro lado de la calle, en la acera sombreada por los **almendros**,[29] sólo estaba abierto el salón de **billar**.[30] El pueblo flotaba en el calor. La mujer y la niña descendieron del tren, atravesaron la estación abandonada cuyas **baldosas**[31] empezaban a cuartearse por la presión de la hierba, y cruzaron la calle hasta la acera de sombra.

Eran casi las dos. A esa hora, **agobiado**[32] por el sopor, el pueblo hacía la siesta. Los almacenes, las oficinas públicas, la escuela municipal, se cerraban desde las once y no volvían a abrirse hasta un poco antes de las cuatro, cuando pasaba el tren de regreso. Sólo permanecían abiertos el hotel frente a la estación, su cantina y su salón de billar, y la oficina del telégrafo a un lado de la plaza. Las casas, en su mayoría

---

[24] **ardiente**—caluroso; caliente.

[25] **estrépito**—ruido grande.

[26] **resplandeció**—brilló.

[27] **empapados**—mojados por completo.

[28] **apacible**—sosegada; plácida.

[29] **almendros**—árboles cuyo fruto es la almendra, una especie de nuez.

[30] **billar** (m.)—juego que se realiza con bolas y vara sobre una mesa cubierta de fieltro.

[31] **baldosas**—piezas planas de mármol, cerámica o piedra, que se usan para cubrir o revestir superificies.

[32] **agobiado**—abrumado; fatigado; vencido.

construidas sobre el modelo de la compañía bananera, tenían las puertas cerradas por dentro y las persianas bajas. En algunas hacía tanto calor que sus habitantes almorzaban en el patio. Otros **recostaban**[33] un asiento a la sombra de los almendros y hacían la siesta sentados **en plena calle.**[34]

Buscando siempre la protección de los almendros, la mujer y la niña penetraron en el pueblo sin perturbar la siesta. Fueron directamente a la casa cural.[35] La mujer **raspó**[36] con la uña la red metálica de la puerta, esperó un instante y volvió a llamar. En el interior **zumbaba**[37] un ventilador eléctrico. No se oyeron los pasos. Se oyó apenas el **leve**[38] **crujido**[39] de una puerta y en seguida una voz cautelosa muy cerca de la red metálica: «¿Quién es?» La mujer trató de ver a través de la red metálica.

—Necesito al padre —dijo.

—Ahora está durmiendo.

—Es urgente —insistió la mujer.

Su voz tenía una tenacidad **reposada.**[40]

La puerta se entreabrió sin ruido y apareció una mujer madura y regordeta, de **cutis**[41] muy pálido y cabellos color hierro. Los ojos parecían demasiado pequeños detrás de los gruesos cristales de los lentes.

—Sigan —dijo, y acabó de abrir la puerta.

Entraron en una sala impregnada de un viejo olor de flores. La mujer de la casa las condujo hasta un **escaño**[42]

---

[33] **recostaban**—apoyaban.

[34] **en plena calle**—completamente en la calle.

[35] cural—del cura; del párroco de la iglesia.

[36] **raspó**—arañó; rascó.

[37] **zumbaba**—emitía un ruido como el de un insecto volante, o como el de un motor.

[38] **leve**—débil.

[39] **crujido**—sonido que produce la madera a veces, cuando una fuerza la mueve.

[40] **reposada**—calmada; sosegada.

[41] **cutis** (m.)—tez; piel, especialmente la de la cara.

[42] **escaño**—banco.

de madera y les hizo señas de que se sentaran. La niña lo hizo, pero su madre permaneció de pie, absorta, con la cartera apretada en las dos manos. No se percibía ningún ruido detrás del ventilador eléctrico.

La mujer de la casa apareció en la puerta del **fondo.**[43]

—Dice que vuelvan después de las tres —dijo en voz muy baja—. Se acostó hace cinco minutos.

—El tren se va a las tres y media —dijo la mujer.

Fue una réplica breve y segura, pero la voz seguía siendo apacible, con muchos **matices.**[44] La mujer de la casa sonrió por primera vez.

—Bueno   dijo.

Cuando la puerta del fondo volvió a cerrarse la mujer se sentó junto a su hija. La **angosta**[45] sala de espera era pobre, ordenada y limpia. Al otro lado de una **baranda**[46] de madera que dividía la habitación había una mesa de trabajo, sencilla, con un **tapete**[47] de hule,[48] y encima de la mesa una máquina de escribir primitiva junto a un vaso con flores. Detrás estaban los archivos parroquiales. Se notaba que era un **despacho**[49] arreglado por una mujer soltera.

La puerta del fondo se abrió y esta vez apareció el sacerdote limpiando los lentes con un pañuelo. Sólo cuando se los puso pareció evidente que era hermano de la mujer que había abierto la puerta.

—¿Qué se le ofrece? —preguntó.

—Las llaves del cementerio —dijo la mujer.

---

[43] **fondo**—parte de atrás; extremo.

[44] **matices** (m.)—leves variaciones de tono o de sentido.

[45] **angosta**—estrecha.

[46] **baranda**—tabla más o menos larga que descansa sobre los balaustres, o pilares pequeños, de una balaustrada.

[47] **tapete** (m.)—cobertura.

[48] hule (m.)—caucho; en este caso, tela flexible recubierta de una capa brillante e impermeable por una de sus caras.

[49] **despacho**—cuarto de estudio; oficina.

La niña estaba sentada con las flores en el regazo y los pies cruzados bajo el escaño. El sacerdote la miró, después miró a la mujer y después, a través de la red metálica de la ventana, el cielo brillante y sin nubes.

—Con este calor —dijo—. Han podido esperar a que bajara el sol.

La mujer movió la cabeza en silencio. El sacerdote pasó del otro lado de la baranda, extrajo del **armario**[50] un cuaderno **forrado**[51] de hule, un **plumero**[52] de palo y un **tintero**,[53] y se sentó a la mesa. El pelo que le faltaba en la cabeza le sobraba en las manos.

—¿Qué tumba van a visitar? —preguntó.

—La de Carlos Centeno —dijo la mujer.

—¿Quién?

—Carlos Centeno —repitió la mujer.

El padre siguió sin entender.

—Es el ladrón que mataron aquí la semana pasada —dijo la mujer en el mismo tono—. Yo soy su madre.

El sacerdote la **escrutó**.[54] Ella lo miró fijamente, con un **dominio**[55] reposado, y el padre **se ruborizó**.[56] Bajó la cabeza para escribir. A medida que llenaba la hoja pedía a la mujer los datos de su identidad, y ella respondía sin vacilación, con detalles precisos, como si estuviera leyendo. El padre empezó a sudar. La niña se desabotonó la trabilla del zapato izquierdo, se **descalzó**[57] el **talón**[58] y lo apoyó en el contrafuerte.[59] Hizo lo mismo con el derecho.

---

[50] **armario**—mueble con puertas, estantes, y cajones.

[51] **forrado**—recubierto.

[52] **plumero**—estuche para lápices y plumas.

[53] **tintero**—recipiente para tinta.

[54] **escrutó**—miró directamente; examinó con la vista.

[55] **dominio**—autocontrol; valor.

[56] **se ruborizó**—se puso colorado; se avergonzó.

[57] se descalzó—sacó del zapato.

[58] **talón** (m.)—parte trasera del pie.

[59] contrafuerte (m.)—pieza de cuero que refuerza el calzado por la parte interior del talón.

Todo había empezado el lunes de la semana anterior, a las tres de la madrugada y a pocas cuadras de allí. La señora Rebeca, una viuda solitaria que vivía en una casa llena de **cachivaches**,[60] sintió a través del **rumor**[61] de la **llovizna**[62] que alguien trataba de forzar desde afuera la puerta de la calle. Se levantó, buscó **a tientas**[63] en el ropero un revólver arcaico que nadie había **disparado**[64] desde los tiempos del coronel Aureliano Buendía, y fue a la sala sin encender las luces. Orientándose no tanto por el ruido de la cerradura como por un terror desarrollado en ella por 28 años de soledad, localizó en la imaginación no sólo el sitio donde estaba la puerta sino la altura exacta de la cerradura. Agarró el arma con las dos manos, cerró los ojos y apretó el **gatillo**.[65] Era la primera vez en su vida que disparaba un revólver. Inmediatamente después de la detonación no sintió nada más que el murmullo de la llovizna en el techo de zinc. Después percibió un golpecito metálico en el **andén**[66] de cemento y una voz muy baja, apacible, pero terriblemente fatigada: «Ay, mi madre.» El hombre que amaneció muerto frente a la casa, con la nariz despedazada, vestía una **franela**[67] a rayas de colores, un pantalón ordinario con una soga en lugar de cinturón, y estaba descalzo. Nadie lo conocía en el pueblo.

—De manera que se llamaba Carlos Centeno —murmuró el padre cuando acabó de escribir.

---

[60] **cachivaches** (m.)—cacharros; objetos varios de poco valor.

[61] **rumor** (m.)—ruido leve.

[62] **llovizna**—lluvia leve.

[63] **a tientas**—con las manos, sin el auxilio de la vista.

[64] **disparado**—pegado un tiro; hecho fuego.

[65] **gatillo**—pieza de un arma de fuego que uno aprieta para disparar.

[66] **andén** (m.)—plataforma.

[67] **franela**—tela de lana o de algodón, con pelusa fina en una de sus caras.

—Centeno Ayala —dijo la mujer—. Era el único **varón**.[68]

El sacerdote volvió al armario. Colgadas de un clavo en el interior de la puerta había dos llaves grandes y oxidadas, como la niña imaginaba y como imaginaba la madre cuando era niña y como debió imaginar el propio sacerdote alguna vez que eran las llaves de San Pedro.[69] Las descolgó, las puso en el cuaderno abierto sobre la baranda y mostró con el **índice**[70] un lugar en la página escrita, mirando a la mujer.

—Firme aquí.

La mujer **garabateó**[71] su nombre, sosteniendo la cartera bajo la **axila**.[72] La niña recogió las flores, se dirigió a la baranda arrastrando los zapatos y observó atentamente a su madre.

El párroco suspiró.

—¿Nunca trató de hacerlo entrar por el buen camino?

La mujer contestó cuando acabó de firmar.

—Era un hombre muy bueno.

El sacerdote miró alternativamente a la mujer y a la niña y **comprobó**[73] con una especie de piadoso[74] estupor que no estaban a punto de llorar.

La mujer continuó **inalterable**:[75]

—Yo le decía que nunca robara nada que le hiciera falta a alguien para comer, y él me hacía caso. En

---

[68] **varón**—mozo; del sexo masculino.

[69] San Pedro—uno de los apóstoles de Jesucristo; según una tradición cristiana popular, es el custodio de las llaves del Paraíso Celestial.

[70] **índice** (m.)—dedo índice; el dedo que está más cerca del pulgar.

[71] **garabateó**—escribió malamente.

[72] **axila**—sobaco; la parte inferior del hombro, donde se une el brazo con el cuerpo.

[73] **comprobó**—confirmó con evidencia.

[74] piadoso—con reverencia; compasivo; con lástima.

[75] **inalterable**—sin alzar la voz; imperturbable.

cambio, antes, cuando boxeaba, pasaba hasta tres días en la cama **postrado**[76] por los golpes.

—Se tuvo que sacar todos los dientes —intervino la niña.

—Así es —confirmó la mujer—. Cada bocado que comía en ese tiempo me sabía a los **porrazos**[77] que le daban a mi hijo los sábados a la noche.

—La voluntad de Dios es inescrutable —dijo el padre.

Pero lo dijo sin mucha convicción, en parte porque la experiencia lo había vuelto un poco **escéptico**,[78] y en parte por el calor. Les recomendó que se protegieran la cabeza para evitar la **insolación**.[79] Les indicó bostezando y ya casi completamente dormido, cómo debían hacer para encontrar la tumba de Carlos Centeno. Al regreso no tenían que tocar. Debían meter la llave por debajo de la puerta y poner allí mismo, si tenían, una **limosna**[80] para la Iglesia. La mujer escuchó las explicaciones con mucha atención, pero dio las gracias sin sonreír.

Desde antes de abrir la puerta de la calle el padre se dio cuenta de que había alguien mirando hacia adentro, las narices aplastadas contra la red metálica. Era un grupo de niños. Cuando la puerta se abrió por completo los niños se dispersaron. A esa hora, de ordinario, no había nadie en la calle. Ahora no sólo estaban los niños. Había grupos bajo los almendros. El padre examinó la calle **distorsionada**[81] por la reverberación,[82] y entonces comprendió. Suavemente volvió a cerrar la puerta.

---

[76] **postrado**—obligado a guardar cama; sin poder levantarse.

[77] **porrazos**—golpes duros; palizas.

[78] **escéptico**—incrédulo; inclinado a la duda.

[79] **insolación**—malestar causado por exposición prolongada a los rayos solares.

[80] **limosna**—caridad; ofrecimiento de dinero; dádiva.

[81] **distorsionada**—deformada.

[82] reverberación—ondas de aire, efecto del calor.

—Esperen un minuto —dijo, sin mirar a la mujer.

Su hermana apareció en la puerta del fondo, con una chaqueta negra sobre la camisa de dormir y el cabello suelto en los hombros. Miró al padre en silencio.

—¿Qué fue? —preguntó él.

—La gente se ha dado cuenta —murmuró su hermana.

—Es mejor que salgan por la puerta del patio —dijo el padre.

—Es lo mismo —dijo su hermana—. Todo el mundo está en las ventanas.

La mujer parecía no haber comprendido hasta entonces. Trató de ver la calle a través de la red metálica. Luego le quitó el ramo de flores a la niña y empezó a moverse hacia la puerta. La niña la siguió.

—Esperen a que baje el sol —dijo el padre.

—Se van a **derretir**[83] —dijo su hermana, inmóvil en el fondo de la sala—. Espérense y les presto una **sombrilla**.[84]

—Gracias —replicó la mujer—. Así vamos bien.

Tomó a la niña de la mano y salió a la calle.

---

[83] **derretirse**—convertirse en líquido por el calor.

[84] **sombrilla**—parasol.

PREGUNTAS

1. ¿Cómo es la mujer de "La siesta del martes"? Describe su carácter y su espíritu. Defiende, con indicaciones textuales, tus conclusiones.

2. Al sacerdote y a su hermana les preocupa que salgan la mujer y su hija de la casa cural. ¿Por qué? ¿Qué puede pasar? ¿Cuál es el resultado, para el lector, del hecho de que García Márquez haya omitido esta parte, al parecer integrante, del cuento?

3. Se ha afirmado que uno de los protagonistas de este cuento es el calor agobiante que llena sus páginas. ¿Crees tú que sea defensible esta afirmación? ¿Por qué? Justifica tu respuesta con ejemplos del texto.

Leopoldo Alas, "Clarín" ▶

¡Adiós, Cordera!

LEOPOLDO ALAS, "CLARÍN"

*Catedrático de Derecho en Oviedo, el asturiano Clarín (1852–1901)
vivió ajeno a la vida cultural de Madrid. Sin embargo, tuvo una
preponderante influencia sobre ella. Novelista, cuentista y crítico
literario, Clarín accede al puesto de Mariano José de Larra en la
estima del público letrado hispánico.*

*"¡Adiós, Cordera!" (1892) posee, en parte, un carácter
naturalista—es decir, el autor observa minuciosamente la realidad
de los fenómenos sociales, incluso en sus más finos detalles
psicológicos. Clarín aspira a captar la vida tal como es y a
suprimir el yo del autor en sus descripciones para reemplazarlo
con un riguroso objetivismo. Clarín apoyó a Pardo Bazán en su
defensa del naturalismo ante la oposición áspera de otros célebres
literatos españoles de su día.*

¡Eran tres!; ¡siempre los tres! Rosa, Pinín y *la Cordera*.

El *prao*[1] Somonte era un recorte triangular de
terciopelo verde, tendido, como una colgadura, cuesta
abajo por la loma. Uno de sus ángulos, el inferior, lo

---

[1] *prao*—pronunciación regional de *prado*, terreno abierto donde pasta
el ganado.

despuntaba[2] el camino de hierro de Oviedo a Gijón. Un palo del telégrafo, plantado allí como pendón de conquista, con sus *jícaras*[3] blancas y sus alambres paralelos a derecha e izquierda, representaba para Rosa y Pinín el ancho mundo desconocido, misterioso, temible, eternamente ignorado. Pinín, después de pensarlo mucho, cuando a fuerza de ver días y días el poste tranquilo, inofensivo, campechano,[4] con ganas, sin duda, de aclimatarse en la aldea y parecerse todo lo posible a un árbol seco, fue atreviéndose con él, llevó la confianza al extremo de abrazarse al leño y trepar hasta cerca de los alambres. Pero nunca llegaba a tocar la porcelana de arriba, que le recordaba las jícaras que había visto en la rectoral[5] de Puao. Al verse tan cerca del misterio sagrado, le acometía un pánico de respeto y se dejaba resbalar de prisa hasta tropezar con los pies en el césped.

Rosa, menos audaz, pero más enamorada de lo desconocido, se contentaba con arrimar el oído al palo del telégrafo, y minutos y hasta cuartos de hora pasaba escuchando los formidables rumores metálicos que el viento arrancaba a las fibras del pino seco en contacto con el alambre. Aquellas vibraciones, a veces intensas como las del diapasón[6] que, aplicado al oído, parece que quema con su **vertiginoso**[7] **latir**,[8] eran para Rosa los *papeles* que pasaban, las *cartas* que se escribían por los *hilos*, el lenguaje incomprensible que lo ignorado hablaba con lo ignorado; ella no tenía curiosidad por entender lo que los de allá, tan lejos, decían a los del otro

---

[2] despuntaba—quitaba la punta; cortaba el ángulo.

[3] *jícaras*—tacitas; se refiere aquí específicamente a las piezas de porcelana empleadas en los palos de telégrafo para aislar, o mantener separados, los alambres eléctricos.

[4] campechano—franco; cordial; afable.

[5] rectoral—casa rectoral; la residencia del cura.

[6] diapasón—barra metálica en forma de U que al vibrar produce un tono determinado.

[7] **vertiginoso**—rapidísimo.

[8] **latir**—producir pulsaciones; lo que hace el corazón.

extremo del mundo. ¿Qué le importaba? Su interés estaba en el ruido, por el ruido mismo, por su timbre[9] y su misterio.

La Cordera, mucho más formal que sus compañeros, verdad es que, relativamente, de edad también mucho más madura, se abstenía de toda comunicación con el mundo civilizado, y miraba de lejos el palo del telégrafo, como lo que era para ella efectivamente: cosa muerta, inútil, que no le servía ni siquiera para rascarse. Era una vaca que había vivido mucho. Sentada horas y horas, pues, experta en pastos, sabía aprovechar el tiempo, meditaba más que comía, gozaba del placer de vivir en paz, bajo el cielo gris y tranquilo de su tierra, como quien alimenta el alma, que también tienen los brutos; y si no fuera profanación, podría decirse que los pensamientos de la vaca matrona, llena de experiencia, debían de parecerse todo lo posible a las más sosegadas y doctrinales **odas**[10] de Horacio.[11]

Asistía a los juegos de los pastorcicos encargados de *llindarla*,[12] como una abuela. Si pudiera, se sonreiría al pensar que Rosa y Pinín tenían por misión, en el prado, cuidar de ella, de que *la Cordera* no se extralimitase, no se metiese por la vía del ferrocarril, ni saltara a la heredad vecina. ¡Qué había de saltar! ¡Qué se había de meter!

Pastar de cuando en cuando, no mucho, cada día menos; pero con atención, sin perder el tiempo en levantar la cabeza por curiosidad **necia**,[13] escogiendo sin vacilar los mejores bocados, y, después, sentarse sobre el cuarto trasero con delicia, o rumiar[14] la vida, o gozar el deleite del

---

[9] timbre (m.)—cualidad del sonido; tono.

[10] **odas**—poemas líricos que generalmente cantan las virtudes o las glorias de algo o de alguien.

[11] Horacio—poeta romano de la Antigüedad (65–8 a. de J.C.).

[12] *llindarla*—vigilarla o cuidarla para que no saliera de los límites del prado.

[13] **necia**—tonta.

[14] rumiar—mascar o meditar.

no **padecer**,[15] del dejarse existir. Esto era lo que ella tenía que hacer, y todo lo demás, aventuras peligrosas. Ya no recordaba cuándo le había picado la mosca.

«El *xatu* (el toro), los saltos locos por las praderas adelante . . . ¡Todo eso estaba tan lejos!»

Aquella paz sólo se había turbado en los días de prueba de la inauguración del ferrocarril. La primera vez que *la Cordera* vio pasar el tren se volvió loca. Saltó la sebe[16] de lo más alto del Somonte, corrió por prados ajenos, y el terror duró muchos días; renovándose, más o menos violenta, cada vez que la máquina asomaba por la trinchera vecina. Poco a poco se fue acostumbrando al **estrépito**[17] inofensivo. Cuando llegó a convencerse de que era un peligro que pasaba, una catástrofe que amenazaba sin dar, redujo sus precauciones a ponerse en pie y a mirar de frente, con la cabeza **erguida**,[18] el formidable monstruo; más adelante no hacía más que mirarle, sin levantarse, con antipatía y desconfianza, acabó por no mirar al tren siquiera.

En Pinín y Rosa, la novedad del ferrocarril produjo impresiones más agradables y persistentes. Si al principio era una alegría loca, algo mezclada de miedo supersticioso, una excitación nerviosa, que les hacía **prorrumpir**[19] en gritos, gestos, pantomimas **descabelladas**,[20] después fue un recreo pacífico, suave, renovado varias veces al día. Tardó mucho en gastarse aquella emoción de contemplar la marcha vertiginosa, acompañada del viento, de la gran culebra de hierro que llevaba dentro de sí tanto ruido y tantas **castas**[21] de gentes desconocidas, extrañas.

---

[15] **padecer**—sufrir; penar.

[16] **sebe** (f.)—cerca; cercado; barda.

[17] **estrépito**—ruido grande; bulla.

[18] **erguida**—levantada; en alto.

[19] **prorrumpir**—exclamar.

[20] **descabelladas**—locas; disparatadas.

[21] **castas**—clases.

Pero telégrafo, ferrocarril, todo eso era lo de menos; un accidente pasajero que se ahogaba en el mar de soledad que rodeaba el *prao* Somonte. Desde allí no se veía vivienda humana; allí no llegaban ruidos del mundo más que al pasar el tren. Mañanas sin fin, bajo los rayos del sol a veces, entre el zumbar de los insectos; la vaca y los niños esperaban la proximidad del mediodía para volver a casa. Y luego, tardes eternas, de dulce tristeza silenciosa, en el mismo prado, hasta venir la noche, con el **lucero**[22] **vespertino**[23] por testigo mudo en la altura. Rodaban las nubes allá arriba, crecían las sombras de los árboles y de las peñas en la loma y en la cañada, se acostaban los pájaros, empezaban a brillar algunas estrellas en lo más oscuro del cielo azul, y Pinín y Rosa, los niños gemelos, los hijos de Antón de Chinta, teñida el alma de la dulce serenidad soñadora de la solemne y seria Naturaleza, callaban horas y horas, después de sus juegos, nunca muy estrepitosos, sentados cerca de *la Cordera*, que acompañaba el augusto silencio, de tarde en tarde, con un blando son de perezosa esquila.[24]

En este silencio, en esta calma inactiva, había amores. Se amaban los dos hermanos como dos mitades de un fruto verde, unidos por la misma vida, con escasa conciencia de lo que en ellos era distinto, de cuanto los separaba; amaban Pinín y Rosa a *la Cordera*, la vaca abuela, grande, amarillenta, cuyo testuz[25] parecía una cuna. *La Cordera* recordaría a un poeta la *zavala* del *Ramayana*,[26] la vaca santa; tenía en la amplitud de sus formas, en la solemne serenidad de sus

---

[22] **lucero**—primera estrella visible al anochecer.

[23] **vespertino**—de la tarde o de la noche.

[24] esquila—campanita puesta al pescuezo de las vacas.

[25] testuz (m.)—la frente de ciertos animales.

[26] *Ramayana*—poema épico sánscrito, del siglo III a. de J.C., en el que se celebran las hazañas de Rama, quien fue, en la mitología hindú, la séptima encarnación de Visnú, divinidad redentora del hinduismo.

pausados y nobles movimientos, aires y contornos de ídolo destronado, caído, contento con su suerte, más satisfecha con ser vaca verdadera que dios falso. *La Cordera,* hasta donde es posible adivinar estas cosas, puede decirse que también quería a los gemelos encargados de apacentarla.[27]

Era poco expresiva, pero la paciencia con que los toleraba cuando en sus juegos ella les servía de almohada, de escondite, de montura, y para otras cosas que ideaba la fantasía de los pastores, demostraba tácitamente el afecto del animal pacífico y pensativo.

En tiempos difíciles, Pinín y Rosa habían hecho por *la Cordera* los imposibles de solicitud y cuidado. No siempre Antón de Chinta había tenido el prado Somonte. Este regalo era cosa relativamente nueva. Años atrás *la Cordera* tenía que salir *a la gramática,* esto es, a apacentarse como podía a la buena ventura de los caminos y callejas, de los rapados y escasos praderíos del común, que tanto tenían de vía pública como de pastos. Pinín y Rosa, en tales días de **penuria,**[28] la guiaban a los mejores altozanos,[29] a los parajes más tranquilos y menos esquilmados,[30] y la libraban de las mil injurias a que están expuestas las pobres reses que tienen que buscar su alimento en los azares de un camino.

En los días de hambre en el establo, cuando el heno escaseaba y el narvaso[31] para *estrar*[32] el lecho caliente de la vaca faltaba también, a Rosa y a Pinín debía *la Cordera* mil industrias que la hacían más suave la miseria. ¡Y qué decir de los tiempos heroicos del parto y la cría, cuando se entablaba la lucha necesaria entre el alimento y regalo

---

[27] apacentar—llevar el ganado al prado para que coma de la hierba.

[28] **penuria**—escasez de dinero.

[29] altozanos—terrenos elevados y planos.

[30] esquilmados—desprovistos; empobrecidos por el uso excesivo.

[31] narvaso—caña de maíz con su follaje; alimento del ganado vacuno.

[32] *estrar*—extender; ampliar.

de la *nación*[33] y el interés de los Chintos, que consistía en robar a las ubres de la pobre madre toda la leche que no fuera absolutamente indispensable para que el ternerillo subsistiese! Rosa y Pinín, en tal conflicto, siempre estaban de parte de *la Cordera,* y en cuanto había ocasión, a escondidas, soltaban al recental,[34] que, ciego y como loco, a testarazos[35] contra todo, corría a buscar el amparo de la madre, que le **albergaba**[36] bajo su vientre, volviendo la cabeza agradecida y solícita, diciendo, a su manera: «Dejad a los niños y a los recentales que vengan a mí.»

Estos recuerdos, estos lazos, son de los que no se olvidan.

Añádase a todo que *la Cordera* tenía la mejor pasta de vaca sufrida del mundo. Cuando se veía emparejada bajo el **yugo**[37] con cualquier compañera, fiel a la gamella,[38] sabía someter su voluntad a la ajena; y horas y horas se la veía con la **cerviz**[39] inclinada, la cabeza torcida, en incómoda postura, velando en pie mientras la pareja dormía en tierra.

Antón de Chinta comprendió que había nacido para pobre cuando palpó la imposibilidad de cumplir aquel sueño dorado suyo de tener un *corral* propio con dos **yuntas**[40] por lo menos. Llegó, gracias a mil ahorros, que eran mares de sudor y purgatorios de privaciones, llegó a la primera vaca, *la Cordera*; y no pasó de ahí; antes de poder comprar la segunda, se vio obligado, para pagar

---

[33] *nación*—becerro de la vaca que acaba de nacer.

[34] recental—ternero que no ha pastado todavía, que se alimenta todavía de la leche de la madre.

[35] testarazos—cabezazos; golpes con la cabeza.

[36] **albergaba**—protegía; amparaba.

[37] **yugo**—aparato que se coloca en el pescuezo de los bueyes cuando aran, o labran, la tierra.

[38] gamella—arco que se forma en cada extremo del yugo.

[39] **cerviz** (f.)—nuca; parte de atrás del cuello.

[40] **yuntas**—parejas de bueyes.

atrasos al amo, el dueño de la *casería*, que llevaba en renta, a llevar al mercado a aquel pedazo de sus entrañas, *la Cordera*, el amor de sus hijos. Chinta había muerto a los dos años de tener *la Cordera* en casa. El establo y la cama del matrimonio estaban pared por medio, llamando pared a un tejado de ramas de castaño y de cañas de maíz. La Chinta, musa de la economía en aquel hogar miserable, había muerto mirando a la vaca por un **boquete**[41] del destrozado **tabique**[42] de ramaje, señalándola como salvación de la familia.

«Cuidadla, es vuestro sustento», parecían decir los ojos de la pobre moribunda, que murió **extenuada**[43] de hambre y de trabajo.

El amor de los gemelos se había concentrado en *la Cordera*; el regazo, que tiene su cariño especial, que el padre no puede reemplazar, estaba al calor de la vaca, en el establo, y allí, en el Somonte.

Todo esto lo comprendía Antón a su manera, confusamente. De la venta necesaria no había que decir palabra a los *neños*. Un sábado de julio, al ser de día, de mal humor Antón echó a andar hacia Gijón, llevando *la Cordera* por delante, sin más atavío[44] que el collar de esquila. Pinín y Rosa dormían. Otros días había que despertarlos a azotes. El padre los dejó tranquilos. Al levantarse se encontraron sin *la Cordera*. «Sin duda, *mío pa* la había llevado al *xatu*.» No cabía otra conjetura. Pinín y Rosa opinaban que la vaca iba de mala gana; creían ellos que no deseaba más hijos, pues todos acababa por perderlos pronto, sin saber cómo ni cuándo.

Al oscurecer, Antón y *la Cordera* entraban por la *corrada* mohínos,[45] cansados y cubiertos de polvo. El

---

[41] **boquete** (m.)—agujero; abertura.
[42] **tabique** (m.)—pared delgada.
[43] **extenuada**—agotada; rendida; cansadísima.
[44] atavío—ropa; vestidura.
[45] mohínos—disgustados; airados.

padre no dio explicaciones, pero los hijos adivinaron el peligro.

No había vendido, porque nadie había querido llegar al precio que a él se le había puesto en la cabeza. Era excesivo: un **sofisma**[46] del cariño. Pedía mucho por la vaca para que nadie se atreviese a llevársela. Los que se habían acercado a intentar fortuna se habían alejado pronto echando pestes de aquel hombre que miraba con ojos de rencor y desafío al que **osaba**[47] insistir en acercarse al precio fijo en que él se abroquelaba.[48] Hasta el último momento del mercado estuvo Antón de Chinta en el Humedal, dando plazo a la fatalidad. «No se dirá, pensaba, que yo no quiero vender; son ellos, que no me pagan *la Cordera* en lo que vale.» Y, por fin, suspirando, si no satisfecho con cierto consuelo, volvió a emprender el camino por la carretera de Candás adelante, entre la confusión y el ruido de cerdos y novillos, bueyes y vacas, que los aldeanos de muchas parroquias del **contorno**[49] conducían con mayor o menor trabajo, según eran de antiguo las relaciones entre dueños y bestias.

En el Nataoyo, en el cruce de dos caminos, todavía estuvo expuesto el de Chinta a quedarse sin *la Cordera*; un vecino de Carrió que le había rondado[50] todo el día ofreciéndole pocos duros menos de los que pedía, le dio el último ataque, algo borracho.

El de Carrió subía, subía, luchando entre la **codicia**[51] y el capricho de llevar la vaca. Antón, como una roca. Llegaron a tener las manos enlazadas, parados en medio

---

[46] **sofisma** (m.)—razonamiento aparentemente verdadero, pero en realidad falso.

[47] **osaba**—se atrevía.

[48] se abroquelaba—se establecía; se obstinaba.

[49] **contorno**—comarca.

[50] rondado—seguido.

[51] **codicia**—deseo exagerado de poseer algo de valor, muchas veces algo que pertenece a otra persona.

de la carretera, interrumpiendo el paso . . . Por fin, la codicia pudo más; el pico de los cincuenta les separó como un abismo; se soltaron las manos; cada cual tiró por su lado; Antón, por una calleja que, entre madreselvas que aún no florecían y zarzamoras en flor, le condujo hasta su casa.

Desde aquel día en que adivinaron el peligro, Pinín y Rosa no sosegaron. A media semana se personó[52] el mayordomo en el *corral* de Antón. Era otro aldeano de la misma parroquia, **de malas pulgas**,[53] cruel con los *caseros* atrasados. Antón, que no admitía reprimendas, se puso lívido ante las amenazas de **desahucio**.[54]

El amo no esperaba más. Bueno, vendería la vaca **a vil precio**,[55] por una merienda. Había que pagar o quedarse en la calle.

Al sábado inmediato acompañó al Humedal Pinín a su padre. El niño miraba con horror a los contratistas de carnes, que eran los tiranos del mercado. *La Cordera* fue comprada en su justo precio por un rematante[56] de Castilla. Se la hizo una señal en la piel y volvió a su establo de Puao, ya vendida, ajena, **tañendo**[57] tristemente la esquila. Detrás caminaban Antón de Chinta, **taciturno**,[58] y Pinín, con ojos como puños. Rosa, al saber la venta, se abrazó al testuz de *la Cordera,* que inclinaba la cabeza a las caricias como al yugo.

—¡Se iba la vieja! —pensaba con el alma destrozada Antón el **huraño**.[59]

---

[52] se personó—se presentó; apareció.

[53] **de malas pulgas**—de mal genio; enojadizo.

[54] **desahucio**—expulsión; desalojamiento.

[55] **a vil precio**—a precio excesivamente bajo.

[56] rematante—el que participa en un remate o subasta, en que se venden artículos usados a los que ofrecen más dinero por ellos.

[57] **tañendo**—tocando; haciendo sonar.

[58] **taciturno**—callado; que habla poco.

[59] **huraño**—tímido; huidizo; esquivo; dicho de quien huye de la sociedad de las personas.

Ella será bestia, pero sus hijos no tenían otra madre ni otra abuela.

Aquellos días, en el pasto, en la verdura del Somonte, el silencio era fúnebre. *La Cordera,* que ignoraba su suerte, descansaba y **pacía**[60] como siempre, *sub specie aeternitatis,*[61] como descansaría y comería un minuto antes de que el brutal **porrazo**[62] la derribase muerta. Pero Rosa y Pinín yacían desolados, tendidos sobre la hierba, inútil en adelante. Miraban con rencor los trenes que pasaban y los alambres del telégrafo. Era aquel mundo desconocido, tan lejos de ellos por un lado y por otro, el que les llevaba su *Cordera.*

El viernes al oscurecer fue la despedida. Vino un encargado del rematante de Castilla por la res. Pagó; bebieron un trago Antón y el comisionado, y se sacó a la *quintana*[63] la Cordera. Antón había apurado la botella, estaba exaltado; el peso del dinero en el bolsillo le animaba también. Quería aturdirse. Hablaba mucho, alababa las excelencias de la vaca. El otro sonreía, porque las alabanzas de Antón eran impertinentes. ¿Que daba la res tantos y tantos litros de leche? ¿Que era noble en el yugo, fuerte con la carga? ¿Y qué, si dentro de pocos días había de estar reducida a chuletas y otros bocados suculentos? Antón no quería imaginar esto; se la figuraba viva, trabajando, sirviendo a otro labrador, olvidada de él y de sus hijos, pero viva, feliz . . . Pinín y Rosa, sentados sobre el montón de *cucho,*[64] recuerdo para ellos sentimental de *la Cordera* y de los propios afanes, unidos por las manos, miraban al enemigo con ojos de espanto. En el supremo instante se arrojaron sobre su amiga; besos, abrazos, hubo de todo. No podían separarse de ella.

---

[60] **pacía**—pastaba; comía hierba.

[61] *sub specie aeternitatis*—en su forma eterna (frase latina).

[62] **porrazo**—golpe fuerte con porra o palo.

[63] *quintana*—terreno común de una propiedad en la cual se ubican varias casas.

[64] *cucho*—estiércol; excremento; fertilizante.

Antón, agitada de pronto la excitación del vino, cayó como en un marasmo;[65] cruzó los brazos y entró en el *corral* oscuro. Los hijos siguieron un buen trecho por la calleja de altos setos al triste grupo del indiferente comisionado y *la Cordera*, que iba de mala gana con su desconocido y a tales horas. Por fin hubo que separarse. Antón, malhumorado, exclamaba desde casa:

—¡Bah, bah, *neños*, acá vos digo; basta de *pamemas*![66] —así gritaba de lejos el padre, con voz de lágrimas.

Caía la noche; por la calleja oscura que hacían casi negra los altos setos formando casi bóveda,[67] se perdió el bulto de *la Cordera*, que parecía negra de lejos. Después no quedó de ella más que el tintán pausado de la esquila, **desvanecido**,[68] con la distancia, entre los chirridos melancólicos de **cigarras**[69] infinitas.

—¡Adiós, *Cordera*! —gritaba Rosa, deshecha en llanto—. ¡Adiós, *Cordera* de *mío* alma!

—¡Adiós, *Cordera*! repetía Pinín, no más sereno.

—¡Adiós! —contestó, por último, a su modo, la esquila, perdiéndose su lamento triste, resignado, entre los demás sonidos de la noche de julio en la aldea . . .

Al día siguiente, muy temprano, a la hora de siempre, Pinín y Rosa fueron al *prao* Somonte. Aquella soledad no había sido nunca para ellos triste; aquel día, el Somonte sin *la Cordera* parecía el desierto.

De repente, silbó la máquina, apareció el humo, luego el tren. En un furgón cerrado, con unas estrechas ventanas altas, o respiraderos, vislumbraron los hermanos gemelos cabezas de vacas, que, **pasmadas**,[70] miraban por aquellos tragaluces.

---

[65] marasmo—inmovilidad; paralización.

[66] *pamemas*—reacciones exageradas; tonterías.

[67] bóveda—techo abombado, como arco.

[68] **desvanecido**—disipado; esfumado.

[69] **cigarras**—insectos que producen un sonido chirriante y monótono.

[70] **pasmadas**—asombradas; boquiabiertas; atónitas.

—¡Adiós, *Cordera!* —gritó Rosa, adivinando allí a su amiga, a la vaca abuela.

—¡Adiós, *Cordera!* —vociferó Pinín con la misma fe, enseñando los puños al tren, que volaba, camino de Castilla.

Y llorando, repetía el rapaz,[71] más enterado que su hermana de las **picardías**[72] del mundo:

—La llevan al matadero . . . Carne de vaca para comer los señores, los curas, los indianos.[73]

—¡Adiós, *Cordera!* . . .

—¡Adiós, *Cordera!* . . .

Y Rosa y Pinín miraban con rencor la vía, el telégrafo, los símbolos de aquel mundo enemigo, que les arrebataba, que les devoraba a su compañera de tantas soledades, de tantas ternuras silenciosas, para sus apetitos, para convertirla en **manjares**[74] de ricos glotones.

—¡Adiós, *Cordera!* . . .

—¡Adiós, *Cordera!* . . .

Pasaron muchos años. Pinín se hizo mozo y se lo llevó el rey. Ardía la guerra carlista.[75] Antón de Chinta era casero de un cacique de los vencidos; no hubo influencia para declarar inútil a Pinín, que, por ser, era como un roble.

Y una tarde triste de octubre, Rosa en el *prao* Somonte, sola, esperaba el paso del tren correo de Gijón que le llevaba a sus únicos amores, su hermano. Silbó a lo lejos la máquina, apareció el tren en la trinchera, pasó como un relámpago. Rosa, casi molida por las ruedas, pudo ver un instante, en un coche de tercera, multitud de

---

[71] rapaz—muchacho; chico; chamaco.

[72] **picardías**—maldades; travesuras.

[73] indianos—españoles que vuelven de las Indias (la América Española) enriquecidos.

[74] **manjares** (m.)—platos ricos de comer.

[75] guerra carlista—guerra civil en España del siglo XIX, que duró esporádicamente desde 1833 hasta 1876.

cabezas de pobres quintos[76] que gritaban, gesticulaban, saludando a los árboles, al suelo, a los campos, a toda la patria familiar, a la pequeña, que dejaban para ir a morir en las luchas fratricidas de la patria grande, al servicio de un rey y de unas ideas que no conocían.

Pinín, con medio cuerpo fuera de una ventanilla, tendió los brazos a su hermana; casi se tocaron. Y Rosa pudo oír, entre el estrépito de las ruedas y la gritería de los **reclutas**,[77] la voz distinta de su hermano, que sollozaba exclamando, como inspirado por un recuerdo de dolor lejano:

—¡Adiós, Rosa! . . . ¡Adiós, *Cordera!* . . .

—¡Adiós, Pinín! ¡Pinín de *mío* alma! . . .

Allá iba, como la otra, como la vaca abuela. Se lo llevaba el mundo. Carne de vaca para los glotones, para los indianos; carne de su alma, carne de cañón para las locuras del mundo, para las ambiciones ajenas.

Entre confusiones de dolor y de ideas, pensaba así la pobre hermana, viendo al tren perderse a lo lejos, silbando triste, con silbido que **repercutían**[78] los castaños, las **vegas**[79] y los **peñascos** . . .[80]

¡Qué sola se quedaba! Ahora sí, ahora sí que era un desierto el *prao* Somonte.

—¡Adiós, Pinín! . . . ¡Adiós, *Cordera!* . . .

Con qué odio miraba Rosa la vía manchada de carbones apagados; con qué ira los alambres del telégrafo. ¡Oh! Bien hacía *la Cordera* en no acercarse. Aquello era el mundo, lo desconocido, que se lo llevaba todo. Y, sin pensarlo, Rosa apoyó la cabeza sobre el palo clavado como un pendón en la punta del Somonte. El viento cantaba, en las entrañas del pino seco, su canción

---

[76] quintos—soldados llamados a servir en el ejército.

[77] **reclutas**—soldados nuevos, novatos.

[78] **repercutían**—hacían eco.

[79] **vegas**—llanuras; terrenos planos.

[80] **peñascos**—peñas o rocas altas y grandes; morros.

metálica. Ahora ya lo comprendía Rosa. Era canción de lágrimas, de abandono, de soledad, de muerte.

En las vibraciones rápidas, como quejidos, creía oír, muy lejana, la voz que sollozaba por la vía delante:

—¡Adiós, Rosa! . . . ¡Adiós, *Cordera!* . . .

PREGUNTAS

1. Describe en tus propias palabras la relación que existe entre los dos hermanos gemelos, Rosa y Pinín, y la Cordera, y la vida que conllevan en el prado. ¿Cómo es cada uno de los tres? Apoya tus conceptos con detalles específicos.

2. ¿Quién es Antón de Chinta? ¿Cómo es? ¿Quién era Chinta? ¿Por qué se ve obligado Antón a vender la Cordera?

3. ¿Qué efecto tiene la novedad del ferrocarril y la presencia del palo del telégrafo en la vida y en el estado de ánimo de los tres? ¿Qué llegan a representar el ferrocarril y el telégrafo? Analiza cómo evolucionan como símbolos dentro del cuento.

4. Compara y contrasta la partida de la Cordera con la de Pinín. ¿Qué reacción te produce este desenlace?

Emilia Pardo Bazán ▶

Las medias rojas

EMILIA PARDO BAZÁN

La condesa de Pardo Bazán (1851?–1921) nació en La Coruña, en Galicia. Aunque vivió casi toda la vida adulta en Madrid, Galicia y el habla gallega tienen una vívida presencia en su producción literaria. Pardo Bazán cultivó casi todos los géneros, distinguiéndose en varios: fue novelista, cuentista, investigadora, historiadora y poeta lírica. Empezó como escritora realista, pretendiendo pintar la vida de modo fiel y objetivo, sin intervenir sino con ojo clínico entre la realidad y el texto que resultaba.

Al contrario del costumbrismo, el realismo se interesaba en temas muchas veces sórdidos: los agudos problemas sociales y la miseria de las clases bajas. Al paso del tiempo, Pardo Bazán evolucionó hacia un naturalismo de carácter políticosocial, buscando armonizarlo con la moral cristiana. Como aquí en "Las medias rojas" (1923), en su obra se destacan un léxico rico y una asombrosa concisión y transparencia de estilo.

Cuando la **rapaza**[1] entró, cargada con el haz de leña[2] que acababa de merodear[3] en el Monte del señor amo, el tío Clodio no levantó la cabeza, entregado a la ocupación de picar un cigarro,[4] sirviéndose, en vez de navaja, de una uña córnea[5] color de ámbar oscuro, porque la había tostado el fuego de las apuradas[6] **colillas**.[7]

Ildara soltó el peso en tierra y se atusó el cabello, peinado a la moda «de las señoritas» y revuelto por los enganchones de las ramillas que se agarraban a él. Después, con la lentitud de las faenas aldeanas, preparó el fuego, lo prendió, desgarró las berzas,[8] las echó en el pote negro, en compañía de unas patatas mal troceadas y de unas **judías**[9] asaz[10] secas, de la cosecha anterior, sin **remojar**.[11] Al cabo de estas operaciones, tenía el tío Clodio liado su cigarrillo, y lo chupaba desgarbadamente, haciendo en los carrillos[12] dos hoyos como **sumideros**,[13] grises, entre lo azuloso de la descuidada barba.

Sin duda la leña estaba húmeda de tanto llover la semana entera, y ardía mal, soltando una humareda acre; pero el labriego no **reparaba**:[14] al humo, ¡bah!, estaba él bien hecho[15] desde niño. Como Ildara se

---

[1] **rapaza**—muchacha.

[2] haz (m.) de leña—conjunto de varios leños o maderos para quemar.

[3] merodear—pillar; recoger sin permiso; apropiarse; apañar.

[4] picar un cigarro—cortar el extremo de un puro, para dar paso al humo.

[5] córnea—como cuerno; dura.

[6] apuradas—enteramente fumadas; consumidas.

[7] **colilla(s)**—cabo de un puro o de un cigarrillo que deja el fumador.

[8] berzas—coles; repollos.

[9] **judías**—habichuelas; ejotes; vainitas.

[10] asaz—bastante.

[11] **remojar**—dejar algo metido en agua durante tiempo, para ablandarlo.

[12] carrillos—mejillas.

[13] **sumidero(s)**—conducto de desagüe; boca de alcantarilla, donde se recogen aguas residuales.

[14] **reparaba**—hacía caso; notaba.

[15] hecho—acostumbrado.

inclinase para soplar y activar la llama, observó el viejo cosa más **insólita**:[16] algo de color vivo, que emergía de las **remendadas**[17] y encharcadas[18] sayas[19] de la moza . . . Una pierna robusta, aprisionada en una media roja, de algodón . . .

—¡Ey! ¡Ildara!

—¡ Señor padre!

—¿Qué novidá[20] es ésa?

—¿Cuál novidá?

—¿Ahora me gastas medias, como la hirmán[21] del abade?[22]

Incorporóse[23] la muchacha, y la llama, que empezaba a alzarse, dorada, lamedora de la negra panza del pote, alumbró su cara redonda, bonita, de **facciones**[24] pequeñas, de boca **apetecible**,[25] de pupilas claras, golosas[26] de vivir.

—Gasto medias, gasto medias —repitió, sin amilanarse.[27] — Y si las gasto, no se las debo a ninguén.[28]

—Luego nacen los cuartos[29] en el monte —insistió el tío Clodio con amenazadora **sorna**.[30]

—¡No nacen! . . . Vendí al abade unos huevos, que no dirá menos él . . . Y con eso merqué[31] las medias.

---

[16] **insólita**—desusada; poco común.

[17] **remendadas**—reparadas; con parches.

[18] encharcadas—mojadas, por haber cargado Ildara leña mojada.

[19] sayas—faldas.

[20] novidá—novedad *(regionalismo)*.

[21] hirmán—hermana *(regionalismo)*.

[22] abade—abad; superior de un monasterio *(regionalismo)*.

[23] incorporóse—se puso de pie.

[24] **facciones**—características físicas de la cara.

[25] **apetecible**—deseable; atractiva.

[26] golosas—ansiosas; sedientas.

[27] amilanarse—desanimarse.

[28] ninguén—ninguno; nadie *(regionalismo)*.

[29] cuartos—dinero.

[30] **sorna**—sarcasmo.

[31] merqué—compré.

Una luz de ira cruzó por los ojos pequeños, engarzados[32] en duros párpados, bajo cejas **hirsutas,**[33] del labrador . . . Saltó del banco donde estaba escarranchado,[34] y agarrando a su hija por los hombros, la **zarandeó**[35] brutalmente, arrojándola contra la pared, mientras barbotaba:[36]

—¡Engañosa! ¡Engañosa! ¡Cluecas[37] andan las gallinas que no ponen!

Ildara, apretando los dientes por no gritar de dolor, se defendía la cara con las manos. Era siempre su temor de mociña[38] guapa y requebrada,[39] que el padre la mancase,[40] como le había sucedido a la Mariola, su prima, señalada por su propia madre en la frente con el **aro**[41] de la **criba,**[42] que le desgarró los **tejidos.**[43] Y tanto más defendía su belleza, hoy que se acercaba el momento de fundar en ella un sueño de porvenir. Cumplida la mayor edad, libre de la autoridad paterna, la esperaba el barco, en cuyas **entrañas**[44] tantos de su **parroquia**[45] y de las parroquias circunvecinas se habían ido hacia la suerte, hacia lo desconocido de los lejanos países donde el oro rueda por las calles y no hay sino bajarse para cogerlo. El

---

[32] engarzados—puestos.

[33] **hirsutas**—velludas; peludas.

[34] escarranchado—despatarrado; con las piernas muy separadas.

[35] **zarandeó**—sacudió.

[36] barbotaba—decía muy de prisa, atropelladamente.

[37] cluecas—se dice de las gallinas dispuestas a incubar los huevos de otras, porque ellas mismas no ponen.

[38] mociña—mozuela; muchacha *(regionalismo).*

[39] requebrada—piropeada; alabada; elogiada.

[40] mancase—lesionara; hiriera; marcara.

[41] **aro**—marco circular.

[42] **criba**—útil típico de la cocina con tela metálica que se usa para separar lo fino de lo grueso.

[43] **tejidos**—la piel y la carne debajo de la piel.

[44] **entrañas**—espacios interiores.

[45] **parroquia**—territorio o congregación de una iglesia; vecindad.

padre no quería emigrar, cansado de una vida de labor, indiferente a la esperanza tardía: pues que se quedase él . . . Ella iría sin falta; ya estaba de acuerdo con el gancho,[46] que le adelantaba los pesos para el viaje, y hasta le había dado cinco de señal,[47] de los cuales habían salido las famosas medias . . . Y el tío Clodio, **ladino**,[48] sagaz, **adivinador**[49] o sabedor, sin dejar de tener acorralada y **acosada**[50] a la moza, repetía:

—Ya te cansaste de andar descalza de pie y pierna, como las mujeres de bien, ¿eh, condenada? ¿Llevó medias alguna vez tu madre? ¿Peinóse como tú, que siempre estás dale que tienes con el cacho de espejo?[51] Toma, para que te acuerdes . . .

Y con el cerrado puño hirió primero la cabeza, luego el rostro, apartando las medrosas[52] manecitas, de forma no alterada aún por el trabajo, con que se escudaba[53] Ildara, **trémula**.[54] El **cachete**[55] más violento cayó sobre un ojo, y la rapaza vio, como un cielo estrellado, miles de puntos brillantes envueltos en una radiación de intensos coloridos sobre un negro terciopeloso. Luego, el labrador **aporreó**[56] la nariz, los carrillos. Fue un instante de furor, en que sin escrúpulo la hubiese matado, antes que verla marchar, dejándole a él solo, viudo, casi imposibilitado de cultivar la tierra

---

[46] gancho—intermediario; rufián; persona que con maña o arte solicita a otra para algún fin, o para hacerla caer en una trampa o engaño.

[47] señal (f.)—cantidad dada como anticipo del pago total de una cosa, como garantía o muestra de buena fe.

[48] **ladino**—astuto; sagaz.

[49] **adivinador**—que sabe lo que otro piensa sin necesidad de que nadie se lo diga.

[50] **acosada**—perseguida.

[51] dale que tienes con el cacho de espejo—mirándote en un pedazo de espejo.

[52] medrosas—que tienen miedo.

[53] escudaba—protegía; defendía.

[54] **trémula**—temblando de miedo.

[55] **cachete** (m.)—bofetada; manotazo en la cara.

[56] **aporreó**—golpeó.

que llevaba en **arriendo**,[57] que **fecundó**[58] con sudores tantos años, a la cual profesaba un cariño maquinal, absurdo. Cesó al fin de pegar; Ildara, **aturdida**[59] de espanto, ya no **chillaba**[60] siquiera.

Salió fuera, silenciosa, y en el regato[61] próximo se lavó la sangre. Un diente bonito, juvenil, le quedó en la mano. Del ojo lastimado, no veía.

Como que el médico, consultado tarde y de mala gana, según es uso de labriegos, habló de un **desprendimiento**[62] de la retina, cosa que no entendió la muchacha, pero que consistía . . . en quedarse **tuerta**.[63]

Y nunca más el barco la recibió en sus concavidades para llevarla hacia nuevos horizontes de holganza[64] y lujo. Los que allá vayan, han de ir sanos, válidos, y las mujeres, con sus ojos alumbrando y su dentadura completa . . .

---

[57] **arriendo**—alquiler.

[58] **fecundó**—fertilizó.

[59] **aturdida**—desconcertada; incapacitada.

[60] **chillaba**—lloraba; gritaba.

[61] regato—arroyo; canal.

[62] **desprendimiento**—aflojamiento; separación.

[63] **tuerta**—con un solo ojo bueno.

[64] holganza—ocio; diversión.

PREGUNTAS

1. Compara y contrasta los móviles de Ildara con los del tío Clodio.

2. Resume los requisitos que tiene que cumplir Ildara para poder forjarse el futuro que desea, lejos de su vida actual.

3. Analiza la técnica estilística mediante la cual Pardo Bazán crea la tensión que culmina en el desenlace trágico del cuento.

Carmen Martín Gaite ▶

Las ataduras[1]

CARMEN MARTÍN GAITE

Novelista, cuentista, ensayista y poeta, la española Carmen Martín Gaite (1925–2000) negaba posiciones feministas politizadas. En "Las ataduras" (1960), de trasfondo gallego, se hallan temas y características presentes en la obra de esta autora: la oposición entre pueblo y ciudad, la disconformidad entre lo que se sueña y lo que se hace, la falta de comunicación y el temor a la libertad.

Los lectores de Martín Gaite, la mayoría de ellos jóvenes, encuentran en su obra una nueva forma de visualizar los problemas sociales. Ella ha dicho que su entera actividad literaria es una "búsqueda de interlocutor", es decir, de situaciones de intercambio personal. La importancia de la comprensión mutua entre seres humanos se sobrepone a cualquier búsqueda de éxito individual.

—No puedo dormir, no puedo. Da la luz, Herminia —dijo el viejo maestro, saltando sobre los muelles[2] de la cama.

---

[1] **ataduras**—nudos; lazos; ligaduras.

[2] muelles (m.)—resortes de un colchón.

Ella se dio la vuelta hacia el otro lado y se cubrió con las ropas revueltas.

—Benjamín, me estás destapando —protestó—. ¿Qué te pasa?, ¿no te has dormido todavía?

—¿Qué quieres que me pase? Ya lo sabes, ¿es que no lo sabes? ¡Quién se puede dormir! Sólo tú que pareces de **corcho**.[3]

—No vuelvas a empezar ahora, por Dios —dijo la voz soñolienta de la mujer—. Procura dormir, hombre, déjame, estoy cansada del viaje.

—Y yo también. Eso es lo que tengo **atragantado**,[4] eso. Ese viaje inútil y maldito, me cago en Satanás;[5] que si se pudieran hacer las cosas dos veces . . .

—Si se pudieran hacer dos veces, ¿qué?

—Que no iría, que me moriría sin volverla a ver, total para el espectáculo que hemos visto; que irías tú si te daba la gana, eso es lo que te digo.

—Sí, ya me he enterado; te lo he oído ayer no sé cuántas veces. ¿Y qué? Ya sabes que a mí me da la gana y que iré siempre que ella me llame. También te lo he dicho ayer. Creí que no querías darle más vueltas al asunto.

—No quería. ¿Y qué adelanto con no querer? Me rebulle. Tengo sangre en las venas y me vuelve a **rebullir**;[6] me estará rebullendo siempre que me acuerde.

—Vaya todo por Dios.

—Da la luz, te digo.

La mujer alargó una muñeca huesuda y buscó **a tientas**[7] la pera de la luz. Los ojos del viejo maestro,

---

[3] **corcho**—corteza de cierto árbol, que se utiliza para tapar las botellas de vino.

[4] **atragantado**—atravesado en la garganta; atorado.

[5] me cago en Satanás—expresión grosera que indica inconformidad con alguna circunstancia.

[6] **rebullir**—agitarse.

[7] **a tientas**—a ciegas; tanteando, especialmente en la oscuridad.

foscos,[8] esforzados de **taladrar**[9] la oscuridad, parpadearon un instante escapando de los de ella, que le buscaron indagadores, al resplandor que se descolgó sobre la estancia. Se sentó en la cama y la mujer le imitó a medias, con un suspiro. Asomaron las dos figuras por encima de la barandilla que había a los pies, a reflejarse enfrente, en la luna del armario. Toda la habitación nadaba con ellos, **zozobraba**,[10] se torcía, dentro de aquel espejo de mala calidad, sucio de dedos y de moscas. Se vio él. Miró en el espejo, bajo la alta bombilla solitaria, el halo de sus propios pelos canosos alborotados, el bulto de la mujer, apenas surgido para acompañarle, el perfil de tantos objetos **descabalados**,[11] ignorados de puro vistos, de tantas esquinas limadas por el uso, y se tapó los ojos. Dentro de ellos estalló un fuego colorado. Alina, niña, se sacudía el cabello mojado, riendo, y dejaba las brazadas de leña en la cocina, allí, a dos pasos; su risa trepaba con el fuego. Ahora un rojo de chispas de cerezas: Alina, en la copa de un cerezo del huerto, le contaba cuentos al niño del vaquero. Ahora un rojo de sol y de mariposas; ahora un rojo de vino.

La mujer se volvió a hundir en la cama.

—Herminia, ¿qué hora es?

—Las seis y cuarto. Anda, duérmete un poco. ¿Apagamos la luz?

Por toda contestación, el maestro echó los pies afuera y se puso a vestirse lentamente. Luego abrió las maderas de la ventana. Se cernía[12] ya sobre el jardín una claridad tenue que a él le permitía reconocer los sitios como si los **palpara**.[13] Cantó un gallo al otro lado de la carretera.

---

[8] foscos—ceñudos; ariscos; malhumorados.

[9] **taladrar**—penetrar.

[10] **zozobraba**—se hundía.

[11] **descabalados**—incompletos; fragmentarios.

[12] se cernía—se mantenía cerca; pendía.

[13] **palpara**—tocara, o sintiera, con las manos.

—Tan a gusto como podían vivir aquí esos niños —masculló con una voz repentinamente floja—. Tantas cosas como yo les podría enseñar, y las que ellos verían, maldita sea.

—Pero ¿qué dices, Benjamín? No vuelvas otra vez . . .

—No vuelvo, no; no vuelvo. Pero dímelo tú cómo van a prosperar en aquel cuartucho oliendo a tabaco y a pintura. Ya; ya te dejo en paz. Apaga si quieres.

Ella le había seguido con los ojos desde que se levantó. Ahora le vio separarse de la ventana, cerrar las maderas y coger su chaqueta, colgada en una silla. Le hizo volverse en la puerta.

—¿Adónde vas?

—Por ahí, qué más da. Donde sea. No puedo estar en la cama.

Ya en el pasillo, no escuchó lo que ella contestaba, aunque distinguió que era el tono de hacerle alguna advertencia. Tuvo un bostezo que le dio frío. La casa estaba inhóspita a aquellas horas; se le sentían los huesos, **crujía**.[14] Y el cuerpo la buscaba, sin embargo, para abrigarse en alguna cosa.

Entró en la cocina: ni restos del fuego rojo que había llenado sus ojos cerrados unos minutos antes. Pasó la mirada por los estantes recogidos. Todo gris, estático. El tictac del despertador salía al jardín por la ventana abierta. Sacó agua de la cántara con un cacillo[15] y la bebió directamente. Se sentó en el escaño[16] de madera, **lió un pitillo**.[17] Allí estaba la escopeta, en el rincón de siempre. Fumó, mirando al suelo, con la frente en las manos. Después de aquel cigarro, otros dos.

Eran ya las siete cuando salió a la balconada de atrás, colgada sobre un techo de avellanos, con el **retrete**[18] en

---

[14] **crujía**—sonaba; producía un sonido como el de hojas secas al ser pisadas.

[15] cacillo—cazo pequeño, parecido a un cucharón.

[16] escaño—especie de banco.

[17] **lió un pitillo**—enrolló un cigarro, o cigarrillo.

[18] **retrete** (m.)—excusado; inodoro.

una esquina, y bajó la escalerilla que daba al jardín. Era jardín y huerta, pequeño, sin **lindes**.[19] Las hortensias y las dalias crecían a dos pasos de las hortalizas, y solamente había un paseo de arena medianamente organizado, justamente bajo la balconada, a la sombra de los avellanos. Lo demás eran pequeños caminillos sin orden ni concierto que **zurcían**[20] los trozos de cultivos y flores. Más atrás de todo esto había un prado donde estaban los árboles. Ciruelos, perales, manzanos, cerezos y una higuera, en medio de todos. El maestro cruzó el corro de los árboles y por la puerta de atrás salió del huerto al camino. La puerta de la casa daba a la carretera, ésta a un camino que se alejaba del pueblo. A los pocos pasos se volvió a mirar. Asomaba el tejado con su chimenea sin humo, bajo el primer albor de un cielo neutro donde la luna se transparentaba rígida, ya de retirada. Le pareció un dibujo todo el jardín y mentira la casa; desparejada, como si no fuera hermana de las otras del pueblo. Las otras estaban vivas y ésta era la casa de un **guiñol**,[21] de tarlatana[22] y cartón piedra. Y Herminia, pobre Herminia, su única compañera marioneta. Con la mano en el aire le reñía, le quería dar ánimos, llevarle a rastras, pero sólo conseguía enhebrar[23] largos razonamientos de marioneta.

«Hoy tampoco ha venido carta. No nos va a escribir siempre, Benjamín.»

«Hay que dejar a cada cual su vida. Lo que es joven, rompe para adelante.»

«No estés callado, Benjamín.»

---

[19] **lindes** (m./f.)—bordes.

[20] **zurcían**—cosían; enlazaban.

[21] **guiñol** (m.)—teatro en que una persona oculta maneja los títeres, o muñecos, con las manos metidas en ellos.

[22] tarlatana—tejido ligero de algodón.

[23] enhebrar—encadenar; enlazar.

«¿Por qué no vas de caza?»

«No ha escrito, no. Mañana, a lo mejor. A veces se pierden cartas.»

Y en invierno llueve. Y las noches son largas. Y las marionetas despintadas se miran con asombro.

«Ella, Benjamín, no era para morirse entre estas cuatro paredes.»

Dio la vuelta y siguió camino abajo. Ya iba a salir el sol. A la derecha, un muro de piedras desiguales, cubierto de musgo y zarzamoras, separaba el camino de unos cultivos de viña. Más adelante, cuando se acababa este muro, el camino se bifurcaba y había una cruz de piedra en el cruce. No se detuvo. Uno de los ramales llevaba a la iglesia, que ya **se divisaba**[24] detrás de un corro de eucaliptos; pero él tomó el otro, una encañada del ancho exacto de un carro de bueyes y que tenía los rodales[25] de este pasaje señalados muy hondo en los extremos del suelo. Oyó que le llamaban, a la espalda, y se volvió. A los pocos metros, cerca del cruce, distinguió al cura que subía, montado en su burro, hacia el camino de la otra parroquia.

—Benjamín —había llamado, primero no muy fuerte, entornando los ojos viejos, como para asegurarse.

Y luego detuvo el burro y ya más firme, con alegría:

—Benjamín, pero claro que es él. Benjamín, hombre, venga acá. Mira que tan pronto de vuelta.

El maestro no se acercó. Le contestó apagadamente sin disminuir la distancia:

—Buenos días, don Félix. Voy deprisa.

El burro dio unos pasos hacia él.

—Vaya, hombre, con la prisa. Temprano saltan los quehaceres. Cuénteme, por lo menos, cuándo han llegado.

—Ayer tarde, ya tarde.

—¿Y qué tal? ¿Es muy grande París?

---

[24] **se divisaba**—se alcanzaba a ver.

[25] rodales (m.)—marcas que dejan las ruedas en el suelo al pasar.

—Muy grande, sí señor. Demasiado.

—Vamos, vamos. Tengo que ir una tarde por su casa, para que me cuente cosas de la chica.

—Cuando quiera.

—Porque como esté esperando a que usted venga por la iglesia . . .

Se había acercado y hablaba mirando la cabeza inclinada del maestro, que estaba desenterrando una piedra del suelo, mientras le escuchaba. Salió un ciempiés de debajo, lo vieron los dos escapar culebreando. A Alina no le daba miedo de los ciempiés, ni cuando era muy niña. De ningún bicho[26] tenía miedo.

—¿Y cómo la han encontrado, a la chica?

—Bien, don Félix, muy bien está.

—Se habrá alegrado mucho de verles, después de tanto tiempo.

—Ya ve usted.

—Vaya, vaya . . . ¿Y por fin no se ha traído a ningún nietecito?

—No señor, el padre no quiere separarse de ellos.

—Claro, claro. Ni Adelaida tampoco querrá. **Maja**[27] chica Alina. Así es la vida. Parece que la estoy viendo correr por aquí. Cómo pasa el tiempo. En fin . . . ¿Se acuerda usted de cuando recitó los versos a la Virgen, subida ahí en el muro, el día de la procesión de las Nieves? No tendría ni ocho años. ¡Y qué bien los decía!, ¿se acuerda usted?

—Ya lo creo, sí, señor.

—Le daría usted mis recuerdos, los recuerdos del cura viejo.

—Sí, Herminia se los dio, me parece.

—Bueno, pues bien venidos. No le entretengo más, que también a mí se me hace tarde para la misa. Dígale

---

[26] bicho—insecto.

[27] **maja**—bonita.

a Herminia que ya pasaré, a ver si ella me cuenta más cosas que usted.

—Adiós, don Félix.

Se separaron. La encañada seguía hacia abajo, pero se abría a la derecha en un repecho,[28] suave al principio, más abrupto luego, resbaladizo de agujas de pino. Llegado allí, el maestro se puso a subir la cuesta despacio, dejando el pueblo atrás. No volvió la vista. Ya sentía el sol a sus espaldas. Cuanto más arriba, más se espesaba el monte de pinos y empezaban a aparecer rocas muy grandes, por encima de las cuales a veces tenía que saltar para no dar demasiado rodeo. Miró hacia la **cumbre**,[29] en línea recta. Todavía le faltaba mucho. Trepaba deprisa, arañándose el pantalón con los tojos,[30] con las carquejas[31] secas. Pero se desprendía rabiosamente y continuaba. No hacía caso del sudor que empezaba a sentir, ni de los resbalones, cada vez más frecuentes.

—Alina —murmuró, **jadeando**[32]—, Alina.

Le caían lágrimas por la cara.

—Alina, ¿qué te pasa?, me estás destapando. ¿No te has dormido todavía? ¿Adónde vas?

—A abrir la ventana.

—Pero ¿no te has levantado antes a cerrarla? Te has levantado, me parece.

—Sí, me he levantado, ¿y qué?, no estés tan pendiente de mí.

—¿Cómo quieres que no esté pendiente si no me dejas dormir? Para quieta; ¿por qué cerrabas antes la ventana?

---

[28] repecho—pendiente; cuesta.

[29] **cumbre** (f.)—parte más alta de una montaña.

[30] tojos—ciertos arbustos con hojas espinosas.

[31] carquejas—ciertos arbustos de tallos articulados.

[32] **jadeando**—respirando trabajosamente.

—Porque tosió Santiago. ¿No le oyes toda la noche? Tose mucho.

—Entonces no la abras otra vez, déjala.

La ventana da sobre un patio pequeño. Una luz indecisa de amanecer baja del alto rectángulo de cielo. Alina saca la cabeza a mirar; trepan sus ojos ansiosos por los estratos de ropa colgada —camisetas, sábanas, jerseys, que se balancean, a distintas alturas—, y respira al hallar arriba aquel claror primero. Es un trozo pequeño de cielo que se empieza a encender sobre París esa mañana, y a lo mejor ella sola lo está mirando.

—Pero, Adelaida, cierra ahí. ¿No has dicho que Santiago tose? No se te entiende. Ven acá.

—Me duele la cabeza, si está cerrado. Déjame un poco respirar, Philippe, duérmete. Yo no tengo sueño. Estoy nerviosa.

—Te digo que vengas acá.

—No quiero —dice ella, sin volverse—. Déjame.

Por toda respuesta, Philippe **se incorpora**[33] y da una luz pequeña. En la habitación hay dos cunas, una pequeñísima, al lado de la cama de ellos, y otra más grande, medio oculta por un **biombo**.[34] El niño que duerme en esta cuna se ha revuelto y tose. Alina cierra la ventana.

—Apaga —dice con voz dura.

La luz sigue encendida.

—¿Es que no me has oído, estúpido? —estalla, furiosa, acercándose al **interruptor**.[35]

Pero las manos de él la agarran fuertemente por las muñecas. Se encuentran los ojos de los dos.

—Quita, bruto. Que apagues, te he dicho. El niño está medio despierto.

---

[33] **se incorpora**—se levanta.

[34] **biombo**—tabique plegadizo; especie de pared delgada que sirve para separar una parte de un cuarto de otra.

[35] **interruptor**—dispositivo para encender o apagar una luz eléctrica.

—Quiero saber lo que te pasa. Lo que te rebulle en la cabeza para no dejarte dormir.

—Nada, déjame. Me preocupa el niño; eso es todo. Y que no puedo soportar el olor de pintura.

—No, eso no es todo, Alina. Te conozco. Estás buscando que riñamos. Igual que ayer.

—Cállate.

—Y hoy si quieres riña, vas a tener riña, ¿lo oyes?, no va a ser como ayer. Vamos a hablar de todo lo que te estás tragando, o vas a cambiar de cara, que ya no te puedo ver con ese **gesto**.[36]

Ella se suelta, sin contestar, y se acerca a la cuna del niño, que ahora lloriquea un poco. Le pone a hacer pis y le da agua. Le arregla las ropas. A un gesto suyo, Philippe apaga la luz. Luego la siente él cómo coge a tientas una bata y abre la puerta que da al estudio.

—¿Qué vas a buscar? ¡Alina! —llama con voz contenida.

Alina cierra la puerta detrás de sí y da la luz del estudio. Es una habitación algo mayor que la otra y mucho más revuelta. Las dos componen toda la casa. Sobre una mesa grande, cubierta de **hule**[37] amarillo, se ven cacharros y copas sin fregar, y también botes con **pinceles**.[38] Junto a la mesa hay un **caballete**[39] y, en un ángulo, una cocina empotrada[40] tapada por cortinas. Alina ha ido allí a beber un poco de leche fría, y se queda de pie, mirándolo todo con ojos inertes. Por todas partes están los cuadros de Philippe. Colgados, apilados, vueltos de espalda, puestos a orear.[41] Mira los dos divanes donde han dormido sus padres y se va a

---

[36] **gesto**—actitud, expresión de la cara.

[37] **hule**—mantel hecho de tela pintada y barnizada.

[38] **pinceles** (m.)—brochas delgadas.

[39] **caballete** (m.)—aparato de tres patas que sostiene el lienzo en que se pinta un cuadro.

[40] **empotrada**—encajada; incrustada.

[41] orear—secar; ventilarse.

tender en uno de ellos. Apura el vaso de leche, lo deja en el suelo. Luego enciende un pitillo.

En el caballete hay un **lienzo**[42] a medio terminar. Una oleada de remiendos grises, brochazos amarillentos, agujas negras.

Philippe ha aparecido en la puerta del estudio.

—Alina, ¿no oyes que te estoy llamando? Ven a la cama.

—Por favor, déjame en paz. Te he dicho que no tengo sueño, que no quiero.

—Pero aquí huele mucho más a pintura. ¿No dices que es eso lo que te pone nerviosa?

—Tú me pones nerviosa, ¡tú!, tenerte que dar cuenta y explicaciones de mi humor a cada momento, no poderme escapar a estar sola ni cinco minutos. Señor. ¡Cinco minutos de paz en todo el día! . . . A ver si ni siquiera voy a poder tener insomnio, vamos . . ., y nervios por lo que sea, es que es **el colmo**.[43] ¡¡Ni un pitillo!! ¡Ni el tiempo de un pitillo sin tenerte delante!

Ha ido subiendo el tono de voz, y ahora le tiembla de excitación. Él se acerca.

—No hables tan alto. Te estás volviendo una histérica. Decías que estabas deseando que se fueran tus padres porque te ponían nerviosa, y ahora que se han ido es mucho peor.

—Mira, Philippe, déjame. Es mejor que me dejes en paz.

—No te dejo. Tenemos que hablar. Antes de venir tus padres no estabas así nunca. Antes de venir ellos. . .

Alina se pone de pie bruscamente.

—¡Mis padres no tienen nada que ver! —dice casi gritando—. Tú no tienes que hablar de ellos para nada,

---

[42] **lienzo**—tela sobre la cual se pinta un cuadro.

[43] **colmo**—límite de lo que se puede aguantar o tolerar.

no tienes ni que nombrarlos, ¿lo oyes? Lo que pase o no pase por causa de mis padres, sólo me importa a mí.

—No creo eso; nos importa a los dos. Ven, siéntate.

—No tienes ni que nombrarlos —sigue ella **tercamente**,[44] paseando por la habitación—, eso es lo que te digo. Tú ni lo hueles lo que son mis padres, ni te molestas en saberlo. Más vale que no los mezcles en nada, después de lo que has sido con ellos estos días; mejor será así, si quieres que estemos en paz.

—¡Yo no quiero que estemos en paz! ¿Cuándo he querido, Alina? Tú te empeñas en tener siempre paz a la fuerza. Pero cuando hay **tormenta**,[45] tiene que **estallar**,[46] y si no estalla es mucho peor. Dilo ya todo lo que andas escondiendo, en vez de callarte y amargarte a solas. ¿Por qué me dices que no te pasa nada? Suelta ya lo que sea. Ven.

Alina viene otra vez a sentarse en el sofá, pero se queda callada, mirándose las uñas. Hay una pausa. Los dos esperan.

—Qué difícil eres, mujer —dice él, por fin—. Cuántas vueltas le das a todo. Cuando se fueron tus padres, dijiste que te habías quedado tranquila. Recuérdalo.

—Claro que lo dije. No hay nervios que puedan aguantar una semana así. ¿Es que no has visto lo **desplazados**[47] que estaban, por Dios? ¿Vas a negar que no hacías el menor esfuerzo por la convivencia con ellos? Los tenías en casa como a animales molestos, era imposible de todo punto vivir así. ¡Claro que estaba deseando que se fueran!

—Adelaida, yo lo sabía que iba a pasar eso, y no sólo por mi culpa. Te lo dije que vinieran a un hotel,

---

[44] **tercamente**—obstinadamente.

[45] **tormenta**—tempestad; mal tiempo, con lluvias y vientos fuertes.

[46] **estallar**—reventar; explotar.

[47] **desplazados**—fuera de lugar; movidos de su sitio.

hubiera sido más lógico. Ellos y nosotros no tenemos nada que ver. Es otro mundo el suyo. Chocaban con todo, como es natural. Con nuestro horario, con la casa, con los amigos. No lo podíamos cambiar todo durante una semana. Yo les cedí mi estudio; no eres justa quejándote sólo de mí. La hostilidad la ponían ellos también, tu padre sobre todo. ¡Cómo me miraba! Está sin civilizar tu padre, Alina. Tú misma lo has dicho muchas veces; has dicho que se le había agriado[48] el carácter desde que te fuiste a estudiar a la Universidad, que tenía celos de toda la gente que conocías, que al volver al pueblo te hacía la vida imposible. Y acuérdate de nuestro noviazgo.

Alina escucha sin alzar los ojos. Sobre las manos inmóviles le han empezado a caer lágrimas. Sacude la cabeza, como **ahuyentando**[49] un recuerdo molesto.

—Deja las historias viejas —dice—. Qué importa eso ahora. Ellos han venido. Te habían conocido de refilón[50] cuando la boda, y ahora vienen, después de tres años, a vernos otra vez, y a ver a los niños. ¿No podías haberlo hecho todo menos duro? Ellos son viejos. A ti el **despego**[51] de mi padre no te daña, porque no te quita nada ya. Pero tú a mi padre se lo has quitado todo. Eras tú quien se tenía que esforzar, para que no se fueran como se han ido.

—Pero ¿cómo se han ido? Parece que ha ocurrido una tragedia, o que les he insultado. ¿En qué he sido despegado yo, distinto de como soy con los demás? Sabes que a nadie trato con un cuidado especial, no puedo. ¿En qué he sido despegado? ¿Cuándo? ¿Qué tendría que haber hecho?

—Nada, déjalo, es lo mismo.

---

[48] agriado—amargado.

[49] **ahuyentando**—poniendo en fuga; alejando de sí.

[50] de refilón—de paso; brevemente.

[51] **despego**—separación.

—No, no es lo mismo. Aprende a hablar con orden. A ver: ¿cuándo he sido yo despegado?

—No sé; ya en la estación, cuando llegaron; y luego, con lo de los niños, y siempre.

—Pero no amontones las cosas, mujer. En la estación, ¿no empezaron ellos a llorar, como si estuvieras muerta, y a mí ni me miraban? ¿No se pusieron a decir que ni te conocían de tan **desmejorada**,[52] que cómo podías haberte llegado a poner así? Tú misma te **enfadaste**,[53] acuérdate. ¿No te acuerdas? Di.

—Pero si es lo mismo, Philippe —dice ella con voz cansada—. Anda, vete a acostar. No se trata de los hechos, sino de entender y sentir la postura de mis padres, o no entenderla. Tú no lo entiendes, qué le vas a hacer. Estaríamos hablando hasta mañana.

—¿Y qué?

—Que no quiero, que no merece la pena.

Se levanta y va a dejar el vaso en el **fregadero**.[54] Philippe la sigue.

—¿Cómo que no merece la pena? Claro que la merece. ¿Crees que me voy a pasar toda la vida sufriendo tus misterios? Ahora ya te vuelves a **aislar**,[55] a sentirte incomprendida, y me dejas aparte. Pero, ¿por qué sufres tú exactamente, que yo lo quiero saber? Tú te pasas perfectamente sin tus padres, has sentido **alivio**,[56] como yo, cuando se han ido . . . ¿no?

—¡Por Dios, déjame!

—No, no te dejo, haz un esfuerzo por explicarte, no seas tan complicada. Ahora quiero que hablemos de este asunto.

---

[52] **desmejorada**—debilitada.

[53] **enfadaste**—enojaste.

[54] **fregadero**—lugar donde se lavan los platos.

[55] **aislar**—separar; alejar; recluir.

[56] **alivio**—sensación que uno experimenta cuando se le quita un peso de encima.

—¡Pues yo no!

—¡Pues yo sí . . .! Quiero que quede agotado de una vez para siempre, que no lo tengamos que volver a tocar. ¿Me oyes? Mírame cuando te hablo. Ven, no te escapes de lo que te pregunto.

Alina se echa a llorar con sollozos convulsos.

—¡¡Déjame!! —dice, **chillando**[57]—. No sé explicarte nada, déjame en paz. Estoy nerviosa de estos días. Se me pasará. Ahora todavía no puedo reaccionar. Mis padres se han ido pensando que soy **desgraciada**,[58] y sufro porque sé que ellos sufren pensando así. No es más que eso.

—¡Ay Dios mío! ¿Pero tú eres desgraciada?

—Y qué más da. Ellos lo han visto de esa manera, y ya nunca podrán vivir tranquilos. Eso es lo que me desespera. Si no me hubieran visto, sería distinto, pero ahora, por muy contenta que les escriba, ya nunca se les quitará de la cabeza. Nunca. Nunca.

Habla llorando, entrecortadamente. Se pone a vestirse con unos pantalones de pana negros que hay en el respaldo de una silla, y un jersey. Agarra las prendas y se las mete, con gestos nerviosos. Un reloj, fuera, repite unas campanadas que ya habían sonado un minuto antes.

—Tranquilízate, mujer. ¿Qué haces?

—Nada. Son las siete. Ya no me voy a volver a acostar. Vete a dormir tú un poco, por favor. Vamos a despertar a los niños si seguimos hablando tan fuerte.

—Pero no llores, no hay derecho. Libérate de esa pena por tus padres. Tú tienes que llevar adelante tu vida y la de tus hijos. Te tienes que ocupar de borrar tus propios sufrimientos reales, cuando tengas alguno.

—Que sí, que sí . . .

---

[57] **chillando**—gritando.

[58] **desgraciada**—infeliz.

—Mujer, contéstame de otra manera. Parece que me tienes **rencor**,[59] que te aburro.

La persigue, en un baile de pasos menudos, por todo el estudio. Ella ha cogido una bolsa que había colgada en la cocina.

—Déjame ahora —le dice, acercándose a la puerta de la calle—. Tendrás razón, la tienes, seguramente; pero, déjame, por favor. ¡¡Te lo estoy pidiendo por favor!!

—¿Cómo?, ¿te vas? No me dejes así, no te vayas enfadada. Dime algo, mujer.

Alina ya ha abierto la puerta.

—¡Qué más quieres que te diga! ¡Que no puedo más! Que no estaré tranquila hasta que no me pueda ver un rato sola. Que me salgo a buscar el pan para desayunar y a que me dé un poco el aire. Que lo comprendas si puedes. Que ya no aguanto más aquí encerrada. Hasta luego.

Ha salido casi corriendo. Hasta el portal de la calle hay solamente un tramo de escalera. La mano le tiembla, mientras abre la puerta. Philippe la está llamando, pero no contesta.

Sigue corriendo por la calle. Siente flojas las piernas, pero las fuerza a escapar. Cruza de una acera a otra, y después de una **bocacalle**[60] a otra, ligera y **zozobrante**,[61] arrimada a las paredes. Hasta después de sentir un verdadero cansancio, no ha alzado los ojos del suelo, ni ha pensado adónde iba. Poco a poco, el paso se le va relajando,[62] y su aire se vuelve vacilante y arrítmico, como el de un borracho, hasta que se detiene. Se ha acordado de que Philippe no la seguirá, porque no puede dejar solos a los niños, y respira hondo.

---

[59] **rencor**—resentimiento.
[60] **bocacalle**—cruce de caminos.
[61] **zozobrante**—angustiada; deshecha.
[62] relajando—disminuyendo; volviendo más lento.

Es una mañana de niebla. La mayor parte de las ventanas de las casas están cerradas todavía, pero se han abierto algunos bares. Ha llegado cerca de la trasera de Notre Dame. Las personas que se cruzan con ella la miran allí parada, y siguen **ajenas**,[63] absortas en lo suyo. Echa a andar en una dirección fija. Está cerca del Sena, del río Sena. Un río que se llama de cualquier manera: una de aquellas rayitas azul oscuro que su padre señalaba en el mapa de la escuela. Éste es su río de ahora. Ha llegado cerca del río y lo quiere ver correr.

Sale a la plaza de Notre Dame, y la cruza hacia el río. Luego va siguiendo despacio el parapeto[64] hasta llegar a las primeras escaleras que bajan. El río va dentro de su cajón. Se baja por el parapeto hasta una acera ancha de cemento y desde allí se le ve correr muy cerca. Es como un escondite de espaldas a la ciudad, el escenario de las canciones que hablan de amantes casi legendarios. No siente frío. Se sienta, abrazándose las rodillas, y los ojos se le van **apaciguando**,[65] descansando en las aguas grises del río.

Los ríos le atrajeron desde pequeñita, aun antes de haber visto ninguno. Desde arriba del monte Ervedelo, le gustaba mirar fijamente la raya del Miño, que **riega**[66] Orense, y también la ciudad, concreta y dibujada. Pero sobre todo el río, con su puente encima. Se lo imaginaba maravilloso, visto de cerca. Luego, en la escuela, su padre le enseñó los nombres de otros ríos que están en países distantes; miles de culebrillas finas, todas iguales: las venas del mapa.

Iba a la escuela con los demás niños, pero era la más lista de todos. Lo oyó decir muchas veces al cura y al

---

[63] **ajenas**—indiferentes.
[64] **parapeto**—muro no muy alto.
[65] **apaciguando**—calmando.
[66] **riega**—echa agua; esparce agua.

dueño del Pazo,[67] cuando hablaban con su padre. Aprendió a leer en seguida y le enseñó a Eloy, el del vaquero, que no tenía tiempo para ir a la escuela.

—Te va a salir maestra como tú, Benjamín —decían los amigos del padre, mirándola.

Su padre era ya maduro, cuando ella había nacido. Junto con el recuerdo de su primera infancia, estaba siempre el del **roce**[68] del bigote hirsuto[69] de su padre, que la besaba mucho y le contaba largas historias cerca del oído. Al padre le gustaba beber y cazar con la gente del pueblo. A ella la hizo andarina y salvaje. La llevaba con él al monte en todo tiempo y le enseñaba los nombres de las hierbas y los bichos. Alina, con los nombres que aprendía, iba inventando historias, relacionando colores y brillos de todas las cosas menudas. Se le hacía un mundo anchísimo, lleno de tesoros, el que tenía al alcance de la vista. Algunas veces se había juntado con otras niñas, y se sentaban todas a jugar sobre los muros, sobre los carros vacíos. Recogían y alineaban palitos, **moras**[70] verdes y rojas, erizos de castaña,[71] granos de maíz, cristales, cortezas. Jugaban a cambiarse estos talismanes[72] de colores. Hacían caldos y guisos, **machacando**[73] los pétalos de flores en una lata vacía, los trocitos de teja que dan el pimentón,[74] las uvas arrancadas del racimo. Andaban correteando a la sombra de las casas, en la cuneta de la carretera, entre

---

[67] Pazo—en Galicia, casa solariega de una familia, sobre todo la que está en el campo.

[68] **roce**—toque; contacto ligero.

[69] hirsuto—peludo; que tiene muchos pelos.

[70] **moras**—fruta pequeña comestible de color morado; zarzamoras.

[71] erizos de castaña—espinas o fibras de la cáscara de la castaña, especie de nuez.

[72] talismanes (m.)—objetos a los que se atribuyen virtudes sobrenaturales.

[73] **machacando**—moliendo; desmenuzando.

[74] pimentón—aquí, polvo de trocitos de teja machacados, porque es de juego, pero, normalmente, polvo rojo de pimiento seco molido para la comida.

las gallinas tontas y espantadizas y los pollitos feos del pescuezo pelado.

Pero desde que su padre la empezó a **aficionar**[75] a trepar a los montes, cada vez le gustaba más alejarse del pueblo; todo lo que él le enseñaba o lo que iba mirando ella sola, en las cumbres, entre los pies de los pinos, era lo que tenía verdadero valor de descubrimiento. Saltaba en las puntas de los pies, dando chillidos, cada vez que se le escapaba un vilano,[76] una lagartija o una mariposa de las buenas. La mariposa paisana volaba cerca de la tierra, cabeceando, y era muy fácil de coger, pero interesaba menos que una mosca. Era menuda, de color naranja o marrón pinteada; por fuera como de ceniza. Por lo más adentrado del monte, las mariposas que interesaban se cruzaban con los **saltamontes**,[77] que siempre daban susto al aparecer, **desplegando**[78] sus alas azules. Pero Alina no tenía miedo de ningún bicho; ni siquiera de los caballitos del diablo[79] que sólo andaban por lo más espeso, por donde también unas arañas enormes y peludas tendían entre los pinchos de los tojos sus gruesas telas, como hamacas. Los caballitos del diablo le atraían por lo espantoso, y los **acechaba**,[80] conteniendo la respiración.

—Cállate, papá, que no se espante ése. Míralo ahí. Ahí —señalaba, llena de emoción.

Había unas flores moradas, con **capullos**[81] secos enganchados en palito que parecían **cascabeles**[82] de

---

[75] **aficionar**—empezar a sentir gusto.

[76] vilano—apéndice de ciertas plantas, compuesto de pelos ligeros, que vuela impulsado por el viento.

[77] **saltamontes**—insecto saltarín de color verde o amarillento, de piernas largas y delgadas.

[78] **desplegando**—abriendo; extendiendo.

[79] caballitos del diablo—insectos parecidos a las libélulas, con dos pares de alas.

[80] **acechaba**—espiaba; cazaba; esperaba escondido.

[81] capullos—flores que no se han abierto todavía.

[82] **cascabeles**—sonajas metálicas que suenan como campanitas.

papel. Éstas eran el posadero de los caballitos del diablo; se montaban allí y quedaban balanceándose en éxtasis, con un ligero zumbido que hacía vibrar sus alas de tornasol,[83] el cuerpo manchado de reptil pequeño, los ojos abultados y azules.

Un silencio aplastante, que emborrachaba, caía a mediodía verticalmente sobre los montes. Alina se empezó a escapar sola a lo intrincado y le gustaba el miedo que sentía algunas veces, de tanta soledad. Era una excitación incomparable la de tenderse en lo más alto del monte, en lo más escondido, sobre todo pensando en que a lo mejor la buscaban o la iban a reñir.

Su madre la reñía mucho, si tardaba; pero su padre apenas un poco las primeras veces, hasta que dejó de reñirla en absoluto,[84] y no permitió tampoco que le volviera a decir nada su mujer.

—Si no me puedo quejar —decía, riéndose—. Si he sido yo quien le ha enseñado lo de andar por ahí sola, **pateando**[85] la tierra de uno y sacándole sabor. Sale a mí clavada,[86] Herminia. No es malo lo que hace; es una hermosura. Y no te **apures**,[87] que ella no se pierde, no.

Y el abuelo Santiago, el padre de la madre, era el que más se reía. Él sí que no estaba nunca preocupado por la nieta.

—Dejarla —decía—, dejarla, que ésta llegará lejos y andará mundo. A mí se parece, Benjamín, más que a ti. Ella será la que continúe las correrías del abuelo. Como que se va a quedar aquí. Lo trae en la cara escrito lo de querer explorar mundo y escaparse.

—No, pues eso de las correrías sí que no —se alarmaba el maestro—. Esas ideas no se las meta usted

---

[83] tornasol—girasol; flor grande y amarilla que siempre da la cara al sol.

[84] en absoluto—por completo.

[85] **pateando**—golpeando con el pie.

[86] clavada—muy parecida.

[87] **apures**—preocupes.

en la cabeza, abuelo. Ella se quedará en su tierra, como el padre, que no tiene nada perdido por ahí adelante.

El abuelo había ido a América de joven. Había tenido una vida agitada e inestable y le habían ocurrido muchas aventuras. El maestro, en cambio, no había salido nunca de unos pocos kilómetros a la redonda, y **se jactaba**[88] de ello cada día más delante de la hija.

—Se puede uno pasar la vida, hija, sin perderse por mundos nuevos. Y hasta ser sabio. Todo es igual de nuevo aquí que en otro sitio; tú al abuelo no le hagas caso en esas historias de los viajes.

El abuelo se sonreía.

—Lo que sea ya lo veremos, Benjamín. No sirve que tú quieras o no quieras.

A medida que crecía, Alina empezó a comprender confusamente que su abuelo y su padre parecían querer disputársela para causas contradictorias, aunque los detalles y razones de aquella sorda rivalidad se le escapasen. De momento la **meta**[89] de sus ensueños era bajar a la ciudad a ver el río.

Recordaba ahora la primera vez que había ido con su padre a Orense, un domingo de verano, que había feria. La insistencia con que le pidió que la llevara y sus **juramentos**[90] de que no se iba a quejar de cansancio. Recordaba, como la primera emoción verdaderamente seria de su vida, la de descubrir el río Miño de cerca, en plena tarde, tras la larga caminata, con un movimiento de muchas personas vestidas de colores, **merendando**[91] en las márgenes, y de otras que bajaban incesantemente de los aserraderos de madera a la romería.[92] Cerca del

---

[88] **se jactaba**—expresaba orgullo.

[89] **meta**—objetivo.

[90] **juramentos**—promesas solemnes.

[91] **merendando**—comiendo una comida ligera.

[92] romería—peregrinación; viaje a un lugar santo.

río estaba la ermita[93] de los Remedios, y un poco más abajo, a la orilla, el campo de la feria con sus tenderetes que parecían esqueletos de madera. Estuvieron allí y el padre bebió y habló con mucha gente. Bailaban y cantaban, jugaban a las cartas. Vendían pirulís,[94] **pulpo**,[95] sombreros de paja, confites, pitos, pelotillas de goma y alpargatas. Pero Alina en eso casi no se fijó; lo había visto parecido por San Lorenzo, en la fiesta de la aldea. Miraba, sobre todo, el río, **hechizada**,[96] sin soltarse al principio de la mano de su padre. Luego, más adelante, cuando el sol iba ya bajando, se quedó un rato sentada en la orilla (« . . . que tengo cuidado. Déjame. De verdad, papá . . . »); y sentía todo el **rumor**[97] de la fiesta a sus espaldas, mientras trataba de descubrir, mezcladas en la corriente del Miño, las pepitas de oro del **afluente**[98] legendario, el Sil, que arrastra su tesoro, encañonado entre colinas de pizarra. No vio brillar ninguna de aquellas chispas maravillosas, pero el río se iba volviendo, con el atardecer, cada vez más **sonrosado**[99] y sereno, y se sentía, con su fluir, la despedida del día. Había en la otra orilla unas yeguas que levantaban los ojos de vez en cuando, y un pescador, inmóvil, con la caña en ángulo. El rosa se espesaba en las aguas.

Luego, al volver, desde el puente, casi de noche, se veían lejos los montes y los pueblos escalonados en anfiteatro, anchos, azules, y, en primer término, las casas de Orense con sus ventanas abiertas, algunas ya con luces, otras cerradas, inflamados aún los cristales por un último resplandor de sol. Muchas mujeres volvían

---

[93] ermita—capilla situada en un sitio despoblado.

[94] pirulís (m.)—caramelos en palitos; chupetes.

[95] **pulpo**—molusco comestible, con ocho tentáculos.

[96] **hechizada**—fascinada; embelesada.

[97] **rumor**—ruido.

[98] **afluente** (m.)—río que se une a otro río más grande.

[99] **sonrosado**—de color de rosa.

deprisa, con cestas a la cabeza, y contaban dinero, sin dejar de andar ni de hablar.

—Se nos ha hecho muy tarde, Benjamín; la niña va con sueño —decía un amigo del padre, que había estado con ellos casi todo el rato.

—¿Ésta? —contestaba el maestro, apretándole la mano—. No la conoces tú a la faragulla[100] esta. ¿Tienes sueño, faragulla?

—Qué va, papá, nada de sueño.

El maestro y su amigo habían bebido bastante, y se entretuvieron todavía un poco en unas tabernas del barrio de la Catedral.

Luego anduvieron por calles y callejas, cantando hasta salir al camino del pueblo, y allí el amigo se despidió. La vuelta era toda cuesta arriba, y andaban despacio.

—A lo mejor nos riñe tu madre.

—No, papá. Yo le digo que ha sido culpa mía; que me quise quedar más.

El maestro se puso a cantar, desafinando algo, una canción de la tierra, que cantaba muy a menudo, y que decía: «... aproveita a boa vida – solteiriña non te cases – aproveita a boa vida – que eu sei de alguna casada – que chora de arrepentida.»[101] La cantó muchas veces.

—Tú siempre con tu padre, bonita —dijo luego—, siempre con tu padre.

Había cinco kilómetros de Orense a San Lorenzo. El camino daba vueltas y revueltas, a la luz de la luna.

—¿Te cansas?

—No, papá.

—Tu madre estará impaciente.

---

[100] faragulla—muchacha.

[101] *"aproveita a boa vida/solteiriña non te cases/aproveita a boa vida/que eu sei de alguna casada/que chora de arrepentida"*

"aprovecha la buena vida/solterita no te cases/aprovecha la buena vida/que yo sé de alguna casada/que llora de arrepentida" (estribillo en gallego)

Cantaban los grillos. Luego pasó uno que iba al pueblo con su carro de bueyes, y les dijo que subieran. Se tumbaron encima del **heno**[102] cortado.

—¿Lo has pasado bien, reina?

—¡Uy, más bien!

Y, oyendo el chillido de las ruedas, de cara a las estrellas, Alina tenía ganas de llorar.

A Eloy, el chico del vaquero, le contó lo maravilloso que era el río. Él ya había bajado a Orense varias veces porque era mayor que ella, y hasta se había bañado en el Miño, pero la escuchó hablar como si no lo conociera más que ahora, en sus palabras.

Eloy guardaba las vacas del maestro, que eran dos, y **solía**[103] estar en un pequeño prado triangular que había en la falda del monte Ervedelo. Allí le venía a buscar Alina muchas tardes, y es donde le había enseñado a leer. A veces el abuelo Santiago la acompañaba en su paseo y se quedaba sentado con los niños, contándoles las **sempiternas**[104] historias de su viaje a América. Pero Alina no podía estar mucho rato parada en el mismo sitio.

—Abuelo, ¿puedo subir un rato a la peña grande con Eloy, y tú te quedas con las vacas, como ayer? Bajamos en seguida.

El abuelo se ponía a liar un pitillo.

—Claro, hija. Venir cuando queráis.

Y subían corriendo de la mano por lo más difícil, brincando de peña en peña hasta la cumbre.

¡Qué cosa era la ciudad, vista desde allí arriba! A partir de la gran piedra plana, donde se sentaban, descendía casi verticalmente la **maleza**,[105] mezclándose con árboles, piedras, cultivos, en un desnivel

---

[102] **heno**—pasto seco.

[103] **solía**—acostumbraba; hacía habitualmente.

[104] sempiternas—interminables.

[105] **maleza**—conjunto espeso de hierbas y arbustos salvajes; espesura.

vertiginoso, y las casas de Orense, la Catedral, el río estaban en el hondón de todo aquello; caían allí los ojos sin transición y se olvidaban del camino y de la distancia. Al río se le reconocían las arrugas de la superficie, sobre todo si hacía sol. Alina se imaginaba lo bonito que sería ir montados los dos en una barca, aguas adelante.

—Hasta Tuy, ¿qué dices? ¿Cuánto tardaríamos hasta Tuy?

—No sé.

—A lo mejor muchos días, pero tendríamos cosas de comer.

—Claro, yo iría **remando**.[106]

—Y pasaríamos a Portugal. Para pasar a Portugal seguramente hay una raya en el agua de otro color más oscuro, que se notará poco, pero un poquito.

—¿Y dormir?

—No dormiríamos. No se duerme en un viaje así. Sólo mirar; mirando todo el rato.

—De noche no se mira, no se ve nada.

—Sí que se ve. Hay luna y luces por las orillas. Sí que se ve.

Nunca volvían pronto, como le habían dicho al abuelo.

—¿A ti qué te parece, que está lejos o cerca, el río?

—¿De aquí?

—Sí.

—A mí me parece que muy cerca, que casi puede uno tirarse. ¿A ti?

—También. Parece que si abro los brazos, voy a poder bajar volando. Mira, así.

—No lo digas —se asustaba Eloy, retirándola hacia atrás—, da vértigo.

---

[106] **remando**—manejando los remos, palos largos que impulsan la barca, o balsa.

—No, si no me tiro. Pero qué gusto daría, ¿verdad? Se levantaría muchísima agua.

—Sí.

El río era como una brecha, como una ventana para salir, la más importante, la que tenían más cerca.

Una tarde, en uno de estos paseos, Eloy le contó que había decidido irse a América, en cuanto fuese un poco mayor.

—¿Lo dices de verdad?

—Claro que lo digo de verdad.

Alina le miraba con mucha admiración.

—¿Cuándo se te ha ocurrido?

—Ya hace bastante, casi desde que le empecé a oír contar cosas a tu abuelo. Pero no estaba decidido como ahora. Voy a escribir a un primo que tengo allí. Pero es un secreto todo esto, no se lo digas a nadie.

—Claro que no. Te lo juro. Pero, oye, necesitarás dinero.

—Sí, ya lo iré juntando. No te creas que me voy a ir en seguida.

—Pues yo que tú, me iría en seguida. Si no te vas en seguida, a lo mejor no te vas.

—Sí que me voy, te lo juro que me voy. Y más ahora que veo que a ti te parece bien.

Alina se puso a arrancar hierbas muy deprisa, y no hablaron en un rato.

Luego dijo él:

—¿Sabes lo que voy a hacer?

—¿Qué?

—Que ya no te voy a volver a decir nada hasta que lo tenga todo arreglado y te vea para despedirme de ti. Así verás lo serio que es. Dice mi padre, que cuando se habla mucho de una cosa, que no se hace. Así que tú ya tampoco me vuelvas a preguntar nada, ¿eh?

—Bueno. Pero a ver si se te pasan las ganas por no hablar conmigo.

—No, mujer.

—Y no se lo digas a nadie más.

—A nadie. Sólo a mi primo, cuando le escriba, que no sé cuándo será. A lo mejor espero a juntar el dinero.

No volvieron a hablar de aquello. Eloy se fue a trabajar a unas **canteras**[107] cercanas, de donde estaban sacando piedra para hacer el Sanatorio, y se empezaron a ver menos. Alina le preguntó al abuelo que si el viaje a América se podía hacer yendo de polizón,[108] porque imaginaba que Eloy iría de esa manera, y, durante algún tiempo, escuchó las historias del abuelo con una emoción distinta. Pero en seguida volvió a sentirlas lejos, como antes, igual que leídas en un libro o pintadas sobre un telón de colores gastados. En el fondo, todo aquello de los viajes le parecía una invención muy hermosa, pero sólo una invención, y no se lo creía mucho. Eloy no se iría: ¿cómo se iba a ir?

Muchas veces, desde el monte Ervedelo, cuando estaba sola mirando anochecer y se volvía a acordar de la conversación que tuvo allí mismo con su amigo, aunque trataba de sentir verdad que el sol no se había apagado, sino que seguía camino hacia otras tierras desconocidas y lejanas, y aunque decía muchas veces la palabra «América» y se acordaba de los dibujos del libro de Geografía, no lo podía, en realidad, comprender. Se había hundido el sol por detrás de las montañas que rodeaban aquel valle, y se consumía su reflejo en la ciudad recién abandonada, envuelta en un **vaho**[109] caliente todavía. Empezaban a encenderse bombillas. Cuántas ventanas, cuántas vidas, cuántas historias. ¿Se podía **abarcar**[110] más? Todo aquello pequeñito eran calles, tiendas, personas que iban a cenar. Había vida de sobra allí abajo. Alina no podía imaginar tanta. Otros

---

[107] **canteras**—sitios de donde se obtiene piedra para la construcción.

[108] **polizón**—el que se esconde en un barco, para viajar sin pagar.

[109] **vaho**—aliento; vapor.

[110] **abarcar**—alcanzar; incluir; encerrar.

países grandes y florecientes los habría, los había sin duda; pero lo mismo daba. Cuando quedaba oscurecido el valle, **manso**[111] y violeta el río; cuando empezaban a ladrar los perros a la luna naciente y se apuntaba también el miedo de la noche, todo se resumía en este poco espacio que entraba por los ojos. El sol había soplado los candiles, había dicho «buenas noches»; dejaba la esperanza de verlo alzarse mañana. Alina en esos momentos pensaba que tenía razón su padre, que era un engaño querer correr detrás del sol, soñarle una luz más viva en otra tierra.

Cuando cumplió los diez años, empezó a hacer el **bachillerato**.[112] Por entonces, la ciudad le era ya familiar. Su madre bajaba muchas veces al mercado con las mujeres de todas las aldeas que vivían de la venta diaria de unos pocos huevos, de un puñado de **judías**.[113] Alina la acompañó cuestas abajo y luego arriba, adelantando a los otros grupos, dejándose adelantar por ellos o pasando a engrosarlos, y escuchó en silencio, junto a su madre, las conversaciones que llevaban todas aquellas mujeres, mientras mantenían en equilibrio las cestas sobre la cabeza muy **tiesa**,[114] sin mirarse, sin alterar el paso rítmico, casi militar. Ellas ponían en contacto las aldeas y encendían sus amistades, contaban las historias y daban las noticias, recordaban las fechas de las fiestas. Todo el cordón de pueblecitos dispersos, cercanos a la carretera, **vertía**[115] desde muy temprano a estas mensajeras, que se iban encontrando y saludando, camino de la ciudad, como bandadas de pájaros parlanchines.[116] A Alina le gustaba ir con su madre,

---

[111] **manso**—tranquilo; sosegado; apacible.

[112] **bachillerato**—estudios que cursan los adolescentes, antes de ir a la universidad; también el título obtenido al terminar esos estudios.

[113] **judías**—ejotes; habichuelas; vainitas.

[114] **tiesa**—rígida.

[115] **vertía**—derramaba.

[116] parlanchines—habladores.

trotando de trecho en trecho para adaptarse a su paso ligero. Y le gustaba oír la charla de las mujeres. A veces hablaban de ella y le preguntaban cosas a la madre, que era seria y reconcentrada, más amiga de escuchar que de hablar. Habían sabido que iba a ingresar la niña en el **Instituto**.[117] La niña del maestro.

—Herminia, ¿ésta va a ir a Orense al Ingreso?

—Va.

—Cosas del padre, claro.

—Y de ella. Le gusta a ella.

—¿A ti te gusta, nena?

—Me gusta, sí, señora.

Después, según fueron pasando los cursos, los comentarios se hicieron admirativos.

—Dicen que vas muy bien en los estudios.

—Regular.

—No. Dicen que muy bien. ¿No va muy bien, Herminia?

—Va bien, va.

Alina estudiaba con su padre, durante el invierno, y en junio bajaba a examinarse al Instituto por libre. Solamente a los exámenes de ingreso consintió que su padre asistiera. Lo hizo cuestión personal.

—Yo sola, papá. Si no, nada. Yo bajo y me examino y cojo las papeletas y todo. Si estáis vosotros, tú sobre todo, me sale mucho peor.

Se había hecho independiente por completo, **oriunda**[118] del terreno, confiada, y era absolutamente natural verla crecer y desenredarse sola como a las plantas. Benjamín aceptó las condiciones de la hija. Se jactaba de ella, la idealizaba en las conversaciones con los amigos. Cada final de curso, varias horas antes del regreso de Alina, lo dejaba todo y salía a esperarla a la tienda de Manuel, que estaba mucho antes del pueblo,

---

[117] **Instituto**—escuela privada o particular, de nivel secundario.

[118] **oriunda**—nativa; originaria.

al comienzo de los castaños de Indias de la carretera, donde las mujeres que regresaban del mercado, en verano, se detenían a descansar un poco y a limpiarse el sudor de la frente debajo de aquella primera sombra uniforme. Casi siempre alguna de ellas, que había adelantado a Alina por el camino arriba, le traía la noticia al padre antes de que llegara ella.

—Ahí atrás viene. Le pregunté. Dice que trae **sobresalientes**,[119] no sé cuántos.

—No la habrán suspendido en ninguna.

—Bueno, hombre, bueno. ¡La van a suspender![120]

—¿Tardará?

—No sé. Venía despacio.

Alina venía despacio. Volvía alegre, de cara al verano. Nunca había mirado con tanta hermandad y simpatía a las gentes con las que se iba encontrando, como ahora en estos regresos, con sus papeletas recién dobladas dentro de los libros. Formaban un concierto aquellas gentes con las piedras, los árboles y los bichos de la tierra. Todo participaba y vivía conjuntamente: eran partículas que **tejían**[121] el mediodía infinito, sin barreras. En la tienda de Manuel se detenía. Estaba Benjamín fuera, sentado a una mesa de madera, casi nunca solo, y veía ella desde lejos los pañuelos que la saludaban.

—Ven acá, mujer. Toma una taza de vino, como un hombre, con nosotros —decía el padre, besándola.

Y ella descansaba allí, bebía el vino fresco y agrio. Y entre el sol de la caminata, la emoción, el vino y un poquito de vergüenza, las mejillas le estallaban de un rojo bellísimo, el más vivo y alegre que el maestro había visto en su vida.

—Déjame ver, anda. Trae esas papeletas.

---

[119] **sobresalientes**—notas o calificaciones excelentes; las más altas posibles.

[120] **¡La van a suspender!**—¡Como si fueran a darle malas calificaciones!

[121] **tejían**—cosían.

—Déjalo ahora, papá. Buenas notas, ya las verás en casa.

—¿Qué te preguntaron en Geografía?

—Los ríos de América. Tuve suerte.

—¿Y en Historia Natural?

—No me acuerdo, . . . ah, sí, los lepidópteros.[122]

—Pero deja a la chica, hombre, déjala ya en paz —intervenían los amigos.

En casa, el abuelo Santiago lloraba. No podía aguantar la emoción y se iba a un rincón de la huerta, donde Alina le seguía y se ponía a consolarle como de una cosa triste. Le abrazaba. Le acariciaba la cabeza, las manos rugosas.[123]

—Esta vez sí que va de verdad, hija. Es la última vez que veo tus notas. Lo sé yo, que me muero este verano.

Al abuelo, con el pasar de los años, se le había ido criando un terror a la muerte que llegó casi a enfermedad. Estaba enfermo de miedo, seco y nervioso por los insomnios. Se negaba a dormir porque decía que la muerte viene siempre de noche y hay que estar velando para espantarla. Tomaba café y pastillas para no dormir, y lloraba muchas veces, durante la noche, llamando a los de la casa, que ya no hacían caso ninguno de sus manías, y le oían gemir[124] como al viento. Alina tenía el sueño muy duro, pero era la única que acudía[125] a consolarle, alguna vez, cuando se despertaba. Le encontraba sentado en la cama, con la luz encendida, tensa su figurilla enteca[126] que proyectaba una inmensa sombra sobre la pared; en acecho, como un vigía.[127] Efectivamente, casi todos los viejos de la aldea se quedaban muertos por la noche,

---

[122] lepidópteros—mariposas.

[123] rugosas—que tienen arrugas o asperezas.

[124] gemir—dar quejidos o lloriqueos.

[125] acudía—iba; venía; respondía a un llamado.

[126] enteca—flaca; débil.

[127] vigía (m./f.)—centinela.

mientras dormían, y nadie sentía llegar estas muertes, ni se molestaban en preguntar el motivo de ellas. Eran gentes delgadas y sufridas, a las que se había ido nublando la mirada, y que a lo mejor no habían visto jamás al médico. También el abuelo había estado sano siempre, pero era de los más viejos que quedaban vivos, y él sabía que le andaba rondando la vez.

Las últimas notas de Alina que vio fueron las de quinto curso. Precisamente aquel año la abrazó más fuerte y lloró más que otras veces, tanto que el padre se tuvo que enfadar y le llamó egoísta, le dijo que aguaba la alegría de todos. Alina tuvo toda la tarde un nudo en la garganta, y por primera vez pensó que de verdad el abuelo se iba a morir. Le buscó en la huerta y por la casa varias veces aquella tarde, a lo largo de la fiesta que siempre celebraba el maestro en el comedor, con mucha gente. Merendaron empanada, rosquillas y vino y cantaron mucho. Por primera vez había también algunos jóvenes. Un sobrino del dueño del Pazo, que estudiaba primero de carrera, tocaba muy bien la guitarra y cantaba canciones muy bonitas. Habló bastante con Alina, sobre todo de lo divertido que era el invierno en Santiago de Compostela, con los estudiantes. Ya, por entonces, estaba casi decidido que Alina haría la carrera de Letras en Santiago, y ella se lo dijo al chico del Pazo. Era simpático, y la hablaba con cierta superioridad, pero al mismo tiempo no del todo como a una niña. Alina lo habría pasado muy bien si no estuviera todo el tiempo preocupada por el abuelo, que había desaparecido a media tarde, después de que el maestro le reprendiera con irritación, como a un ser molesto. No le pudo encontrar, a pesar de que salió a los alrededores de la casa varias veces, y una de ellas se dio un llegón corriendo hasta el cruce de la iglesia y le llamó a voces desde allí.

Volvió el abuelo por la noche, cuando ya se habían ido todos los amigos y había pasado la hora de la cena, cuando la madre de Alina empezaba a estar también muy preocupada. Traía la cabeza baja y le temblaban las manos. Se metió en su cuarto, sin que las palabras que ellos le dijeron lograsen aliviar su gesto contraído.

—Está loco tu padre, Herminia, loco —se enfadó el maestro, cuando le oyeron que cerraba la puerta—. Debía verle un médico. Nos está quitando la vida.

Benjamín estaba excitado por el éxito de la hija y por la bebida, y tenía ganas de discutir con alguien. Siguió diciendo muchas cosas del abuelo, sin que Alina ni su madre le secundaran. Luego se fueron todos a la cama.

Pero Alina no durmió. Esperó un rato y escapó de puntillas al cuarto del abuelo. Aquella noche, tras sus sobresalientes de quinto curso, fue la última vez que habló largo y tendido con él. Se quedaron juntos hasta la madrugada, hasta que consiguió volver a verle confiado, ahuyentado el **desamparo**[128] de sus ojos turbios que parecían querer traspasar la noche, verla rajada por chorros de luz.

—No te vayas, hija, espera otro poco —le pedía a cada momento él, en cuanto la conversación languidecía.[129]

—Si no me voy. No te preocupes. No me voy hasta que tú quieras.

—Que no nos oiga tu padre. Si se entera de que estás sin dormir por mi culpa, me mata.

—No nos oye, abuelo.

Y hablaban en cuchicheo, casi al oído, como dos amantes.

—¿Tú no piensas que estoy loco, verdad que no?

—Claro que no.

—Dímelo de verdad.

—Te lo juro, abuelo. —Y a Alina le temblaba la voz—. Me pareces la persona más **seria**[130] de la casa.

---

[128] **desamparo**—debilidad; vulnerabilidad.
[129] languidecía—decaía; se debilitaba.
[130] **seria**—responsable.

—Me dicen que soy como un niño, pero no. Soy un hombre. Es que, hija de mi alma, la cosa más seria que le puede pasar a un hombre es morirse. Hablar es el único consuelo. Estaría hablando todo el día, si tuviera quien me escuchara. Mientras hablo, estoy todavía vivo, y le dejo algo a los demás. Lo terrible es que se muera todo con uno, toda la memoria de las cosas que se han hecho y se han visto. Entiende esto, hija.

—Lo entiendo, claro que lo entiendo.

Lloraba el abuelo.

—Lo entiendes, hija, porque sólo las mujeres entienden y dan calor. Por muy viejo que sea un hombre, delante de otro hombre tiene vergüenza de llorar. Una mujer te arropa, aunque también te traiga a la tierra y te ate, como tu abuela me ató a mí. Ya no te mueves más, y ves que no valías nada. Pero sabes lo que es la compañía. La compañía de uno, mala o buena, se la elige uno.

Desvariaba[131] el abuelo. Pero hablando, hablando, le resucitaron los ojos y se le puso una voz sin temblores. La muerte no le puede coger **desprevenido**[132] a alguien que está hablando. El abuelo contó aquella noche, enredadas, todas sus historias de América, de la abuela Rosa, de gentes distintas cuyos nombres equivocaba y cuyas anécdotas cambiaban de sujeto, historias desvaídas[133] de juventud. Era todo confuso, quizá más que ninguna vez de las que había hablado de lo mismo, pero en cambio, nunca le había llegado a Alina tan viva y **estremecedora**[134] como ahora la desesperación del abuelo por no poder moverse ya más, por no oír la voz de tantas personas que hay en el mundo contando cosas y escuchándolas, por no hacer tantos viajes como se quedan por hacer y aprender tantas cosas que valdrían

---

[131] desvariaba—deliraba; decía despropósitos o sinrazones.

[132] **desprevenido**—no preparado.

[133] desvaídas—menos claras, por el paso del tiempo.

[134] **estremecedora**—que choca; que conmueve; que hace temblar.

la pena; y comprendía que quería legársela[135] a ella aquella sed de vida, aquella inquietud.

—Aquí, donde estoy condenado a morir, ya me lo tengo todo visto, sabido de memoria. Sé cómo son los responsos que me va a rezar el cura, y la cara de los santos de la iglesia a los que me vais a **encomendar,**[136] he contado una por una las hierbas del cementerio. La única curiosidad puede ser la de saber en qué día de la semana me va a tocar la suerte. Tu abuela se murió en domingo, en abril.

—¿Mi abuela cómo era?

—Brava, hija, valiente como un hombre. Tenía cáncer y nadie lo supo. Se reía. Y además se murió tranquila. Claro, porque yo me quedaba con lo de ella —¿tú entiendes?—, con los recuerdos de ella —quiero decir—, que para alguien no se habían vuelto todavía inservibles. Lo mío es distinto, porque yo la llave de mis cosas, de mi memoria, ¿a quién se la dejo?

—A mí, abuelo. Yo te lo guardo todo —dijo Alina casi llorando—. Cuéntame todo lo que quieras. Siempre me puedes estar dando a guardar todo lo tuyo, y yo me lo quedaré cuando te mueras, te lo juro.

Hacia la madrugada, fue a la cocina a hacer café y trajo las dos tazas. Estaba **desvelada**[137] completamente.

—Abuelo, dice papá que yo no me case, siempre me está diciendo eso. ¿Será verdad que no me voy a casar? ¿Tú qué dices?

—Claro que te casarás.

—Pues él dice que yo he nacido para estar libre.

—Nunca está uno libre; el que no está atado a algo, no vive. Y tu padre lo sabe. Quiere ser él tu atadura, eso es lo que pasa, pero no lo conseguirá.

—Sí lo consigue. Yo le quiero más que a nadie.

---

[135] legársela—dejársela.

[136] **encomendar**—entregar; encargar.

[137] **desvelada**—sin haber dormido la noche anterior.

—Pero no es eso, Alina. Con él puedes romper, y romperás. Las verdaderas ataduras son las que uno escoge, las que se busca y se pone uno solo, pudiendo no tenerlas.

Alina, aunque no lo entendió del todo, recordó durante mucho tiempo esta conversación.

A los pocos días se encontró con Eloy en la carretera. Estaba muy guapo y muy mayor. Otras veces también le había visto, pero siempre deprisa, y apenas se saludaban un momento. Esta vez, la paró y le dijo que quería hablar con ella.

—Pues habla.

—No, ahora no. Tengo prisa.

—¿Y cuándo?

—Esta tarde, a las seis, en Ervedelo. Trabajo allí cerca.

Nunca le había dado nadie una cita, y era rarísimo que se la diera Eloy. Por la tarde, cuando salió de casa, le parecía por primera vez en su vida que tenía que ocultarse. Salió por la puerta de atrás, y a su padre, que estaba en la huerta, le dio miles de explicaciones de las ganas que le habían entrado de dar un paseo. También le molestó encontrarse, en la falda del monte, con el abuelo Santiago, que era ahora quien guardaba la única vaca vieja que vivía, «Pintera». No sabía si pararse con él o no, pero por fin se detuvo porque le pareció que la había visto. Pero estaba medio dormido y se sobresaltó:

—Hija, ¿qué hora es? ¿Ya es de noche? ¿Nos vamos?

—No, abuelo. ¿No ves que es de día? Subo un rato al monte.

—¿Vas a tardar mucho? —le preguntó él—. Es que estoy medio malo.

Levantaba ansiosamente hacia ella los ojos temblones.

—No, subo sólo un rato. ¿Qué te pasa?

—Nada, lo de siempre: el nudo aquí. ¿Te espero entonces?

—Sí, espérame y volvemos juntos.

—¿Vendrás antes de que se ponga el sol?

—Sí, claro.

—Por el amor de Dios, no tardes, Adelaida. Ya sabes que en cuanto se va el sol, me entran los miedos.

—No tardo, no. No tardo.

Pero no estaba en lo que decía. Se adentró en el pinar con el corazón palpitante, y, sin querer, echó a andar más despacio. Le gustaba sentir crujir las agujas de pino caídas en el sol y en la sombra, formando una costra de briznas[138] tostadas. Se imaginaba, sin saber por qué, que lo primero que iba a hacer Eloy era cogerle una mano y decirle que la quería; tal vez incluso a besarla. Y ella, ¿qué podría hacer si ocurría algo semejante? ¿Sería capaz de decir siquiera una palabra?

Pero Eloy sólo pretendía darle la noticia de su próximo viaje a América. Por fin sus parientes le habían reclamado, y estaba empezando a arreglar todos los papeles.

—Te lo cuento, como te prometí cuando éramos pequeños. Por lo amigos que éramos entonces, y porque me animaste mucho. Ahora ya te importará menos.

—No, no me importa menos. También somos amigos ahora. Me alegro de que se te haya arreglado. Me alegro mucho.

Pero tenía que esforzarse para hablar. Sentía una especie de **decepción**,[139] como si este viaje fuera diferente de aquel irreal y legendario, que ella había imaginado para su amigo en esta cumbre del monte, sin llegarse a creer que de verdad lo haría.

—¿Y tendrás trabajo allí?

—Sí, creo que me han buscado uno. De **camarero**.[140] Están en Buenos Aires y mi tío ha abierto un bar.

---

[138] brizna(s)—hebra; trozo muy fino y ligero, como de paja, por ejemplo.

[139] **decepción**—desilusión.

[140] **camarero**—mesero.

—Pero tú de camarero no has trabajado nunca. ¿Te gusta?

—Me gusta irme de aquí. Ya veremos. Luego haré otras cosas. Se puede hacer de todo.

—¿Entonces, estás contento de irte?

—Contento, contento. No te lo puedo ni explicar. Ahora ya se lo puedo decir a todos. Tengo junto bastante dinero, y si mis padres no quieren, me voy igual.

Le brillaban los ojos de alegría, tenía la voz segura. Alina estaba triste, y no sabía explicarse por qué. Luego bajaron un poco y subieron a otro monte de la izquierda, desde el cual se veían las canteras donde Eloy había estado trabajando todo aquel tiempo. Sonaban de vez en cuando los barrenos[141] que atronaban[142] el valle, y los golpes de los obreros abriendo las masas de granito, tallándolas[143] en rectángulos lisos, grandes y blancos. Eloy aquella tarde había perdido el trabajo por venir a hablar con Alina y dijo que le daba igual, porque ya se pensaba despedir. Se veían muy pequeños los hombres que trabajaban, y Eloy los miraba con curiosidad y atención, desde lo alto, como si nunca hubieran sido sus compañeros.

—Me marcho, me marcho —repetía.

Atardeció sobre Orense. Los dos vieron caer la sombra encima de los tejados de la ciudad, cegar al río. Al edificio del Instituto le dio un poco de sol en los cristales hasta lo último. Alina lo localizó y se lo enseñó a Eloy, que no sabía dónde estaba. Tuvo que acercar mucho su cara a la de él.

—Mira; allí. Allí . . .

Hablaron del Instituto y de las notas de Alina.

—El señorito del Pazo dice que eres muy lista, que vas a hacer carrera.

---

[141] barreno(s)—instrumento para taladrar o perforar rocas.

[142] atronaban—rugían; clamaban como el trueno en una tempestad; bramaban.

[143] tallándolas—cortándolas.

—Bueno, todavía no sé.

—Te pone por las nubes.[144]

—Si casi no lo conozco. ¿Tú cuándo le has visto?

—Lo veo en la taberna. Hemos jugado a las cartas. Hasta pensé: «A lo mejor quiere a Alina.» La miraba. Ella se puso colorada.

—¡Qué tontería! Sólo le he visto una vez. Y además, Eloy, tengo quince años. Parece mentira que digas eso.

Tenía ganas de llorar.

—Ya se es una mujer con quince años —dijo él alegremente, pero sin la menor turbación—. ¿O no? Tú sabrás.

—Sí, bueno, pero . .

—¿Pero qué?

—Nada.

—Tienes razón, mujer. Tiempo hay, tiempo hay.

Y Eloy se rió. Parecía de veinte años o mayor, aunque sólo le llevaba dos a ella. «Estará harto[145] de tener novias —pensó Alina—. Me quiere hacer rabiar.»

Bajaron en silencio por un camino que daba algo de vuelta. Era violento tenerse que agarrar alguna vez de la mano, en los trozos difíciles. Ya había estrellas. De pronto Alina se acordó del abuelo y de lo que le había prometido de no tardar, y se le encogió el corazón.

—Vamos a cortar por aquí. Vamos deprisa. Me está esperando.

—Bueno, que espere.

—No puede esperar. Le da miedo. Vamos, oye. De verdad.

Corrían. Salieron a un camino ya oscuro y pasaron por delante de la casa abandonada, que había sido del cura en otro tiempo y luego se la vendió a unos señores que casi no venían nunca. La llamaban «la casa del

---

[144] te pone por las nubes—te alaba mucho; habla muy bien de ti.

[145] **harto**—relleno; aburrido; cansado.

camino» y ninguna otra casa le estaba cerca. A la puerta, y por el balcón de madera **carcomida**,[146] subía una enredadera de pasionarias, extrañas flores como de carne pintarrajeada, de mueca grotesca y mortecina, que parecían rostros de payasa vieja. A Alina, que no tenía miedo de nada, le daban miedo estas flores, y nunca las había visto en otro sitio. Eloy se paró y arrancó una.

—Toma.

—¿Que tome yo? ¿Por qué? —se sobrecogió ella sin coger la flor que le alargaba su amigo.

—Por nada, hija. Porque me voy; un regalo. Me miras de una manera rara, como con miedo. ¿Por qué me miras así?

—No; no la quiero. Es que no me gustan, me dan grima.[147]

—Bueno —dijo Eloy. Y la tiró—. Pero no escapes.

Corrían otra vez.

—Es por el abuelo. Tengo miedo por él —decía Alina, casi llorando, descansada de tener un pretexto para justificar su emoción de toda la tarde—. Quédate atrás tú, si quieres.

—Pero ¿qué le va a pasar al abuelo? ¿Qué le puede pasar?

—No sé. Algo. Tengo ganas de llegar a verle.

—¿Prefieres que me quede o que vaya contigo?

—No. Mejor ven conmigo. Ven tú también.

—Pues no corras así.

Le distinguieron desde lejos, inmóvil, apoyado en el tronco de un nogal, junto a la vaca, que estaba echada en el suelo.

—¿Ves como está allí? —dijo Eloy.

Alina empezó a llamarle, a medida que se acercaba:

—Que ya vengo, abuelo. Que ya estoy aquí. No te asustes. Somos nosotros. Eloy y yo.

---

[146] **carcomida**—roída; agujereada; como comida por termitas, o comejenes.
[147] grima—molestia; desazón.

Pero él no gemía, como otras veces, no se incorporaba. Cuando entraron agitadamente en el prado, vieron que se había quedado muerto, con los ojos abiertos, **impasibles**.[148] Las sombras se tendían pacíficamente delante de ellos, caían como un telón, anegaban[149] el campo y la aldea.

A partir de la muerte del abuelo y de la marcha de Eloy, los recuerdos de Alina toman otra **vertiente**[150] más cercana, y todos desembocan en Philippe. Es muy raro que estos recuerdos sean más confusos que los antiguos, pero ocurre así.

Los dos últimos cursos de bachillerato, ni sabe cómo fueron Vivía en la aldea, pero con el solo pensamiento de terminar los estudios en el Instituto para irse a Santiago de Compostela. Ya vivía allí con la imaginación, y ahora, después de los años, lo que imaginaba se enreda y teje con lo que vivió de verdad. Quería escapar, cambiar de vida. Se hizo huraña y estaba siempre ausente. Empezó a escribir versos que guardaba celosamente y que hasta que conoció a Philippe no había enseñado a nadie, ni a su padre siquiera. Muchas veces se iba a escribir al jardín que rodeaba la iglesia, cerca de la tumba del abuelo. Aquello no parecía un cementerio, de los que luego conoció Alina, tan característicos. Cantaban los pájaros y andaban por allí picoteando las gallinas del cura. Estaban a dos pasos los eucaliptos y los pinos, todo era uno. Muchas veces sentía timidez de que alguien la encontrase sola en lugares así, y se hacía la distraída[151] para no saludar al que pasaba, aunque fuese un conocido.

—Es orgullosa —empezaron a decir en el pueblo—. Se le ha subido a la cabeza lo de los estudios.

---

[148] **impasibles**—sin emoción; sin reaccionar.

[149] anegaban—inundaban; cubrían de agua.

[150] **vertiente**—dirección; curso.

[151] se hacía la distraída—fingía no darse cuenta.

A las niñas que habían jugado con ella de pequeña se les había acercado la juventud, estallante y brevísima, como una **huella**[152] roja. Vivían todo el año esperando las fiestas del Patrón por agosto, de donde muchas salían con novio y otras **embarazadas.**[153] Algunas de las de su edad ya tenían un hijo. Durante el invierno se las encontraba por la carretera, **descalzas,**[154] con sus **cántaros**[155] a la cabeza, llevando de la mano al hermanito o al hijo. Cargadas, serias, responsables. También las veía curvadas hacia la tierra para recoger patatas o piñas. Y le parecía que nunca las había mirado hasta entonces. Nunca había encontrado esta dificultad para comunicarse con ellas ni había sentido la vergüenza de ser distinta. Pero tampoco, como ahora, esta especie de regodeo[156] por saber que ella estaba con el pie en otro sitio, que podría evadirse de este destino que la angustiaba. Iba con frecuencia a confesarse con don Félix y se acusaba de falta de humildad.

—Pues trabaja con tu madre en la casa, hija —le decía el cura—, haz trabajos en el campo, habla con toda la gente, como antes hacías.

Luego, rezando la penitencia, se pasaba largos ratos Alina en la iglesia vacía por las tardes, con la puerta al fondo, por donde entraban olores y ruidos del campo, abierta de par en par. **Clavaba**[157] sus ojos, sin tener el menor pensamiento, en la imagen de San Roque, que tenía el ala del sombrero levantada y allí, cruzadas dos llaves, pintadas de purpurina. Le iba detallando los ojos pasmados, la boca que asomaba entre la barba, con un

---

[152] **huella**—indicio; marca; impresión.

[153] **embarazadas**—encinta; esperando hijo.

[154] **descalzas**—sin zapatos.

[155] **cántaros**—contenedores para agua; jarros grandes.

[156] regodeo—orgullo.

[157] **clavaba**—fijaba.

gesto de guasa,[158] como si estuviera **disfrazado**[159] y lo supiera. Llevaba una esclavina[160] oscura con conchas de **peregrino**[161] y debajo una túnica violeta, que se levantaba hasta el muslo con la mano izquierda para enseñar una **llaga**[162] pálida, mientras que con la derecha agarraba un palo rematado por molduras. El perro que tenía a sus pies, según del lado que se le mirara, parecía un cerdo flaco o una oveja. Levantaba al santo unos ojos de agonía.

—Se me quita la devoción, mirando ese San Roque —confesaba Alina al cura—. Me parece mentira todo lo de la iglesia, no creo en nada de nada. Me da náusea.

—¡Qué cosa más rara, hija, una imagen tan milagrosa! Pero nada —se alarmaba don Félix—, no vuelvas a mirarla. Reza el rosario en los pinos como hacías antes, o imagínate a Dios a tu manera. Lo que sea, no importa. Tú eres buena, no te tienes que preocupar tanto con esas preguntas que siempre se te están ocurriendo. Baila un poquito en estas fiestas que vienen. Eso tampoco es malo a tu edad. Diviértete, hija. —Se reía—. Dirás que qué penitencia tan rara.

El maestro, que siempre había sido bastante anticlerical,[163] empezó a alarmarse.

—Pero, Herminia, ¿qué hace esta chica todo el día en la iglesia?

—Que haga lo que quiera. Déjala.

—¿Que la deje? ¿Cómo la voy a dejar? Se nos mete monja por menos de un pelo.

—Bueno, hombre, bueno.

---

[158] guasa—burla.

[159] **disfrazado**—enmascarado; encubierto.

[160] esclavina—vestidura que se pone al cuello; especie de capa.

[161] **peregrino**—viajero que se dirige a un lugar santo.

[162] **llaga**—herida.

[163] anticlerical—en contra de la influencia política de los curas.

—Pero ¿cómo no te importa lo que te digo, mujer? Tú no te inmutas[164] por nada. Eres como de corcho.

—No soy de corcho, pero dejo a la hija en paz. Tú la vas a aburrir, de tanto estar pendiente de lo que hace o lo que no hace.

—Pero dile algo tú. Eso son cosas tuyas.

—Ya es mayor. Díselo tú, si quieres, yo no le digo nada. No veo que le pase nada de particular.

—Sí que le pasa. Tú no ves más allá de tus narices. Está callada todo el día. Ya no habla conmigo como antes, me esconde cosas que escribe.

—Bueno, y qué. Porque crece. No va a ser siempre como de niña. Son cosas del crecimiento, de que se va a separar. Se lo preguntaré a ella lo que le pasa.

Y Alina siempre decía que no le pasaba nada.

—¿No será que estudias demasiado?

—No, por Dios, papá. Al contrario. Si eso es lo que más me divierte.

—Pues antes comías mejor, estabas más alegre, cantabas.

—Yo estoy bien, te lo aseguro.

—Verás este año en las fiestas. Este año nos vamos a divertir. Va a ser sonada,[165] la romería de San Lorenzo.

Aquel verano, el último antes de empezar Alina la carrera, se lo pasó Benjamín, desde junio, haciendo proyectos para la fiesta del Patrón que era a mediados de agosto. Quería celebrar por todo lo alto que su hija hubiese acabado el bachillerato y quería que ella se regocijase con él, preparando las celebraciones. Pidió que aquel año le nombrasen mayordomo de la fiesta. Los mayordomos se elegían cada año entre los cuatro o cinco mejor **acomodados**[166] de la aldea y ellos corrían con gran parte del gasto. En general todos se picaban y

---

[164] inmutas—alteras.

[165] sonada—destacada.

[166] **acomodados**—ricos; adinerados; económicamente cómodos.

querían **deslumbrar**[167] a los demás; pensaban que el San Lorenzo que patrocinaban ellos había de tener más brillo que ninguno, aunque las diferencias de unos años a otros fueran absolutamente **insensibles**[168] y nadie se **percatara**[169] de que había variado alguna cosa. El maestro, aquel año, soñaba con que su nombre y el de la hija se dijeran en Verín y en Orense.

—Nos vamos a arruinar, hombre —protestaba Herminia, cada vez que le veía subir de Orense con una compra nueva.

—Bueno, ¿y qué si nos arruinamos?

—No, nada.

Compró cientos de bombas y **cohetes**.[170] Alquiló a un pirotécnico para los fuegos artificiales, que en el pueblo nunca se habían visto. Contrató a la mejor banda de música del contorno, atracciones nuevas de norias[171] y **tiovivos**.[172] Mandó adornar todo el techo del campo donde se iba a celebrar la romería con **farolillos**[173] y banderas, instaló en la terraza de su propia casa un pequeño bar con bebidas, donde podía detenerse todo el mundo, a tomar un trago gratis.

—El maestro **echa la casa por la ventana**[174] —comentaban.

—La echa, sí.

Días antes había bajado a la ciudad con Adelaida y había querido comprarle un traje de noche en una

---

[167] **deslumbrar**—impresionar.

[168] **insensibles**—imperceptibles.

[169] **percatara**—fijara.

[170] **cohetes**—proyectiles que estallan, o explotan, en el aire.

[171] norias—artefactos de feria que consisten en ruedas verticales.

[172] **tiovivos**—caballitos; carruseles; artefactos de feria que consisten en una plataforma redonda que da vueltas.

[173] **farolillos**—linternas de papel.

[174] **echa la casa por la ventana**—no se limita en los gastos para una fiesta importante.

tienda elegante. La llevó al **escaparate**[175] con mucha ilusión. Era azul de glasé y tenía una rosa en la cintura.

—Que no, papá. Que yo eso no me lo pongo, que me da mucha vergüenza a mí ponerme eso. No te pongas triste. Es que no puedo, de verdad. Anda, vamos.

—Pero ¿cómo «vamos»? ¿No te parece bonito?

—Muy bonito, sí. Pero no lo quiero. No me parece propio. Compréndelo, papá. Te lo agradezco mucho. Parece un traje de reina, o no sé.

—Claro, de reina. Para una reina.

No lo podía entender. Insistía en que entrase a probárselo para que se lo viese él puesto, por lo menos unos instantes. Pero no lo consiguió. Terminaron en una de aquellas tiendas de paños del barrio antiguo, hondas y solitarias como catedrales, y allí se eligió Alina dos cortes de vestido de cretona[176] estampada que le hizo en tres días la modista de la aldea. Volvieron muy callados todo el camino, con el paquete.

No fueron para Alina aquellas fiestas diferentes de las de otros años, más que en que se tuvo que esforzar mucho para esconder su melancolía, porque no quería nublar el gozo de su padre. No sabía lo que le pasaba, pero su deseo de irse era mayor que nunca. Se sentía atrapada, **girando**[177] a disgusto en una rueda vertiginosa. Se reía sin parar, forzadamente, y a cada momento se encontraba con los ojos del padre que buscaban los suyos para **cerciorarse**[178] de que se estaba divirtiendo. Bailó mucho y le dijeron **piropos**,[179] pero de ningún hombre le quedó recuerdo.

—Ya te estaba esperando a ti en esa fiesta —le dijo a Philippe poco tiempo más tarde, cuando le contó cosas de este tiempo anterior a su encuentro—. Era como si ya

---

[175] **escaparate**—sitio donde un mercader exhibe su mercancía.

[176] cretona—tela de algodón, blanca o estampada.

[177] **girando**—dando vueltas.

[178] **cerciorarse**—asegurarse; enterarse.

[179] **piropos**—alabanzas; requiebros; cumplidos.

te conociera de tanto como te echaba de menos, de tanto como estaba reservando mi vida para ti.

Benjamín perdió a su hija en aquellas fiestas, a pesar de que Philippe, el rival de carne y hueso, no hubiese aparecido todavía. Pero no **se apercibió**.[180] Anduvo dando vueltas por el campo de la romería, de unos grupos a otros, desde las primeras horas de la tarde, y estaba orgulloso recibiendo las felicitaciones de todo el mundo. Descansaba del **ajetreo**[181] de los días anteriores.

La romería se celebraba en un soto[182] de castaños y eucaliptos a la izquierda de la carretera. Los árboles eran viejos, y muchos se secaban poco a poco. Otros los habían ido cortando, y dejaron el muñón[183] de asiento para las rosquilleras. Las que llegaban tarde se sentaban en el suelo, sobre la hierba amarillenta y pisoteada, y ponían delante la cesta con la mercancía. En filas de a tres o cuatro, con pañuelos de colores a la cabeza. Vendían rosquillas[184] de Rivadabia, peras y manzanas, relojitos de hora fija, pitos, **petardos**.[185] Estaban instaladas desde por la mañana las barcas voladoras[186] pintadas de azul descolorido y sujetas por dos barras de hierro a un cartel alargado, donde se leía: «La Alegría— Odilo Varela.» Otros años las ponían cerca de la carretera, y a Odilo Varela, que ya era popular, le ayudaban todos los niños del pueblo trayendo tablas y clavos. Pero esta vez habían venido también automóviles de choque y una noria, y las barcas voladoras pasaron a segundo término.

---

[180] **se apercibió**—se dio cuenta.

[181] **ajetreo**—agitación; trajín.

[182] soto—sitio de arbustos y árboles en medio del campo.

[183] muñón—trozo que queda de una pierna o un brazo amputado.

[184] rosquillas—panes redondos.

[185] **petardos**—paquetitos de pólvora que causan estrépito al estallar.

[186] barcas voladoras—papelitos en forma de barca, que se tiran al aire en las fiestas.

También desde por la mañana, muy temprano, habían llegado los pulperos, los indispensables, solemnes pulperos de la feria. Este año eran tres. El pulpero era tan importante como la banda de música, como la misa de tres curas, como los cohetes que estremecían la montaña. Los chiquillos rondaban los estampidos de los primeros cohetes para salir corriendo a buscar la vara. Y también acechaban la llegada del primer pulpero para salir corriendo por la aldea a dar la noticia. El pulpero, entretanto, preparaba parsimoniosamente sus bártulos,[187] consciente de la dignidad de su cargo, de su valor en la fiesta. Escogía, tras muchas inspecciones del terreno, el lugar más apropiado para colocar la inmensa olla de hierro renegrido. La cambiaba varias veces. Un poco más arriba. Donde diera menos el aire. Una vez asentada definitivamente, sobre sus patas, la llenaba de agua y amontonaba debajo hojas secas, ramas y cortezas que iban juntando y recogiendo con un palo. A esto le ayudaban los chiquillos, cada vez más numerosos, que le rodeaban. Luego prendía la **hoguera**,[188] y, cuando el agua empezaba a hervir, sacaba el pulpo para echarlo a la olla. Éste era el momento más importante de la ceremonia, y ya se había juntado mucha gente para verlo. El pulpo seco como un esqueleto, con sus brazos tiesos llenos de arrugas, se hundía en el agua para transformarse. El pulpero echaba un cigarro, y contestaba sin apresurarse a las peticiones de las mujeres que se habían ido acercando y empezando a hacerle **encargos**,[189] mientras, de vez en cuando, revolvía dentro de la olla con su largo **garfio**[190] de hierro. El caldo del pulpo despedía por sus burbujas un olor violento que excitaba y alcanzaba los sentidos, como una llamarada.

---

[187] bártulos—herramientas; útiles.

[188] **hoguera**—fuego grande preparado para celebrar ocasiones especiales.

[189] **encargos**—pedidos.

[190] **garfio**—gancho.

Por la tarde, este olor había impregnado el campo y se mezclaba con el de **anguilas**[191] fritas. También venían de cuando en cuando, entre el polvo que levantaban las parejas al bailar, otras **ráfagas**[192] frescas de olor a eucaliptos y a resina. Alina las bebía ansiosamente, respiraba por encima del hombro de su compañero de baile, miraba lejos, a las copas oscuras de los pinos, a las montañas, como asomada a una ventana.

—Parece que se divierte tu chica —le decían al maestro los amigos.

—Se divierte, sí, ya lo veo. No deja de bailar. Y lo que más me gusta es que baila con todos. No está en edad de atarse a nadie.

—Se atará, Benjamín, se atará.

—Pero hay tiempo. Ahora, en octubre, va a la Universidad. Hará su **carrera**.[193] Buena gana tiene ella de pensar en novios. Ésta sacará una **oposición**,[194] ya lo veréis. Le tiran mucho los estudios.

Desde la carretera hasta donde estaba el **templete**[195] de los músicos, con su colgadura de la bandera española, todo el campo de la romería estaba **cuajado**[196] a ambos lados de tenderetes de vinos y fritangas, con sus bancos de madera delante, y sobre el mostrador se alineaban los porrones de vino del Ribeiro y las tacitas de loza blanca, apiladas casi hasta rozar los rabos de las anguilas que pendían medio vivas todavía, enhebradas de diez a doce por las cabezas. El maestro no perdía de ojo a la chica, ni dejaba de beber; se movía incesantemente de una parte a otra. Alina sonreía a su padre, cuando le pasaba cerca, bailando, pero procuraba

---

[191] **anguilas**—peces comestibles que tienen forma de culebra.

[192] **ráfagas**—soplos fuertes de aire.

[193] **carrera**—estudios universitarios.

[194] **oposición**—examen para conseguir un puesto de profesora en la universidad.

[195] templete (m.)—plataforma.

[196] cuajado—lleno.

empujar a su pareja hacia la parte opuesta para **esquivar**[197] estas miradas indagadoras que la desasosegaban. Contestaba maquinalmente, se reía, giraba. («Bailas muy bien.» «Perdona, te he pisado.» «¿Y vas a ser maestra?») Se dejaba llevar, entornando los ojos. A veces tropezaba con una pareja de niñas que se ensayaban para cuando mozas, y que se tambaleaban, mirándolos muertas de risa. Anochecía. Los niños buscaban los pies de los que bailaban con fuegos y petardos, y después escapaban corriendo. Ensordecía el chillido de los pitos morados que tienen en la punta ese globo que **se hincha**[198] al soplar y después se deshincha llorando. Casi no se oía la música. Cuando se paraba, sólo se enteraba Alina porque su compañero se paraba también. Se soltaban entonces.

—Gracias.

—A ti, bonita.

Y el padre casi todas las veces se acercaba entonces para decirle algo, o para llevársela a dar una vuelta por allí con él y los amigos, hasta que veía que los músicos volvían a coger los instrumentos. La llevó a comer el pulpo, que pedía mucho vino. Le divertía a Benjamín coger él mismo la gran tijera del pulpero y cortar el rabo recién sacado de la olla. Caían en el plato de madera las **rodajitas**[199] sonrosadas y duras, por fuera con su **costra**[200] de granos amoratados. El pulpero las **rociaba**[201] de aceite y pimentón.

—Resulta bien esto, ¿eh, reina?

—Sí, papá.

—Me gusta tanto ver lo que te diviertes. ¿Ves?, ya te lo decía yo que ibas a bailar todo el tiempo.

—Sí, bailo mucho.

---

[197] **esquivar**—evadir; evitar; eludir.

[198] **se hincha**—se agranda, al inflarse.

[199] rodajitas—rebanaditas redondas; pedazos cortados, redondos.

[200] **costra**—cubierta exterior endurecida.

[201] **rociaba**—regaba ligeramente con algún líquido o polvo.

—Es estupenda la banda, ¿verdad? Mejor que ningún año.

—Sí que es muy buena, sí.

Pero la banda era igual que siempre, con aquellos hombres de azul marino y gorra de plato, que de vez en cuando se aflojaban la corbata. Alina hubiera querido escucharles sin tener que bailar. Todo lo que tocaban parecía lo mismo. Lo transformaban, fuera lo que fuera, en una charanga[202] uniforme que no se sabía si era de circo o de procesión. Porque pasaba por ellos; le daban un **conmovedor**[203] aire aldeano. Lo mismo que saben casi igual los chorizos que las patatas, cuando se asan en el monte con rescoldo[204] de eucaliptos, así se ahumaban los pasodobles y los tangos al pasar por la brasa de la romería. Esta música fue la más querida para Alina y nunca ya la olvidó. Y, sin saber por qué, cuando pasó el tiempo la asoció, sobre todo, a la mirada que tenía un cordero que rifaron cuando ya era de noche. Ella y su padre habían cogido papeletas para la **rifa**,[205] y estaban alrededor esperando a que se sortease. El animal se escapó, balando entre la gente, y no lo podían coger con el **barullo**.[206] Cuando por fin lo rescataron, se frotaba contra las piernas de todos y los miraba con ojos tristísimos de persona. A Alina toda la música de la fiesta se le **tiñó**[207] de la mirada de aquel cordero, que la pareció lo más vivo e importante de la fiesta, y que en mucho tiempo no pudo olvidar tampoco.

En los primeros días de soledad e inadaptación que pasó al llegar a Santiago, todos estos particulares de la aldea recién abandonada los puso en poemas que luego entusiasmaron a Philippe. Él, que venía a encontrar

---

[202] charanga—banda de pueblo, de instrumentos de viento.

[203] **conmovedor**—emocionante.

[204] rescoldo—cenizas todavía calientes; brasas; ascuas.

[205] **rifa**—sorteo; lotería.

[206] **barullo**—confusión.

[207] **tiñó**—coloreó; pintó.

colores nuevos en el paisaje de España y a indignarse con todo lo que llamaba sus salvajismos, se sintió atraído desde el principio por aquella muchacha, salvaje también, casi una niña, que poco a poco le fue abriendo la puerta de sus recuerdos. Una muchacha que nunca había viajado, a la que no había besado ningún chico, que solamente había leído unos cuantos libros absurdos; romántica, ignorante, y a la que, sin embargo, no se cansaba uno de escuchar.

—Pero es terrible eso que me cuentas de tu padre.

—¿Terrible por qué?

—Porque tu padre está enamorado de ti. Tal vez sin darse cuenta, pero es evidente. Un complejo de Edipo.[208]

—¿Cómo?

—De Edipo.

—No sé, no entiendo. Pero dices **disparates**.[209]

—Te quiere guardar para él. ¿No te das cuenta? Es monstruoso. Hay cosas que sólo pasan en España. Ese sentido de posesión, de dependencia. Te tienes que soltar de tus padres, por Dios.

Philippe se había ido de su casa desde muy pequeño. No tenía respeto ninguno por la institución familiar. Desde el primer momento comprendió Alina que con sus padres no podría entenderse, y por eso tardó mucho en hablarles de él, cuando ya no tuvo más remedio porque iba a nacer el pequeño Santiago.

Pero, aunque esto solamente ocurrió a finales de curso, ya en las primeras vacaciones de Navidad, cuando Alina fue a la aldea, después de demorarse con miles de pretextos, comprendió Benjamín que existía otra persona que no era él; que Alina había encontrado

---

[208] complejo de Edipo—según el psicoanálisis, el deseo de un niño de poseer a su madre, quitando de en medio a su padre, o el deseo de una niña de hacer lo opuesto; la teoría toma su nombre de *Edipo rey*, tragedia del dramaturgo griego Sófocles (496–406 a. de J.C.), en la que Edipo mata a su padre, y se casa luego con su propia madre.

[209] **disparates**—tonterías; locuras.

su verdadera atadura. Y tanto miedo tenía de que fuera verdad, que ni siquiera a la mujer le dijo nada durante todo el curso, ni a nadie; hasta que supieron aquello de repente, lo del embarazo de la chica, y se hizo deprisa la boda.

Así que Adelaida no llegó a dar ni siquiera los exámenes de primero. Aquellos cursos que no llegaron a correr, toda la carrera de Alina, se quedó encerrada en los proyectos que hizo su padre la última vez que habló con ella de estas cosas, cuando fue a acompañarla en octubre a la Universidad. Hicieron el viaje en tren, una mañana de lluvia. Alina estaba muy nerviosa y no podía soportar las continuas recomendaciones con que la atosigaba,[210] queriendo cubrirle todos los posibles riesgos, intentando hacer memoria para que en sus consejos no quedase ningún cabo por atar. En los silencios miraban los dos el paisaje por la ventanilla pensando en cosas diferentes.

Benjamín no había ido nunca a Santiago, pero tenía un amigo íntimo, en cuya **pensión**[211] se quedó Alina.

—Dale toda la libertad que a los otros, Ramón, pero entérate un poco de la gente con quien anda y me escribes.

—Bueno, hombre, bueno —se echó a reír el amigo—. Tengo buena gana. La chica es lista, no hay más que verla. Déjala en paz. **Se velará**[212] ella sola.

Y a Benjamín le empezó a entrar una **congoja**[213] que no le dejaba coger el tren para volverse.

—Pero papá, mamá te está esperando.

—¿Es que te molesto, hija?

—No. Pero estás gastando dinero. Y yo ya estoy bien aquí. Ya voy a las clases. Ni siquiera puedo estar contigo.

---

[210] atosigaba—acosaba; agobiaba.
[211] **pensión**—casa de huéspedes.
[212] **se velará**—se vigilará; se cuidará.
[213] **congoja**—tristeza profunda.

Se demoró casi una semana. El día que se iba a marchar, dieron un paseo por la Herradura antes de que Alina le acompañase al tren. Aquellos días habían hablado tanto de las mismas cosas, que ya no tenían nada que decirse. Por primera vez en su vida, Alina vio a su padre desplazado, inservible, mucho más de lo que había visto nunca al abuelo Santiago. Luchaba contra aquel sentimiento de alivio que le producía el pensamiento de que se iba a separar de él. En la estación se echó a llorar, sin asomo ya de entereza,[214] se **derrumbó**[215] sollozando en brazos de la hija que no era capaz de levantarle, que le tuvo que empujar para que cogiera el tren casi en marcha.

—Pero no te pongas así, papá. Si vuelvo en Navidades. Y además os voy a escribir. Son dos meses, total, hasta las Navidades.

Alrededor de quince días después de esta despedida, Alina conoció a Philippe.

Ha empezado a llover sobre el río. Menudos alfilerazos sobre el agua gris. Alina se levanta. Tiene las piernas un poco **entumecidas**,[216] y muchas ganas de tomarse un café. Y también muchas ganas de ver a Philippe. Ahora hace frío.

Camino de casa, compra una tarjeta, y en el bar donde entra a tomar el café pide prestado un bolígrafo y, contra el mostrador, escribe:

«Queridos padres: os echo mucho de menos. Estamos contentos porque nos han hablado, hoy, de un apartamento más grande y seguramente lo podremos coger para la primavera. Santiago está mejor y ya no tose. Philippe ha empezado a trabajar mucho para la exposición que va a hacer. Casi no hablamos cuando

---

[214] entereza—fortaleza espiritual.

[215] **derrumbó**—cayó.

[216] **entumecidas**—entorpecidas o hinchadas; sin sensación.

estuvisteis aquí, siempre con el impedimento de los niños y del quehacer de la casa. Por eso no os pude decir cuánto quiero a Philippe, y a lo mejor no lo supisteis ver en esos días. Os lo explico mejor por carta. Ya os escribiré algo.

Estoy alegre. He salido a buscar el pan y se está levantando la mañana. Pienso en lo maravilloso que será para los niños ir a San Lorenzo y ver las casas de Orense desde Ervedelo. Iremos alguna vez. Pronto. Os abraza. Alina.»

Le corre una lágrima, pero se aparta para que no caiga encima de lo escrito. Levanta los ojos y va a pagar al camarero, que la está mirando con simpatía.

—*Ça ne vaut pas la peine de pleurer, ma petite*[217] —le dice al darle el cambio.

Y ella sonríe. Le parece que es un mensaje de Eloy, su amigo, desde un bar de Buenos Aires.

Benjamín se despertó con la cara mojada de lluvia y miró alrededor, **aturdido**.[218] De pie, a su lado, estaba Herminia, con un gran paraguas abierto.

—Vamos a casa, anda —le dijo—. Sabía que te iba a encontrar aquí.

Benjamín se frotó los ojos. Se incorporó. Le dolía la espalda de dormir sobre la piedra.

—¿Qué hora es? —preguntó.

—Las tres de la tarde. Tienes la comida allí preparada y la cama hecha, por si quieres descansar. He aireado bien el cuarto.

—No, no. Debo haber dormido aquí bastante, era por la mañana cuando me dormí. Y hacía sol.

Miró abajo, cuando se levantaba. Ahora estaba gris Orense, gris el río. La lluvia era mansa y menuda.

---

[217] *Ça ne vaut pas la peine de pleurer, ma petite*—No vale la pena llorar por eso, mi hijita (frase francesa).

[218] **aturdido**—desconcertado; pasmado.

—Vamos.

Bajaron del monte despacio.

—Mira que haberte quedado dormido en la peña —dijo ella—. Para haberte caído rodando. Estás loco.

—Anda, anda, ten cuidado donde pisas y deja los sermones. Siempre te tengo que encontrar detrás de mí.

No volvieron a hablar, atentos a no resbalar en la bajada. Al llegar al camino llovía más fuerte, y se juntaron los dos dentro del paraguas.

—A ver si no he hecho bien en venir. Para que luego empieces con los reumas[219] como el otro invierno. Si no hubiera visto que se nublaba, no hubiera venido, no. Al fin, ya sé dónde te voy a encontrar cuando te pierdas.

—Bueno, ya basta. Has venido. Está bien, mujer.

Pasaron por el sitio donde Benjamín se había encontrado al cura. Dejaron atrás el prado donde se había quedado muerto el abuelo.

—Qué manía me está entrando con dormir por el día, Herminia. ¿Por qué será? Me parece que duermo más amparado si hay luz y se oyen ruidos. Tanto como me metía[220] con tu padre, y me estoy volviendo como él.

—Qué va, hombre. Qué te vas a estar volviendo como él.

—Te lo digo de verdad que sí. Estoy viejo. Antes me he encontrado con don Félix y casi he estado amable. Me daba pena de él. Me parecía tan bueno.

—Siempre ha sido bueno.

—¡Pero no entiendes nada, rayo,[221] qué tiene que ver que siempre haya sido bueno! A mí antes me ponía nervioso, lo sabes, no le podía ni ver. Y ahora casi me dan ganas de ir a misa el domingo. Tengo miedo a morirme. Como tu padre.

---

[219] reumas—reumatismo; dolor en las coyunturas o articulaciones, o en los músculos.

[220] me metía—peleaba.

[221] rayo—exclamación algo fuerte de disgusto.

Cuando llegaron al sendero que llevaba a la parte trasera de la casa, por donde había venido, Benjamín se quiso desviar y tomarlo de nuevo.

—No, hombre —se opuso la mujer—. Vamos por la carretera. Debajo de los castaños nos mojamos menos. ¿No ves que está **arreciando**?[222] Estamos a un paso.

—No sé qué te diga, es que . . .

—Es que, ¿qué?

—Nada, que a lo mejor nos encontramos a alguien y nos pregunta del viaje, y eso.

—¿Y qué pasa con que nos pregunten? Si nos preguntan, pues contestamos. No sé qué es lo que tenemos que esconder. ¿Que si está bien la hija? Que sí. ¿Que si son guapos los nietos? Que sí. ¿Que si se lleva bien con el yerno? . . .

—Bueno, venga —cortó el maestro—. Cállate ya. Vamos por donde quieras y en paz.

Del muro que terminaba, a la entrada de la carretera, salió volando un saltamontes y les pasó rozando por delante.

—Buenas noticias —dijo Herminia—. A lo mejor nos mandan a los niños este verano. ¿Tú qué dices?

—Nada, que yo qué sé. Cualquiera sabe lo que pasará de aquí al verano. Nos podemos haber muerto todos. O por lo menos tú y yo.

—¿Tú y yo, los dos juntos? ¿Nada menos? Pues sí que das unos **ánimos**.[223] Muérete tú, si quieres, que yo no tengo gana de morir todavía.

Sacaba Herminia una voz valiente y tranquila que el maestro le conocía muy bien.

—Desde luego, Herminia —dijo, y estaba muy serio—, no me querría morir después que tú. Sería terrible. De verdad. Lo he pensado siempre.

---

[222] **arreciando**—empezando a llover más fuerte.

[223] **ánimos**—palabras de esperanza, de optimismo.

—Pero bueno, será lo que Dios quiera. Y además, cállate ya. Qué manía te ha entrado con lo de morirse o no morirse.

—Es que sería terrible. Terrible.

Sonaba la lluvia sobre los castaños de Indias que les cubrían como un techo. Ya llegando a la casa, el maestro dijo:

—No me voy a acostar. No dejes que me acueste hasta la noche. A ver si cojo el sueño por las noches otra vez. Me estoy volviendo como tu padre, y ahora que va a venir el invierno, me da mucho miedo. No quiero, Herminia, no quiero. No me dejes tú. Al verano le tengo menos miedo, pero el invierno . . .

—Tenemos que empezar a hacer el gallinero —dijo ella.

PREGUNTAS

1. Este cuento se compone de una serie de "flash-backs" para volver al fin al momento presente establecido al comienzo. Primero, define tú el momento presente y luego traza el paso del tiempo que toma la narración.

2. De niña, ¿cómo es Alina? ¿En qué consiste su carácter y su vida en esta etapa de su desarrollo? ¿Cómo describirías la relación que tiene la niña Alina con su padre? Defiende tu análisis con detalles textuales.

3. Hay una serie de momentos en que lo que experimenta y dice el padre se repite en lo que experimenta y dice Alina. Busca algunos de estos momentos y analiza cómo y por qué ocurren.

4. ¿Quién es Eloy? ¿Cómo es? ¿Cómo lo vemos al partir él para América? ¿Crees tú que Eloy habría sido mejor marido para Alina que Philippe? ¿Por qué? ¿Por qué no?

5. En determinado momento, el narrador nos dice: "A partir de la muerte del abuelo y de la marcha de Eloy, los recuerdos de Alina toman otra vertiente más cercana, y todos desembocan en Philippe". Describe la relación entre Alina y su abuelo materno. ¿Cómo es que la muerte de éste resulta ser un hito en la vida de la muchacha? ¿Crees tú que Alina cambia en el fondo?

Ricardo Palma ▶

El alacrán de
fray Gómez

RICARDO PALMA

Tradiciones peruanas, *publicadas por Ricardo Palma (1833—1919)
a partir de 1872, ocupan diez tomos y establecen un nuevo género
en la narrativa hispanoamericana: la* tradición, *o anécdota
histórica costumbrista.*

Las tradiciones *de Palma son notables por la vitalidad con
que el autor capta las idiosincrasias de sus personajes—ya sean
éstos históricos, legendarios o populares—entretejiéndolas con la
acción del relato. Las* tradiciones *tuvieron su origen en leyendas,
mitos, anécdotas, refranes y simples noticias curiosas que Palma
recogía de antiguos manuscritos y crónicas, y que le servían en su
afán, además de entretener, de preservar, recrear y celebrar el
pasado colonial del Perú. Sus tipos sociales tienden a ser virreyes,
cortesanas, frailes, familias de la clase media, figuras indígenas y
negras, que no pasan de ser elementos folclóricos y pintorescos. La
siguiente tradición, "El alacrán de fray Gómez" (1889) es una de
las más leídas hoy. El elemento maravilloso en ésta y en muchas
otras de las* tradiciones *de Palma prefigura en cierta manera el
cuento fantástico hispanoamericano del siglo XX.*

A Casimiro Prieto Valdés

> **Principio**[1] principiando;
> principiar quiero,
> por ver si principiando
> principiar puedo.

In diebus illis,[2] digo, cuando yo era muchacho, oía con frecuencia a las viejas exclamar, ponderando[3] el mérito y precio de una alhaja:[4]

—¡Esto vale tanto como el alacrán de fray Gómez!

Tengo una chica, remate de lo bueno, flor de la gracia y espumita de la sal, con unos ojos más **pícaros**[5] y **trapisondistas**[6] que un par de escribanos:[7]

> chica que se parece
> al lucero del alba
> cuando amanece.

al cual **pimpollo**[8] he bautizado, en mi paternal **chochera**,[9] con el mote de *alacrancito de fray Gómez*. Y explicar el dicho de las viejas y el sentido del piropo con que **agasajo**[10] a mi Angélica, es lo que me propongo, amigo y **camarada**[11] Prieto, con esta tradición.

El sastre paga deudas con puntadas, y yo no tengo otra manera de satisfacer la literaria que con usted he contraído que dedicándole estos cuatro palotes.[12]

---

[1] **principio**—yo empiezo.

[2] *In diebus illis*—en aquellos tiempos (frase latina).

[3] ponderando—alabando; ensalzando; estimando mucho.

[4] alhaja—joya.

[5] **pícaros**—traviesos.

[6] trapisondistas—que alborotan; que emocionan.

[7] escribanos—redactores de documentos legales; notarios.

[8] pimpollo—persona joven y atractiva.

[9] **chochera**—debilidad propia de la vejez.

[10] **agasajo**—elogio; alabo; honro con mis palabras.

[11] **camarada** (m.)—compañero.

[12] palotes (m.)—primeros trazos del que empieza a aprender a escribir.

I

Éste era un lego[13] contemporáneo de don Juan de la Pipirindica, el de la valiente pica,[14] y de San Francisco Solano; el cual lego desempeñaba en Lima, en el convento de los padres seráficos, las funciones de refitolero[15] en la enfermería u hospital de los devotos frailes. El pueblo lo llamaba fray Gómez, y fray Gómez lo llamaban las crónicas conventuales, y la tradición lo conoce por fray Gómez. Creo que hasta en el **expediente**[16] que para su beatificación y canonización existe en Roma no se le da otro nombre.

Fray Gómez hizo en mi tierra milagros a mantas,[17] sin darse cuenta de ellos y como quien no quiere la cosa. Era de suyo milagrero, como aquel que hablaba en verso sin sospecharlo.

Sucedió que un día iba el lego por el puente, cuando un caballo **desbocado**[18] arrojó sobre las losas[19] al **jinete**.[20] El infeliz quedó patitieso,[21] con la cabeza hecha una **criba**[22] y arrojando sangre por la boca y narices.

—¡Se descalabró,[23] se descalabró! —gritaba la gente—. ¡Que vayan a San Lázaro por el santo óleo![24]

Y todo era bullicio y alharaca.[25]

---

[13] lego—religioso que no ha recibido las órdenes sagradas de la Iglesia Católica; no sacerdote.

[14] pica—lanza; palo puntiagudo usado como arma.

[15] refitolero—el que cuida del refectorio, el comedor de un convento.

[16] **expediente** (m.)—archivo que contiene papeles oficiales sobre una persona o un asunto.

[17] a mantas—en gran cantidad; numerosos.

[18] **desbocado**—descontrolado; se dice del caballo desmandado, que corre sin ser gobernado.

[19] losas—baldosas; piedras lisas usadas para pavimentar.

[20] **jinete** (m.)—el que va montado en un caballo.

[21] patitieso—sin sentido.

[22] **criba**—tela metálica sujeta a un aro, que sirve para separar los granos gruesos de los más finos.

[23] se descalabró—se rompió la crisma; se dio un golpe duro en la cabeza.

[24] santo óleo—aceite usado en la extrema unción, rito católico administrado a los moribundos.

[25] alharaca—gritería; gritos confusos.

Fray Gómez acercóse pausadamente al que yacía[26] en tierra, púsole sobre la boca el cordón de su hábito, echóle tres bendiciones, y sin más médico ni más botica el descalabrado se levantó tan fresco, como si golpe no hubiera recibido.

—¡Milagro! ¡Milagro! ¡Viva fray Gómez! —exclamaron los espectadores.

Y en su entusiasmo **intentaron**[27] llevar en triunfo al lego. Éste, para sustraerse a la popular ovación, echó a correr camino de su convento y se encerró en su celda.

La crónica franciscana cuenta esto último de manera distinta. Dice que fray Gómez, para escapar de sus aplaudidores, se elevó en los aires y voló desde el puente hasta la torre de su convento. Yo ni lo niego ni lo afirmo. Puede que sí y puede que no. Tratándose de maravillas, no gasto tinta en defenderlas ni en refutarlas.

Aquel día estaba fray Gómez en vena de[28] hacer milagros, pues cuando salió de su celda se encaminó a la enfermería, donde encontró a San Francisco Solano acostado sobre una tarima, víctima de una furiosa **jaqueca**.[29] Pulsóle el lego y le dijo:

—Su paternidad está muy débil, y haría bien en tomar algún alimento.

—Hermano —contestó el santo—, no tengo apetito.

—Haga un esfuerzo, reverendo padre, y pase siquiera un bocado.

Y tanto insistió el refitolero, que el enfermo, por librarse de **exigencias**[30] que picaban[31] ya en majadería,[32] ideó pedirle lo que hasta para el **virrey**[33] habría sido

---

[26] yacía—estaba acostado.

[27] **intentaron**—trataron de.

[28] en vena de—en condiciones de; bien dispuesto para.

[29] **jaqueca**—dolor de cabeza agudo.

[30] **exigencias**—demandas; requisitos.

[31] picaban—rayaban.

[32] majadería—importunidad; insistencia impertinente.

[33] **virrey**—gobernador de una parte de la América Colonial Española, nombrado por el rey de España.

imposible conseguir, por no ser la estación propicia para satisfacer el antojo.

—Pues mire, hermanito, sólo comería con gusto un par de pejerreyes.[34]

Fray Gómez metió la mano derecha dentro de la manga izquierda, y sacó un par de pejerreyes tan fresquitos que parecían acabados de salir del mar.

—Aquí los tiene su paternidad, y que en salud se le conviertan. Voy a **guisarlos**.[35]

Y ello es que con los benditos pejerreyes quedó San Francisco curado como por ensalmo.[36]

Me parece que estos dos milagritos de que incidentalmente me he ocupado no son paja picada.[37] Dejo en mi tintero otros muchos de nuestro lego, porque no me he propuesto relatar su vida y milagros.

Sin embargo, apuntaré, para satisfacer curiosidades exigentes, que sobre la puerta de la primera celda del pequeño claustro, que hasta hoy sirve de enfermería, hay un lienzo pintado al óleo representando estos dos milagros, con la siguiente inscripción:

«El venerable fray Gómez. —Nació en Extremadura en 1560. Vistió el hábito en Chuquisaca en 1580. Vino a Lima en 1587.— Enfermero fue cuarenta años, ejercitando todas las virtudes, **dotado de**[38] favores y dones celestiales. Fue su vida un continuo milagro. **Falleció**[39] en 2 de mayo de 1631, con fama de santidad. En el año siguiente se colocó el cadáver en la capilla de Aranzazú, y en 13 de octubre de 1810 se pasó debajo del altar mayor, a la bóveda donde son sepultados los padres del convento. **Presenció**[40] la traslación de los

---

[34] pejerreyes (m.)—peces comestibles muy apreciados.

[35] **guisarlos**—cocinarlos.

[36] ensalmo—artes mágicas para curar.

[37] paja picada—poca cosa; cosa insignificante.

[38] **dotado de**—favorecido con; poseedor de.

[39] **Falleció**—murió.

[40] **Presenció**—vio; fue testigo de.

restos el señor doctor don Bartolomé María de las Heras. Se restauró este venerable retrato en 30 de noviembre de 1882, por M. Zamundio.»

II

Estaba una mañana fray Gómez en su celda, entregado a la meditación, cuando dieron a la puerta unos discretos golpecitos, y una voz de quejumbroso timbre dijo:

—*Deo gratias* . . . ¡Alabado sea el Señor!

—Por siempre jamás, amén. Entre, hermanito —contestó fray Gómez.

Y penetró en la humildísima celda un individuo algo desharrapado,[41] *vera efigie*[42] del hombre a quien acongojan pobrezas, pero en cuyo rostro se dejaba adivinar la proverbial honradez del castellano viejo.

Todo el mobiliario de la celda se componía de cuatro sillones de vaqueta,[43] una mesa mugrienta y una tarima sin colchón, sábanas ni abrigo, y con una piedra por cabezal o almohada.

—Tome asiento, hermano, y dígame sin **rodeos**[44] lo que por acá le trae —dijo fray Gómez.

—Es el caso, padre, que yo soy hombre de bien **a carta cabal** . . .[45]

—Se le conoce, y que persevere deseo, que así merecerá en esta vida terrena la paz de la conciencia, y en la otra la **bienaventuranza**.[46]

—Y es el caso que soy buhonero,[47] que vivo cargado de familia y que mi comercio no cunde[48] por falta de

---

[41] desharrapado—andrajoso; harapiento; vestido de ropa vieja y rota.

[42] *vera efigie*—verdadera imagen (frase latina).

[43] vaqueta—piel curtida de ternera.

[44] **rodeos**—palabras o frases indirectas.

[45] **a carta cabal**—por completo; enteramente.

[46] **bienaventuranza**—felicidad.

[47] buhonero—vendedor ambulante.

[48] cunde—crece; prospera.

medios, que no por **holgazanería**[49] y escasez de industria en mí.

—Me alegro, hermano, que a quien honradamente trabaja Dios le acude.

—Pero es el caso, padre, que hasta ahora Dios **se me hace el sordo**,[50] y en acorrerme tarda . . .

—No desespere, hermano; no desespere.

—Pues es el caso que a muchas puertas he llegado en demanda de habilitación por quinientos duros, y todas las he encontrado con cerrojo y cerrojillo. Y es el caso que anoche, en mis **cavilaciones**,[51] yo mismo me dije a mí mismo: «¡Ea!, Jeromo, buen ánimo y vete a pedirle el dinero a fray Gómez, que si él lo quiere, mendicante[52] y pobre como es, medio encontrará para sacarte del **apuro**.»[53] Y es el caso que aquí estoy porque he venido, y a su paternidad le pido y ruego que me preste esa puchuela[54] por seis meses, seguro que no será por mí por quien se diga:

> En el mundo hay devotos
> de ciertos santos;
> la gratitud les dura
> lo que el milagro;
> que un beneficio
> da siempre vida a ingratos
> desconocidos.

—¿Cómo ha podido imaginarse, hijo, que en esta triste celda encontraría ese **caudal**?[55]

---

[49] **holgazanería**—pereza; flojera.

[50] **se me hace el sordo**—no me oye, o finge no oírme.

[51] **cavilaciones**—pensamientos; reflexiones; meditaciones.

[52] mendicante—que vive de limosna, de la caridad de la gente.

[53] **apuro**—aprieto; dificultad económica.

[54] puchuela—pequeña cantidad de dinero.

[55] **caudal** (m.)—gran cantidad de dinero.

—Es el caso, padre, que no acertaría a responderle, pero tengo fe en que no me dejará ir desconsolado.

—La fe lo salvará, hermano. Espere un momento.

Y paseando los ojos por las desnudas y blanqueadas paredes de la celda, vio un alacrán que caminaba tranquilamente sobre el marco de la ventana. Fray Gómez arrancó una página de un libro viejo, dirigióse a la ventana, cogió con delicadeza a la sabandija,[56] la envolvió en el papel, y tornándose hacia el castellano viejo, le dijo:

—Tome, buen hombre, y **empeñe**[57] esta alhajita;[58] no olvide, sí, devolvérmela dentro de seis meses.

El buhonero se deshizo en frases de agradecimiento, se despidió de fray Gómez y más que de prisa se encaminó a la tienda.

La joya era espléndida, verdadera alhaja de reina morisca, por decir lo menos. Era un prendedor figurando un alacrán. El cuerpo lo formaba una magnífica esmeralda engarzada[59] sobre oro, y la cabeza un grueso brillante con dos rubíes por ojos.

El usurero,[60] que era hombre conocedor, vio la alhaja con **codicia**,[61] y ofreció al necesitado adelantarle dos mil duros por ella; pero nuestro español se empeñó en no aceptar otro préstamo que el de quinientos duros por seis meses, y con un interés judaico,[62] se entiende. Extendiéronse y firmáronse los documentos o papeletas de estilo, acariciando el agiotista[63] la esperanza de que a

---

[56] sabandija—reptil o insecto pequeño y repugnante.

[57] **empeñe**—cambie, por un tiempo, algún objeto por dinero prestado.

[58] alhajita—joya pequeña.

[59] engarzada—colocada permanentemente en un anillo, un prendedor, etc.

[60] usurero—prestamista que cobra mucho interés.

[61] **codicia**—deseo exagerado de poseer algo de valor, muchas veces algo que pertenece a otra persona.

[62] judaico—relativo a los judíos (aquí, el adjetivo significa excesivo, debido a la creencia en aquellos días de que los judíos prestaban dinero a una tasa de interés muy alta).

[63] agiotista—especulador.

la postre el dueño de la prenda acudiría por más dinero, que con el recargo de intereses lo convertiría en propietario de joya tan valiosa por su mérito intrínseco y artístico.

Y con este capitalito[64] fuele tan prósperamente en su comercio, que a la terminación del **plazo**[65] pudo desempeñar la prenda, y, envuelta en el mismo papel en que la recibiera, se la devolvió a fray Gómez.

Éste tomó el alacrán, lo puso sobre el alféizar[66] de la ventana, le echó una bendición y dijo:

—Animalito de Dios, sigue tu camino.

Y el alacrán echó a andar libremente por las paredes de la celda.

Y vieja, pelleja,
aquí dio fin la conseja.[67]

---

[64] capitalito—suma modesta de dinero.

[65] **plazo**—tiempo señalado para el cumplimiento de alguna obligación.

[66] alféizar (m.)—superficie de un muro que forma el reborde de una ventana o puerta.

[67] conseja—fábula; leyenda de carácter fantástico.

PREGUNTAS

1. ¿Quíen es fray Gómez? ¿Cómo es él? Extrae elementos del texto para justificar tu descripción.

2. Resume el trasfondo histórico de este cuento según lo llegamos a conocer del narrador. ¿Dónde y cuándo tiene lugar el cuento?

3. ¿Se trata aquí de un narrador omnisciente? ¿Queda alguna duda al final del cuento en cuanto a la realidad de los hechos ocurridos?

Jorge Luis Borges ▶

El Sur

JORGE LUIS BORGES

Uno de los grandes valores de la literatura de todos los tiempos, el argentino Jorge Luis Borges (1899–1986), cuentista, ensayista y poeta, vivió su niñez en Buenos Aires, en Palermo, barrio que con el tiempo cobró para él cualidades a la vez entrañables y míticas. Muchas veces vemos reflejados en sus cuentos los compadritos, los jugadores de naipes, y los tanguistas que habitaban el almacén, o tienda cantina, enfrente de la casa donde se crió el futuro escritor. Leemos en su obra de los hombres que allí moraban, impresionando con sus cuentos de un pasado ilusorio, hombres análogos al mismo Borges, quien pasó de ser niño de puertas adentro, donde leía los libros de la biblioteca de su padre, a ser, mediante sus narraciones, forjador de sueños de valentía y de barbarie. La confluencia de los dos linajes—el germánico y el argentino—del protagonista Juan Dahlmann, en "El Sur" (1956), refleja la doble estirpe del autor, de sangre inglesa y criolla, circunstancia que Borges aquí llamará "discordia" y que nos lleva de algún modo al enigmático desenlace del cuento. En una posdata que escribe Borges, al agregar, en 1956, este nuevo cuento a su colección Ficciones (1944), el autor nos dice: "De 'El Sur', que es acaso mi mejor cuento, básteme prevenir que es posible leerlo como directa narración de hechos novelescos y también de otro modo."

El hombre que desembarcó en Buenos Aires en 1871 se llamaba Johannes Dahlmann y era pastor de la iglesia evangélica; en 1939, uno de sus nietos, Juan Dahlmann, era secretario de una biblioteca municipal en la calle Córdoba y se sentía hondamente argentino. Su abuelo materno había sido aquel Francisco Flores, del 2 de infantería de línea, que murió en la frontera de Buenos Aires, lanceado por indios de Catriel; en la discordia de sus dos **linajes**,[1] Juan Dahlmann (tal vez a impulsos de la sangre germánica) eligió el de ese antepasado romántico, o de muerte romántica. Un **estuche**[2] con el daguerrotipo[3] de un hombre inexpresivo y barbado, una vieja espada, la dicha y el coraje de ciertas músicas, el hábito de estrofas del *Martín Fierro*,[4] los años, el desgano y la soledad, **fomentaron**[5] ese **criollismo**[6] algo voluntario, pero nunca ostentoso. A costa de algunas privaciones, Dahlmann había logrado salvar el casco[7] de una **estancia**[8] en el Sur, que fue de los Flores; una de las costumbres de su memoria era la imagen de los eucaliptos balsámicos y de la larga casa rosada que alguna vez fue carmesí.[9] Las tareas y acaso la indolencia lo retenían en la ciudad. Verano tras verano se contentaba con la idea abstracta de posesión y con la certidumbre de que su casa estaba esperándolo, en un sitio preciso de la llanura. En los últimos días de febrero de 1939, algo le aconteció.

---

[1] **linajes** (m.)—herencia biológica.

[2] **estuche** (m.)—funda o contenedor hecho para guardar objetos, como una espada, gafas, discos, etc.

[3] daguerrotipo—fotografía antigua al estilo del siglo XIX, hecha mediante un proceso que usaba plata y cobre

[4] *Martín Fierro*—poema narrativo de José Hernández (1834–1886), cuyo héroe era el gaucho legendario Martín Fierro.

[5] **fomentaron**—dieron lugar a; facilitaron.

[6] **criollismo**—exaltación de las cualidades, maneras de pensar y costumbres de los criollos, descendientes de españoles pero nacidos en el Nuevo Mundo.

[7] casco—fragmento central; restos.

[8] **estancia**—hacienda de campo para el cultivo o la ganadería.

[9] carmesí—de un rojo vivo.

Ciego a las culpas, el destino puede ser despiadado[10] con las mínimas distracciones. Dahlmann había conseguido, esa tarde, un **ejemplar**[11] **descabalado**[12] de las *Mil y una noches,* de Weil; ávido de examinar ese hallazgo, no esperó que bajara el ascensor y subió con apuro las escaleras; algo en la oscuridad le rozó la frente ¿un **murciélago**,[13] un pájaro? En la cara de la mujer que le abrió la puerta vio grabado el horror, y la mano que se pasó por la frente salió roja de sangre. La **arista**[14] de un **batiente**[15] recién pintado que alguien se olvidó de cerrar le habría hecho esa herida. Dahlmann logró dormir, pero a la madrugada estaba despierto y desde aquella hora el sabor de todas las cosas fue atroz. La fiebre lo **gastó**[16] y las ilustraciones de las *Mil y una noches* sirvieron para decorar **pesadillas**.[17] Amigos y parientes lo visitaban y con exagerada sonrisa le repetían que lo hallaban muy bien. Dahlmann los oía con una especie de débil estupor y le maravillaba que no supieran que estaba en el infierno. Ocho días pasaron, como ocho siglos. Una tarde, el médico habitual se presentó con un médico nuevo y lo condujeron a un **sanatorio**[18] de la calle Ecuador, porque era indispensable sacarle una radiografía. Dahlmann, en el coche de plaza[19] que los llevó, pensó que en una habitación que no fuera la suya podría, al fin, dormir. Se sintió feliz y conversador; en cuanto llegó, lo desvistieron, le **raparon**[20] la cabeza, lo

---

[10] **despiadado**—cruel; sin compasión.

[11] **ejemplar**—copia; libro.

[12] **descabalado**—incompleto; fragmentario.

[13] **murciélago**—mamífero con alas, de color negro, que vive en cuevas y sale de noche.

[14] **arista**—punta; filo; ángulo saliente formado por dos caras planas o curvas.

[15] **batiente** (m.)—contraventana, generalmente de madera.

[16] **gastó**—debilitó.

[17] **pesadillas**—sueños desagradables.

[18] **sanatorio**—hospital; clínica para el tratamiento de los enfermos.

[19] **coche de plaza**—coche de servicio público; coche de alquiler.

[20] **raparon**—afeitaron o cortaron todo el pelo.

sujetaron con metales a una camilla, lo iluminaron hasta la ceguera y el vértigo, lo **auscultaron**[21] y un hombre enmascarado le clavó una aguja en el brazo. Se despertó con náuseas, **vendado**,[22] en una celda que tenía algo de **pozo**[23] y, en los días y noches que siguieron a la operación pudo entender que apenas había estado, hasta entonces, en un **arrabal**[24] del infierno. El hielo no dejaba en su boca el menor rastro de frescura. En esos días, Dahlmann minuciosamente se odió; odió su identidad, sus necesidades corporales, su humillación, la barba que le **erizaba**[25] la cara. Sufrió con estoicismo las curaciones, que eran muy dolorosas, pero cuando el **cirujano**[26] le dijo que había estado a punto de morir de una **septicemia**,[27] Dahlmann se echó a llorar, condolido de su destino. Las miserias físicas y la incesante previsión de las malas noches no le habían dejado pensar en algo tan abstracto como la muerte. Otro día, el cirujano le dijo que estaba reponiéndose y que, muy pronto, podría ir a convalecer a la estancia. Increíblemente, el día prometido llegó.

A la realidad le gustan las simetrías y los leves anacronismos; Dahlmann había llegado al sanatorio en un coche de plaza y ahora un coche de plaza lo llevaba a Constitución.[28] La primera frescura del otoño, después de la opresión del verano, era como un símbolo natural de su destino rescatado de la muerte y la fiebre. La ciudad, a las siete de la mañana, no había perdido ese

---

[21] **auscultaron**—examinaron con la ayuda de un estetoscopio.
[22] **vendado**—cubierto de vendas, telas suaves para tapar heridas.
[23] **pozo**—excavación vertical circular para extraer agua subterránea.
[24] **arrabal** (m.)—cercanías.
[25] **erizaba**—picaba.
[26] **cirujano**—médico que opera a sus pacientes.
[27] **septicemla**—infección de la sangre.
[28] **Constitución**—plaza importante de Buenos Aires; parada del subterráneo y estación de trenes, desde la cual salen los trenes hacia el sur de la Argentina.

aire de casa vieja que le **infunde**[29] la noche; las calles eran como largos zaguanes,[30] las plazas como patios. Dahlmann la reconocía con felicidad y con un principio de vértigo; unos segundos antes de que las registraran sus ojos, recordaba las esquinas, las **carteleras**,[31] las modestas diferencias de Buenos Aires. En la luz amarilla del nuevo día, todas las cosas regresaban a él.

Nadie ignora que el Sur empieza del otro lado de Rivadavia. Dahlmann solía repetir que ello no es una convención y que quien atraviesa esa calle entra en un mundo más antiguo y más firme. Desde el coche buscaba entre la nueva edificación, la ventana de **rejas**,[32] el **llamador**,[33] el arco de la puerta, el zaguán, el íntimo patio.

En el *hall* de la estación advirtió que faltaban treinta minutos. Recordó bruscamente que en un café de la calle Brasil (a pocos metros de la casa de Yrigoyen) había un enorme gato que se dejaba acariciar por la gente, como una divinidad **desdeñosa**.[34] Entró. Ahí estaba el gato, dormido. Pidió una taza de café, la endulzó lentamente, la probó (ese placer le había sido **vedado**[35] en la clínica) y pensó, mientras alisaba el negro pelaje, que aquel contacto era ilusorio y que estaban como separados por un cristal, porque el hombre vive en el tiempo, en la sucesión, y el mágico animal, en **la actualidad**,[36] en la eternidad del instante.

A lo largo del penúltimo **andén**[37] el tren esperaba. Dahlmann recorrió los vagones y dio con uno casi vacío.

---

[29] **infunde**—da; presta; transmite.

[30] zaguanes—entradas, o vestíbulos inmediatos a las puertas de calle de ciertos edificios o casas.

[31] **carteleras**—letreros que se encuentran en un edificio público donde se anuncian las funciones de los espectáculos públicos.

[32] **rejas**—barrotes sobre las ventanas de calle, típicamente de hierro forjado.

[33] **llamador**—aldaba; campanita o timbre en la puerta de calle.

[34] **desdeñosa**—que siente desdén; altanera; orgullosa.

[35] **vedado**—prohibido.

[36] **la actualidad**—el ahora; el momento presente.

[37] **andén** (m.)—plataforma de espera en una estación de trenes.

Acomodó en la red[38] la valija; cuando los coches **arrancaron**,[39] la abrió y sacó, tras alguna vacilación, el primer tomo de las *Mil y una noches*. Viajar con este libro, tan vinculado a la historia de su **desdicha**,[40] era una afirmación de que esa desdicha había sido anulada y un **desafío**[41] alegre y secreto a las frustradas fuerzas del mal.

A los lados del tren, la ciudad se **desgarraba**[42] en suburbios; esta visión y luego la de jardines y **quintas**[43] demoraron el principio de la lectura. La verdad es que Dahlmann leyó poco; la montaña de piedra imán y el genio que ha jurado matar a su bienhechor eran, quién lo niega, maravillosos, pero no mucho más que la mañana y que el hecho de ser. La felicidad lo distraía de Shahrazad y de sus milagros superfluos; Dahlmann cerraba el libro y se dejaba simplemente vivir.

El almuerzo (con el caldo servido en boles[44] de metal reluciente, como en los ya remotos veraneos de la niñez) fue otro goce tranquilo y agradecido.

Mañana me despertaré en la estancia, pensaba, y era como si a un tiempo fuera dos hombres: el que avanzaba por el día otoñal y por la geografía de la patria, y el otro, encarcelado en un sanatorio y sujeto a metódicas servidumbres. Vio casas de ladrillo sin revocar,[45] esquinadas y largas, infinitamente mirando pasar los trenes; vio **jinetes**[46] en los terrosos caminos; vio **zanjas**[47] y lagunas y hacienda;[48] vio largas nubes luminosas que

---

[38] red (f.)—especie de hamaca que colgaba de las paredes de los vagones donde los pasajeros podían poner sus maletas, valijas o paquetes.

[39] **arrancaron**—salieron; partieron; se pusieron en marcha.

[40] **desdicha**—infortunio; infelicidad.

[41] **desafío**—reto; enfrentamiento; incitación a combatir.

[42] **desgarraba**—deshacía; despedazaba.

[43] **quintas**—casas de campo; fincas.

[44] boles (m.)—tazones; platos hondos; vasijas.

[45] revocar—pintar con cal.

[46] **jinetes** (m.)—los que van montados a caballo.

[47] **zanjas**—excavaciones largas; trincheras; canales.

[48] hacienda—ganado; toros y vacas.

parecían de mármol, y todas estas cosas eran casuales, como sueños de la llanura. También creyó reconocer árboles y **sembrados**[49] que no hubiera podido nombrar, porque su directo conocimiento de la campaña[50] era harto inferior a su conocimiento nostálgico y literario.

Alguna vez durmió y en sus sueños estaba el ímpetu del tren. Ya el blanco sol intolerable de las doce del día era el sol amarillo que precede al anochecer y no tardaría en ser rojo. También el coche era distinto; no era el que fue en Constitución, al dejar el andén: la llanura y las horas lo habían atravesado y transfigurado. Afuera la móvil sombra del vagón se alargaba hacia el horizonte. No **turbaban**[51] la tierra elemental ni poblaciones ni otros signos humanos. Todo era vasto, pero al mismo tiempo era íntimo y, de alguna manera, secreto. En el campo **desaforado**,[52] a veces no había otra cosa que un toro. La soledad era perfecta y tal vez hostil, y Dahlmann pudo sospechar que viajaba al pasado y no sólo al Sur. De esa conjetura fantástica lo distrajo el inspector, que, al ver su boleto, le advirtió que el tren no lo dejaría en la estación de siempre sino en otra, un poco anterior y apenas conocida por Dahlmann. (El hombre añadió una explicación que Dahlmann no trató de entender ni siquiera de oír, porque el mecanismo de los hechos no le importaba.)

El tren laboriosamente se detuvo, casi en medio del campo. Del otro lado de las vías quedaba la estación, que era poco más que un andén con un **cobertizo**.[53] Ningún vehículo tenían, pero el jefe opinó que tal vez pudiera conseguir uno en un comercio que le indicó a unas diez, doce, cuadras.

---

[49] **sembrados**—terrenos cultivados.

[50] campaña—campo llano, sin montañas.

[51] turbaban—molestaban; inquietaban.

[52] **desaforado**—desmedido; extremadamente grande.

[53] **cobertizo**—tejado saliente o techado tosco, rudo.

Dahlmann aceptó la caminata como una pequeña aventura. Ya se había hundido el sol, pero un esplendor final exaltaba la viva y silenciosa llanura, antes de que la borrara la noche. Menos para no fatigarse que para hacer durar esas cosas, Dahlmann caminaba despacio, aspirando con grave felicidad el olor del trébol.

El **almacén**,[54] alguna vez, había sido punzó,[55] pero los años habían mitigado para su bien ese color violento.[56] Algo en su pobre arquitectura le recordó un grabado en acero, acaso de una vieja edición de *Pablo y Virginia*.[57] Atados al **palenque**[58] había unos caballos. Dahlmann, adentro, creyó reconocer al patrón; luego comprendió que lo había engañado su parecido con uno de los empleados del sanatorio. El hombre, oído el caso, dijo que le haría atar la jardinera;[59] para agregar otro hecho a aquel día y para llenar ese tiempo, Dahlmann resolvió comer en el almacén.

En una mesa comían y bebían ruidosamente unos muchachones, en los que Dahlmann, al principio, no se fijó. En el suelo, apoyado en el mostrador, se acurrucaba,[60] inmóvil como una cosa, un hombre muy viejo. Los muchos años lo habían reducido y pulido[61] como las aguas a una piedra o las generaciones de los hombres a una sentencia. Era oscuro, chico y reseco, y estaba como fuera del tiempo, en una eternidad.

---

[54] **almacén** (m.)—en Argentina, comercio en el campo donde se venden comestibles, bebidas, y otros artículos, donde también se puede comer, tomar una copa y reunirse con los amigos; algo parecido a una cantina.

[55] punzó—color rojo muy vivo, parecido al de la amapola.

[56] violento—anormal; chocante; incómodo.

[57] *Pablo y Virginia*—un romance idílico francés muy popular, de Bernardin de Saint-Pierre, de estilo romántico, que evoca la nostalgia por un paraíso perdido. Incluye descripciones de la suntuosa naturaleza donde se desenvuelve la trama.

[58] **palenque**—valla o cerco, o madero al que se atan los caballos.

[59] jardinera—en Argentina, carruaje ligero de dos ruedas que sirve para llevar pasajeros a aeropuertos y estaciones de trenes.

[60] se acurrucaba—se encogía; se hacía un ovillo.

[61] pulido—limado; desgastado.

Dahlmann registró[62] con satisfacción la vincha,[63] el poncho de bayeta,[64] el largo chiripá[65] y la bota de potro y se dijo, rememorando inútiles discusiones con gente de los partidos del Norte o con entrerrianos,[66] que gauchos de ésos ya no quedan más que en el Sur.

Dahlmann se acomodó junto a la ventana. La oscuridad fue quedándose con el campo, pero su olor y sus rumores aún le llegaban entre los barrotes de hierro. El patrón le trajo sardinas y después carne asada; Dahlmann las empujó con unos vasos de vino tinto. Ocioso, paladeaba el áspero sabor y dejaba errar[67] la mirada por el local, ya un poco soñolienta. La lámpara de kerosén pendía de uno de los tirantes;[68] los parroquianos[69] de la otra mesa eran tres: dos parecían peones de chacra;[70] otro, de rasgos achinados[71] y torpes, bebía con el chambergo[72] puesto. Dahlmann, de pronto, sintió un leve roce en la cara. Junto al vaso ordinario de vidrio turbio, sobre una de las rayas del mantel, había una bolita de miga.[73] Eso era todo, pero alguien se la había tirado.

Los de la otra mesa parecían **ajenos**[74] a él. Dahlmann, perplejo, decidió que nada había ocurrido y abrió el volumen de las *Mil y una noches,* como para

---

[62] registró—notó; examinó.

[63] vincha—banda que se coloca en la cabeza para sujetar el cabello.

[64] bayeta—tela de lana floja.

[65] chiripá (m.)—prenda de vestir del gaucho, algo parecido al taparrabos; un paño que, a manera de calzones, cubre la mayor parte de los muslos y, pasando entre las piernas, se sujeta a la cintura.

[66] entrerrianos—los que provienen de la provincia argentina de Entre Ríos, al este del país.

[67] errar—ir de un lado a otro.

[68] tirantes (m.)—vigas; maderos gruesos que sostienen el techo.

[69] parroquianos—clientes del almacén; vecinos del lugar.

[70] chacra—granja pequeña.

[71] rasgos achinados—facciones propias o aspecto propio de un indígena.

[72] chambergo—sombrero suave de ala ancha.

[73] miga—la parte blanda del pan.

[74] **ajenos**—indiferentes; desconectados.

tapar la realidad. Otra bolita lo alcanzó a los pocos minutos, y esta vez los peones se rieron. Dahlmann se dijo que no estaba asustado, pero que sería un **disparate**[75] que él, un convaleciente, se dejara arrastrar por desconocidos a una pelea confusa. Resolvió salir; ya estaba de pie cuando el patrón se le acercó y lo exhortó con voz alarmada:

—Señor Dahlmann, no les haga caso a esos mozos, que están medio alegres.[76]

Dahlmann no se extrañó de que el otro, ahora, lo conociera, pero sintió que estas palabras conciliadoras agravaban, de hecho, la situación. Antes, la provocación de los peones era a una cara accidental, casi a nadie; ahora iba contra él y contra su nombre y lo sabrían los vecinos. Dahlmann hizo a un lado al patrón, se enfrentó con los peones y les preguntó qué andaban buscando.

El **compadrito**[77] de la cara achinada se paró, tambaleándose.[78] A un paso de Juan Dahlmann, lo **injurió**[79] a gritos, como si estuviera muy lejos. Jugaba a exagerar su borrachera y esa exageración era una ferocidad y una burla. Entre malas palabras y obscenidades, tiró al aire un largo cuchillo, lo siguió con los ojos, lo barajó,[80] e invitó a Dahlmann a pelear. El patrón objetó con trémula voz que Dahlmann estaba desarmado. En ese punto, algo **imprevisible**[81] ocurrió.

Desde un rincón, el viejo gaucho extático,[82] en el que Dahlmann vio una cifra[83] del Sur (del Sur que era suyo),

---

[75] **disparate**—locura; estupidez.

[76] medio alegres—medio borrachos.

[77] compadrito—hombre prototípico de los arrabales de Buenos Aires: presumido y pendenciero.

[78] tambaleándose—meciéndose; inestable.

[79] **injurió**—insultó con malas palabras.

[80] barajó—agarró; cogió.

[81] **imprevisible**—inesperado; sorprendente.

[82] extático—en un estado de exaltación; ensimismado, como transportado fuera del tiempo, fuera del mundo de los sentidos y las circunstancias por la intensidad de un sentimiento místico.

[83] cifra—signo; símbolo.

le tiró una **daga**[84] desnuda que vino a caer a sus pies. Era como si el Sur hubiera resuelto que Dahlmann aceptara el duelo. Dahlmann se inclinó a recoger la daga y sintió dos cosas. La primera, que ese acto casi instintivo lo comprometía[85] a pelear. La segunda, que el arma, en su mano torpe, no serviría para defenderlo, sino para justificar que lo mataran. Alguna vez había jugado con un puñal, como todos los hombres, pero su **esgrima**[86] no pasaba de una noción de que los golpes deben ir hacia arriba y con el **filo**[87] para adentro. *No hubieran permitido en el sanatorio que me pasaran estas cosas,* pensó.

—Vamos saliendo —dijo el otro.

Salieron, y si en Dahlmann no había esperanza, tampoco había temor. Sintió, al atravesar el **umbral**,[88] que morir en una pelea a cuchillo, a cielo abierto y **acometiendo**,[89] hubiera sido una liberación para él, una felicidad y una fiesta, en la primera noche del sanatorio, cuando le clavaron la aguja. Sintió que si él, entonces, hubiera podido elegir o soñar su muerte, ésta es la muerte que hubiera elegido o soñado.

Dahlmann **empuña**[90] con firmeza el cuchillo, que **acaso**[91] no sabrá manejar, y sale a la llanura.

---

[84] **daga**—puñal; cuchillo.

[85] comprometía—obligaba.

[86] **esgrima**—deporte o arte del manejo de la espada o del sable; arte de pelear con arma blanca, la espada o el cuchillo.

[87] **filo**—borde agudo, cortante, del cuchillo.

[88] **umbral** (m.)—sección del marco de una puerta que se extiende por el piso.

[89] **acometiendo**—avanzando contra el enemigo.

[90] **empuña**—agarra; toma en la mano.

[91] **acaso**—tal vez; posiblemente.

PREGUNTAS

1. Explica las connotaciones de los dos linajes, por parte de padre y por parte de madre, de Juan Dahlmann.

2. Enumera los preparativos para la cirujía a los que se tiene que someter Dahlmann. ¿Por qué le parecerán a él humillaciones?

3. A partir del momento en que a Dahlmann un hombre enmascarado le clava una aguja en el brazo, encontramos una serie de elementos oníricos, típicos de los encontrados en sueños: anomalías, anacronismos y simetrías inexplicados. Busca y analiza por lo menos tres de ellos.

4. Analiza la combinación rara de tiempos verbales que se nota en la penúltima frase de "El Sur". ¿Qué efecto surte este fenómeno estilístico en el desenlace del cuento?

5. Comenta y analiza las analogías y las diferencias que intuyes tú entre las dos muertes posibles del protagonista en este cuento.

La muerte y la brújula[1]

JORGE LUIS BORGES

El uso del doble, llamado también desdoblamiento, es una técnica que se presenta de dos formas en la literatura: primero, en la dualidad de un personaje de carácter compuesto, de doble esencia, como se ve en "El Sur"; y segundo, en la acción recíproca de dos personajes diferentes que se interrelacionan entre sí, o que de alguna manera dependen el uno del otro: vienen a ser diferentes caras de una misma moneda. En "La muerte y la brújula" (1944), el autor emplea esta técnica al enfrentar entre sí dos rivales: su protagonista, Erik Lönnrot, con el archienemigo de éste, Red Scharlach.

Borges redimió para el mundo literario el antes desprestigiado género policíaco. El misterio atrae por ser metáfora de otra búsqueda metafísica que intuimos como a través de un espejo empañado. El protagonista de "La muerte y la brújula", Lönnrot, se considera un puro razonador, y pretende explicar mediante el raciocinio los hechos de sangre que le toca investigar.

---

[1] **brújula**—instrumento de navegación, con aguja que apunta al norte.

A Mandie Molina Vedia

De los muchos problemas que ejercitaron la **temeraria**[2] **perspicacia**[3] de Lönnrot, ninguno tan extraño —tan rigurosamente extraño, diremos— como la periódica serie de hechos de sangre que culminaron en la **quinta**[4] de Triste-le-Roy, entre el interminable olor de los eucaliptos. Es verdad que Erik Lönnrot no logró impedir el último crimen, pero es **indiscutible**[5] que lo previó. Tampoco adivinó la identidad del infausto[6] asesino de Yarmolinsky, pero sí la secreta morfología[7] de la malvada serie y la participación de Red Scharlach, cuyo segundo apodo es Scharlach el Dandy. Ese criminal (como tantos) había jurado por su honor la muerte de Lönnrot, pero éste nunca se dejó intimidar. Lönnrot se creía un puro razonador, un Auguste Dupin,[8] pero algo de aventurero había en él y hasta de tahúr.[9]

El primer crimen ocurrió en el Hôtel du Nord —ese alto prisma que domina el estuario cuyas aguas tienen el color del desierto. A esa torre (que muy notoriamente reúne la **aborrecida**[10] blancura de un **sanatorio**,[11] la numerada divisibilidad de una cárcel y la apariencia general de una casa mala) arribó[12] el día tres de diciembre el delegado de Podólsk[13] al Tercer Congreso Talmúdico,[14] doctor Marcelo Yarmolinsky, hombre de

---

[2] **temeraria**—atrevida; imprudente; sin fundamento adecuado.

[3] **perspicacia**—inteligencia; agudeza.

[4] **quinta**—casa grande en el campo.

[5] **indiscutible**—indudable; muy cierto.

[6] infausto—infame; ruin.

[7] morfología—conjunto de formas; configuración.

[8] Auguste Dupin—famoso detective francés, personaje creado por Edgar Allan Poe; Dupin confiaba en la razón fría para solucionar sus casos.

[9] tahúr (m.)—profesional de los juegos de azar en un casino.

[10] **aborrecida**—odiada; detestada.

[11] **sanatorio**—hospital; clínica para el tratamiento de los enfermos.

[12] arribó—llegó.

[13] Podólsk—ciudad rusa, al sur de Moscú.

[14] Congreso Talmúdico—reunión de eruditos judíos para estudiar el Talmud, colección de las tradiciones orales judías.

barba gris y ojos grises. Nunca sabremos si el Hôtel du Nord le agradó: lo aceptó con la antigua resignación que le había permitido tolerar tres años de guerra en los Cárpatos[15] y tres mil años de opresión y de pogroms.[16] Le dieron un dormitorio en el piso R, frente a la *suite* que no sin esplendor ocupaba el Tetrarca de Galilea.[17] Yarmolinsky cenó, **postergó**[18] para el día siguiente el examen de la desconocida ciudad, ordenó en un *placard*[19] sus muchos libros y sus muy pocas prendas, y antes de media noche apagó la luz. (Así lo declaró el *chauffeur* del Tetrarca, que dormía en la pieza contigua.) El cuatro, a las 11 y 3 minutos a.m., lo llamó por teléfono un redactor[20] de la *Yidische Zaitung*;[21] el doctor Yarmolinsky no respondió; lo hallaron en su pieza, ya levemente oscura la cara, casi desnudo bajo una gran capa anacrónica. Yacía no lejos de la puerta que daba al corredor; una **puñalada**[22] profunda le había partido el pecho. Un par de horas después, en el mismo cuarto, entre periodistas, fotógrafos y gendarmes,[23] el **comisario**[24] Treviranus y Lönnrot debatían con serenidad el problema.

—No hay que **buscarle tres pies al gato**[25] —decía Treviranus, blandiendo[26] un imperioso cigarro—. Todos sabemos que el Tetrarca de Galilea posee los mejores **zafiros**[27] del mundo. Alguien, para robarlos, habrá

---

[15] Cárpatos—montañas en el sudeste de Europa.

[16] pogroms—persecuciones contra los judíos.

[17] Tetrarca de Galilea—miembro de un grupo de cuatro gobernantes políticos de Galilea, provincia de Palestina.

[18] **postergó**—aplazó; pospuso; dejó para más tarde.

[19] *placard* (m.)—armario (palabra francesa).

[20] redactor—reportero; periodista.

[21] *Yidische Zaitung*—periódico en yiddish, destinado a lectores judíos.

[22] **puñalada**—herida hecha con puñal; cuchillada.

[23] gendarmes (m.)—policías.

[24] **comisario**—jefe de policía.

[25] **buscarle tres pies al gato**—buscar dificultades donde no las hay.

[26] blandiendo—moviendo con la mano un arma cortante.

[27] **zafiros**—piedras preciosas de color azul.

penetrado aquí por error. Yarmolinsky se ha levantado; el ladrón ha tenido que matarlo. ¿Qué le parece?

—Posible, pero no interesante —respondió Lönnrot—. Usted replicará que la realidad no tiene la menor obligación de ser interesante. Yo le replicaré que la realidad puede prescindir de[28] esa obligación, pero no las hipótesis. En la que usted ha improvisado, interviene copiosamente[29] el **azar**.[30] He aquí un **rabino**[31] muerto; yo preferiría una explicación puramente rabínica, no los imaginarios percances[32] de un imaginario ladrón.

Treviranus repuso con mal humor:

—No me interesan las explicaciones rabínicas; me interesa la captura del hombre que apuñaló a este desconocido.

—No tan desconocido —corrigió Lönnrot—. Aquí están sus obras completas. —Indicó en el *placard* una fila de altos volúmenes: una *Vindicación de la **cábala***;[33] un *Examen de la filosofía de Robert Flood*;[34] una traducción literal de *Sepher Yezirah*;[35] una *Biografía del Baal Shem*;[36] una *Historia de la secta de los Hasidim*;[37] una monografía[38] (en alemán) sobre el Tetragrámaton;[39] otra, sobre la

---

[28] **prescindir de**—omitir; descartar.

[29] **copiosamente**—abundantemente.

[30] **azar** (m.)—casualidad; lo impredecible.

[31] **rabino**—sacerdote judío.

[32] **percances** (m.)—accidentes.

[33] **cábala**—secretos; conjunto de doctrinas esotéricas del judaísmo que busca descifrar misterios que esta doctrina atribuye a la Sagrada Escritura.

[34] **Robert Flood**—ocultista británico del siglo XVII que fundó la secta de los Rosacruces.

[35] *Sepher Yezirah*—el Libro de las Creaciones, un libro legendario de misticismo de hace más de 1500 años; relaciona todo el cosmos a los diez números primarios y a las 22 letras del alfabeto hebreo.

[36] **Baal Shem**—Israel Baal Shem Tobh fue fundador de la secta de los Hasidim; el término es título genérico que llevan los que poseen el secreto del Tetragrámaton.

[37] **Hasidim**—secta de judíos místicos y piadosos.

[38] **monografía**—artículo largo escrito sobre un solo tema.

[39] **Tetragrámaton**—las 4 letras del nombre de Dios en hebreo; JHVH; todas son consonantes porque el antiguo hebreo no tenía vocales; no se sabe su verdadera pronunciación, porque el nombre no se debía decir, por sagrado.

nomenclatura divina[40] del Pentateuco.[41] El comisario los miró con temor, casi con repulsión. Luego, se echó a reír.

—Soy un pobre cristiano —repuso—. Llévese todos esos mamotretos,[42] si quiere; no tengo tiempo que perder en supersticiones judías.

—Quizá este crimen pertenece a la historia de las supersticiones judías —murmuró Lönnrot.

—Como el cristianismo —se atrevió a completar el redactor de la *Yidische Zaitung*. Era **miope**,[43] ateo y muy tímido.

Nadie le contestó. Uno de los agentes había encontrado en la pequeña máquina de escribir una hoja de papel con esta sentencia inconclusa:

La primera letra del Nombre ha sido articulada.

Lönnrot se abstuvo de sonreír. Bruscamente bibliófilo[44] o hebraísta,[45] ordenó que le hicieran un paquete con los libros del muerto y los llevó a su departamento. Indiferente a la investigación policial, se dedicó a estudiarlos. Un libro en octavo mayor[46] le reveló las enseñanzas de Israel Baal Shem Tobh, fundador de la secta de los Piadosos; otro, las virtudes y terrores del Tetragrámaton, que es el inefable Nombre de Dios; otro, la tesis de que Dios tiene un nombre secreto, en el cual está compendiado[47] (como en la esfera de cristal que los persas atribuyen a Alejandro de Macedonia[48]) su noveno atributo, la eternidad —es

---

[40] nomenclatura divina—conjunto de palabras aceptables para nombrar a Dios.

[41] Pentateuco—los cinco primeros libros de la Biblia hebraica, que son también los cinco primeros libros del Antiguo Testamento de la Biblia cristiana: Génesis, Éxodo, Levítico, Números y Deuteronomio.

[42] mamotretos—objetos despreciables; armatostes.

[43] **miope**—corto de vista.

[44] bibliófilo—aficionado a los libros.

[45] hebraísta—estudioso de la cultura hebraica.

[46] octavo mayor—se refiere a las hojas de un libro de tamaño regular.

[47] compendiado—incluido entre otros.

[48] Alejandro de Macedonia—Alejandro Magno (356–323 a. de J.C.), conquistador de Egipto y del Cercano Oriente en la Antigüedad.

decir, el conocimiento inmediato de todas las cosas que serán, que son y que han sido en el universo. La tradición enumera noventa y nueve nombres de Dios; los hebraístas atribuyen ese imperfecto número al mágico temor de las cifras pares;[49] los Hasidim razonan que ese hiato[50] señala un centésimo nombre —el Nombre Absoluto.

De esa **erudición**[51] lo distrajo, a los pocos días, la aparición del redactor de la *Yidische Zaitung*. Éste quería hablar del asesinato; Lönnrot prefirió hablar de los diversos nombres de Dios; el periodista declaró en tres columnas que el investigador Erik Lönnrot se había dedicado a estudiar los nombres de Dios para **dar con**[52] el nombre del asesino. Lönnrot, habituado a las simplificaciones del periodismo, no se indignó. Uno de esos tenderos que han descubierto que cualquier hombre se resigna a comprar cualquier libro, publicó una edición popular de la *Historia de la secta de los Hasidim*.

El segundo crimen ocurrió la noche del tres de enero, en el más **desamparado**[53] y vacío de los huecos suburbios occidentales de la capital. Hacia el amanecer, uno de los gendarmes que vigilan a caballo esas soledades vio en el umbral de una antigua pinturería un hombre emponchado,[54] yacente.[55] El duro rostro estaba como enmascarado de sangre; una puñalada profunda le había rajado el pecho. En la pared, sobre los **rombos**[56] amarillos y rojos, había unas palabras en tiza. El gendarme las deletreó . . . Esa tarde, Treviranus y Lönnrot se dirigieron a la remota escena del crimen. A

---

[49] cifras pares—números divisibles por un número entero; por ejemplo, 2, 4, 6.

[50] hiato—pausa; espacio en blanco entre dos números o palabras.

[51] **erudición**—conocimientos; sabiduría.

[52] **dar con**—encontrar; descubrir.

[53] **desamparado**—desprotegido; abandonado.

[54] emponchado—que llevaba poncho, sarape.

[55] yacente—acostado; tumbado; echado.

[56] **rombos**—figuras geométricas parecidas a diamantes.

izquierda y a derecha del automóvil, la ciudad se desintegraba; crecía el firmamento[57] y ya importaban poco las casas y mucho un horno de ladrillos o un **álamo**.[58] Llegaron a su pobre destino: un callejón final de **tapias**[59] rosadas que parecían reflejar de algún modo la **desaforada**[60] puesta de sol. El muerto ya había sido identificado. Era Daniel Simón Azevedo, hombre de alguna fama en los antiguos **arrabales**[61] del Norte, que había ascendido de carrero[62] a guapo[63] electoral, para degenerar después en ladrón y hasta en delator.[64] (El singular estilo de su muerte les pareció adecuado: Azevedo era el último representante de una generación de bandidos que sabía el manejo del puñal, pero no del revólver.) Las palabras de tiza eran las siguientes:

La segunda letra del Nombre ha sido articulada.

El tercer crimen ocurrió la noche del tres de febrero. Poco antes de la una, el teléfono resonó en la oficina del comisario Treviranus. Con ávido sigilo,[65] habló un hombre de voz gutural; dijo que se llamaba Ginzberg (o Ginsburg) y que estaba dispuesto a comunicar, por una remuneración razonable los hechos de los dos sacrificios de Azevedo y de Yarmolinsky. Una discordia de silbidos y de cornetas ahogó la voz del delator. Después, la comunicación se cortó. Sin rechazar aún la posibilidad de una broma (al fin, estaban en **carnaval**[66]) Treviranus

---

[57] firmamento—cielo; espacio sideral.

[58] **álamo**—especie de árbol de zonas templadas.

[59] **tapias**—muros bajos.

[60] **desaforada**—gigantesca; desmedida; extremadamente grande.

[61] **arrabales** (m.)—barrios alejados del centro; cercanías de una ciudad grande.

[62] carrero—el que tiene por oficio hacer carros y carretas; o bien, el que los guía.

[63] guapo—hombre que afrontaba con valor situaciones de riesgo o peligro; hombre prototípico de Buenos Aires a principios del siglo XX, temido y respetado por su valentía.

[64] delator—traidor; soplón.

[65] sigilo—cautela; precaución.

[66] **carnaval**—fiesta que precede a la Cuaresma; gran fiesta callejera a fines de febrero o comienzos de marzo.

indagó[67] que le habían hablado desde *Liverpool House,* taberna de la Rue de Toulon —esa calle salobre[68] en la que conviven el cosmorama[69] y la lechería, el burdel y los vendedores de biblias. Treviranus habló con el patrón. Éste (Black Finnegan, antiguo criminal irlandés, **abrumado**[70] y casi anulado por la decencia) le dijo que la última persona que había empleado el teléfono de la casa era un **inquilino**,[71] un tal Gryphius, que acababa de salir con unos amigos. Treviranus fue en seguida a *Liverpool House.* El patrón le comunicó lo siguiente: Hace ocho días, Gryphius había tomado una pieza en los altos del bar. Era un hombre de **rasgos**[72] afilados, de nebulosa barba gris, trajeado pobremente de negro; Finnegan (que destinaba esa habitación a un empleo que Treviranus adivinó) le pidió un alquiler sin duda excesivo; Gryphius inmediatamente pagó la suma estipulada. No salía casi nunca; cenaba y almorzaba en su cuarto; apenas si le conocían la cara en el bar. Esa noche, bajó a telefonear al **despacho**[73] de Finnegan. Un cupé[74] cerrado se detuvo ante la taberna. El cochero no se movió del pescante;[75] algunos parroquianos[76] recordaron que tenía máscara de oso. Del cupé bajaron dos arlequines;[77] eran de reducida estatura y nadie pudo no observar que estaban muy borrachos. Entre balidos[78] de cornetas,

---

[67] indagó—inquirió; investigó; averiguó.

[68] salobre—de sabor salado por naturaleza.

[69] cosmorama (m.)—espectáculo de diversas vistas proyectadas sobre una pantalla.

[70] **abrumado**—agobiado; sobrecargado de preocupaciones o trabajo.

[71] **inquilino**—huésped; uno que paga por alojamiento.

[72] **rasgos**—facciones; características.

[73] **despacho**—oficina.

[74] cupé (m.)—coche de dos puertas.

[75] pescante (m.)—asiento del cochero.

[76] parroquianos—clientes; vecinos.

[77] arlequines—payasos vestidos con trajes de losanges de distintos colores.

[78] balidos—sonidos propios de las ovejas.

irrumpieron[79] en el escritorio de Finnegan; abrazaron a Gryphius, que pareció reconocerlos, pero que les respondió con frialdad; cambiaron unas palabras en yiddish —él en voz baja, gutural, ellos con voces falsas, agudas— y subieron a la pieza del fondo. Al cuarto de hora bajaron los tres, muy felices; Gryphius, tambaleante, parecía tan borracho como los otros. Iba, alto y vertiginoso, en el medio, entre los arlequines enmascarados. (Una de las mujeres del bar recordó los losanges amarillos, rojos y verdes.) Dos veces tropezó; dos veces lo sujetaron los arlequines. Rumbo a la dársena[80] inmediata, de agua rectangular, los tres subieron al cupé y desaparecieron. Ya en el estribo del cupé, el último arlequín garabateó[81] una figura obscena y una sentencia en una de las pizarras de la recova.[82]

Treviranus vio la sentencia. Era casi previsible: decía: *La última de las letras del Nombre ha sido articulada.*

Examinó, después, la piecita de Gryphius-Ginzberg. Había en el suelo una brusca estrella de sangre; en los rincones, restos de cigarrillos de marca húngara; en un armario, un libro en latín —el *Philologus hebraeograecus* (1739) de Leusden— con varias notas manuscritas. Treviranus lo miró con indignación e hizo buscar a Lönnrot. Éste, sin sacarse el sombrero, se puso a leer, mientras el comisario interrogaba a los contradictorios testigos del secuestro[83] posible. A las cuatro salieron. En la torcida Rue de Toulon, cuando pisaban las serpentinas muertas[84] del alba, Treviranus dijo:

—¿Y si la historia de esta noche fuera un simulacro?[85]

---

[79] irrumpieron—entraron bruscamente.

[80] dársena—sitio donde se reparan barcos fuera del agua.

[81] garabateó—escribió apresuradamente.

[82] recova—puesto en un mercado al aire libre, de compraventa de pollos y huevos.

[83] secuestro—rapto; abducción.

[84] serpentinas muertas—tiras delgadas de papel en espiral que se tiran al aire en ciertas celebraciones, ya usadas y estrujadas.

[85] simulacro—cosa fingida; representación de apariencia real pero falsa.

Erik Lönnrot sonrió y le leyó con toda gravedad un pasaje (que estaba subrayado) de la disertación trigésima tercera del *Philologus: Dies Judaeorum incipit a solis occasu usque ad solis occasum diei sequentis.* Esto quiere decir —agregó—, *El día hebreo empieza al anochecer y dura hasta el siguiente anochecer.*

El otro ensayó una ironía.

—¿Ese dato es el más valioso que usted ha recogido esta noche?

—No. Más valiosa es una palabra que dijo Ginzberg.

Los diarios de la tarde no descuidaron esas desapariciones periódicas. *La Cruz de la Espada* las contrastó con la admirable disciplina y el orden del último Congreso Eremítico;[86] Ernst Palast, en *El Mártir,* **reprobó**[87] "las demoras intolerables de un progrom clandestino y frugal, que ha necesitado tres meses para liquidar tres judíos"; la *Yidische Zaitung* rechazó la hipótesis horrorosa de un complot antisemita, "aunque muchos espíritus penetrantes no admiten otra solución del triple misterio"; el más **ilustre**[88] de los pistoleros del Sur, Dandy Red Scharlach, juró que en su distrito nunca se producirían crímenes de ésos y acusó de culpable negligencia al comisario Franz Treviranus.

Éste recibió, la noche del primero de marzo, un imponente sobre sellado. Lo abrió: el sobre contenía una carta firmada *Baruj Spinoza*[89] y un minucioso plano de la ciudad, arrancado notoriamente de un Baedeker.[90] La carta profetizaba que el tres de marzo no habría un cuarto crimen, pues la pinturería del Oeste, la taberna de la Rue de Toulon y el Hôtel du Nord eran "los vértices

---

[86] Congreso Eremítico—reunión de eremitas, o ermitaños, los que viven en ermitas, capillas o santuarios situados en despoblado.

[87] **reprobó**—criticó; repudió.

[88] **ilustre**—distinguido.

[89] Baruj Spinoza—Baruch Spinoza (1632–1677), filósofo judío, oriundo de Portugal.

[90] Baedeker—nombre de una conocida serie de guías para viajeros.

perfectos de un triángulo equilátero y místico"; el plano demostraba en tinta roja la regularidad de ese triángulo. Treviranus leyó con resignación ese argumento *more geometrico*[91] y mandó la carta y el plano a casa de Lönnrot —indiscutible merecedor de tales locuras.

Erik Lönnrot las estudió. Los tres lugares, en efecto, eran equidistantes. Simetría en el tiempo (3 de diciembre, 3 de enero, 3 de febrero); simetría en el espacio, también . . . Sintió, de pronto, que estaba por **descifrar**[92] el misterio. Un compás y una brújula completaron esa brusca intuición. Sonrió, pronunció la palabra *Tetragrámaton* (de adquisición reciente) y llamó por teléfono al comisario. Le dijo:

—Gracias por ese triángulo equilátero que usted anoche me mandó. Me ha permitido resolver el problema. Mañana viernes los criminales estarán en la cárcel; podemos estar muy tranquilos.

—Entonces ¿no planean un cuarto crimen?

—Precisamente porque planean un cuarto crimen, podemos estar muy tranquilos. —Lönnrot colgó el tubo. Una hora después, viajaba en un tren de los Ferrocarriles Australes, rumbo a la quinta abandonada de Triste-le-Roy. Al sur de la ciudad de mi cuento fluye un ciego riachuelo de aguas barrosas, infamado[93] de curtiembres[94] y de basuras. Del otro lado hay un suburbio fabril[95] donde, al amparo de un caudillo barcelonés, medran[96] los pistoleros. Lönnrot sonrió al pensar que el más afamado —Red Scharlach— hubiera dado cualquier cosa por conocer esa clandestina visita. Azevedo fue compañero de Scharlach: Lönnrot consideró

---

[91] *more geometrico*—basado en la geometría (frase de raíz griega y latina).

[92] **descifrar**—resolver; descubrir.

[93] infamado—infestado.

[94] curtiembre(s) (f.)—curtiduría; lugar donde se curten pieles, donde se prepara el cuero.

[95] fabril—industrial.

[96] medran—viven bien, cada vez mejor; prosperan.

la remota posibilidad de que la cuarta víctima fuera Scharlach. Después, la **desechó**...[97] Virtualmente, había descifrado el problema; las meras circunstancias, la realidad (nombres, arrestos, caras, **trámites**[98] judiciales y carcelarios), apenas le interesaban ahora. Quería pasear, quería descansar de tres meses de sedentaria investigación. Reflexionó que la explicación de los crímenes estaba en un triángulo anónimo y en una polvorienta palabra griega. El misterio casi le pareció cristalino; se abochornó[99] de haberle dedicado cien días.

El tren paró en una silenciosa estación de cargas. Lönnrot bajó. Era una de esas tardes desiertas que parecen amaneceres. El aire de la turbia llanura era húmedo y frío. Lönnrot echó a andar por el campo. Vio perros, vio un furgón[100] en una vía muerta, vio el horizonte, vio un caballo plateado que bebía el agua crapulosa[101] de un charco. Oscurecía cuando vio el mirador rectangular de la quinta de Triste-le-Roy, casi tan alto como los negros eucaliptos que lo rodeaban. Pensó que apenas un amanecer y un **ocaso**[102] (un viejo resplandor en el oriente y otro en el occidente) lo separaban de la hora anhelada por los buscadores del Nombre.

Una herrumbrada[103] verja[104] definía el perímetro irregular de la quinta. El portón principal estaba cerrado. Lönnrot, sin mucha esperanza de entrar, dio toda la vuelta. De nuevo ante el portón infranqueable,[105] metió la mano entre los barrotes, casi maquinalmente, y

---

[97] **desechó**—descartó; rechazó.

[98] **trámites** (m.)—procesos burocráticos; papeleo.

[99] se abochornó—se avergonzó.

[100] furgón—carro de carga ferrocarrilero.

[101] crapulosa—depravada; viciosa.

[102] **ocaso**—atardecer; puesta del sol; crepúsculo vespertino.

[103] herrumbrada—oxidada.

[104] verja—reja; cerca de hierro.

[105] infranqueable—impenetrable.

dio con el pasador. El chirrido del hierro lo sorprendió. Con una pasividad laboriosa, el portón entero cedió.

Lönnrot avanzó entre los eucaliptos, pisando confundidas generaciones de rotas hojas rígidas. Vista de cerca, la casa de la quinta de Triste-le-Roy abundaba en inútiles simetrías y en repeticiones maniáticas: a una Diana[106] glacial en un nicho lóbrego[107] correspondía en un segundo nicho otra Diana; un balcón se reflejaba en otro balcón; dobles escalinatas se abrían en doble balaustrada. Un Hermes[108] de dos caras proyectaba una sombra monstruosa. Lönnrot rodeó la casa como había rodeado la quinta. Todo lo examinó; bajo el nivel de la terraza vio una estrecha persiana

La empujó: unos pocos escalones de mármol descendían a un sótano. Lönnrot, que ya intuía las preferencias del arquitecto, adivinó que en el opuesto muro del sótano había otros escalones. Los encontró, subió, alzó las manos y abrió la trampa de salida.

Un resplandor lo guió a una ventana. La abrió: una luna amarilla y circular definía en el triste jardín dos fuentes cegadas. Lönnrot exploró la casa. Por antecomedores y galerías salió a patios iguales y repetidas veces al mismo patio. Subió por escaleras polvorientas a antecámaras circulares; infinitamente se multiplicó en espejos opuestos; se cansó de abrir o entreabrir ventanas que le revelaban, afuera, el mismo desolado jardín desde varias alturas y varios ángulos; adentro, muebles con fundas amarillas y arañas[109] embaladas en tarlatán.[110] Un dormitorio lo detuvo; en ese dormitorio, una sola flor en una copa de porcelana; al primer roce los pétalos antiguos se deshicieron. En el

---

[106] Diana—estatua de Diana, diosa de los cazadores en la antigua Roma.

[107] lóbrego—oscuro y triste.

[108] Hermes—estatua de Hermes, dios griego de la Antigüedad, hijo de Zeus y su mensajero y embajador.

[109] arañas—lámparas de varios brazos que cuelgan del techo.

[110] embaladas en tarlatán—envueltas en muselina transparente.

segundo piso, en el último, la casa le pareció infinita y creciente. *La casa no es tan grande*, pensó. *La agrandan la penumbra, la simetría, los espejos, los muchos años, mi desconocimiento, la soledad.*

Por una escalera espiral llegó al mirador. La luna de esa tarde atravesaba los losanges de las ventanas; eran amarillos, rojos y verdes. Lo detuvo un recuerdo asombrado y vertiginoso.

Dos hombres de pequeña estatura, feroces y **fornidos**,[111] se arrojaron sobre él y lo desarmaron; otro, muy alto, lo saludó con gravedad y le dijo:

—Usted es muy amable. Nos ha ahorrado una noche y un día.

Era Red Scharlach. Los hombres maniataron a Lönnrot. Éste, al fin, encontró su voz.

—Scharlach ¿usted busca el Nombre Secreto?

Scharlach seguía de pie, indiferente. No había participado en la breve lucha, apenas si alargó la mano para recibir el revólver de Lönnrot. Habló; Lönnrot oyó en su voz una fatigada victoria, un odio del tamaño del universo, una tristeza no menor que aquel odio.

—No —dijo Scharlach—. Busco algo más **efímero**[112] y deleznable,[113] busco a Erik Lönnrot. Hace tres años, en un garito[114] de la Rue de Toulon, usted mismo arrestó, e hizo encarcelar a mi hermano. En un cupé, mis hombres me sacaron del **tiroteo**[115] con una bala policial en el vientre. Nueve días y nueve noches agonicé en esta desolada quinta simétrica; me arrasaba[116] la fiebre, el odioso Jano bifronte[117] que mira los ocasos y las auroras

---

[111] **fornidos**—de complexión recia; fuertes.

[112] **efímero**—pasajero.

[113] deleznable—de poco valor; despreciable.

[114] garito—casa de juego clandestina.

[115] **tiroteo**—numerosos disparos de armas de fuego.

[116] arrasaba—destrozaba; aniquilaba.

[117] Jano bifronte—Jano, dios romano de la Antigüedad, custodio de las puertas; bifronte, porque tenía dos caras para vigilar, mirando en dos direcciones al mismo tiempo.

daba horror a mi ensueño y a mi vigilia. Llegué a abominar de mi cuerpo, llegué a sentir que dos ojos, dos manos, dos pulmones, son tan monstruosos como dos caras. Un irlandés trató de convertirme a la fe de Jesús; me repetía la sentencia de los *goím*:[118] Todos los caminos llevan a Roma. De noche, mi delirio se alimentaba de esa metáfora: yo sentía que el mundo es un laberinto, del cual era imposible huir, pues todos los caminos, aunque fingieran ir al norte o al sur, iban realmente a Roma, que era también la cárcel cuadrangular donde agonizaba mi hermano y la quinta de Triste-le-Roy. En esas noches yo juré por el dios que ve con dos caras y por todos los dioses de la fiebre y de los espejos tejer un laberinto en torno del hombre que había encarcelado a mi hermano. Lo he tejido y es firme: los materiales son un heresiólogo[119] muerto, una brújula, una secta del siglo XVIII, una palabra griega, un puñal, los rombos de una pinturería.

El primer término de la serie me fue dado por el azar. Yo había tramado[120] con algunos colegas —entre ellos, Daniel Azevedo— el robo de los zafiros del Tetrarca. Azevedo nos traicionó: se emborrachó con el dinero que le habíamos adelantado y acometió la empresa el día antes. En el enorme hotel se perdió; hacia las dos de la mañana irrumpió en el dormitorio de Yarmolinsky. Éste, acosado[121] por el insomnio, se había puesto a escribir. Verosímilmente, redactaba unas notas o un artículo sobre el Nombre de Dios; había escrito ya las palabras *La primera letra del Nombre ha sido articulada*. Azevedo le intimó silencio; Yarmolinsky alargó la mano hacia el timbre que despertaría todas las fuerzas del hotel;

---

[118] *goím*—voz hebrea aplicada por judíos a los que no son judíos.

[119] heresiólogo—uno que se dedica al estudio de las herejías, o doctrinas falsas.

[120] **tramado**—planeado.

[121] acosado—perseguido.

Azevedo le dio una sola puñalada en el pecho. Fue casi un movimiento reflejo; medio siglo de violencia le había enseñado que lo más fácil y seguro es matar . . . A los diez días yo supe por la *Yidische Zaitung* que usted buscaba en los escritos de Yarmolinsky la clave de la muerte de Yarmolinsky. Leí la *Historia de la secta de los Hasidim;* supe que el miedo reverente de pronunciar el Nombre de Dios había originado la doctrina de que ese Nombre es todopoderoso y **recóndito**.[122] Supe que algunos Hasidim, en busca de ese Nombre secreto, habían llegado a cometer sacrificios humanos . . . Comprendí que usted conjeturaba que los Hasidim habían sacrificado al rabino; me dediqué a justificar esa conjetura.

Marcelo Yarmolinsky murió la noche del tres de diciembre; para el segundo "sacrificio" elegí la del tres de enero. Murió en el Norte; para el segundo "sacrificio" nos convenía un lugar del Oeste. Daniel Azevedo fue la víctima necesaria. Merecía la muerte: era un impulsivo, un traidor; su captura podía **aniquilar**[123] todo el plan. Uno de los nuestros lo apuñaló; para **vincular**[124] su cadáver al anterior, yo escribí encima de los rombos de la pinturería *La segunda letra del Nombre ha sido articulada.*

El tercer "crimen" se produjo el tres de febrero. Fue, como Treviranus adivinó, un mero simulacro. Gryphius-Ginzberg-Ginsburg soy yo; una semana interminable sobrellevé (suplementado por una tenue barba postiza) en ese perverso cubículo de la Rue de Toulon, hasta que los amigos me secuestraron. Desde el estribo del cupé, uno de ellos escribió en un pilar *La última de las letras del Nombre ha sido articulada.* Esa escritura divulgó que la serie de crímenes era *triple.* Así lo entendió el público; yo, sin embargo, **intercalé**[125]

---

[122] **recóndito**—secreto; difícil de descubrir.

[123] **aniquilar**—destruir por completo; liquidar.

[124] **vincular**—enlazar; conectar.

[125] **intercalé**—metí entre una y otra cosa; inserté.

repetidos indicios para que usted, el razonador Erik Lönnrot, comprendiera que es *cuádruple*. Un **prodigio**[126] en el Norte, otros en el Este y en el Oeste, reclaman un cuarto prodigio en el Sur; el Tetragrámaton —el Nombre de Dios, JHVH— consta de *cuatro* letras; los arlequines y la muestra del pinturero sugieren *cuatro* términos. Yo subrayé cierto pasaje en el manual de Leusden; ese pasaje manifiesta que los hebreos computaban el día de ocaso a ocaso; ese pasaje da a entender que las muertes ocurrieron el *cuatro* de cada mes. Yo mandé el triángulo equilátero a Treviranus. Yo presentí que usted agregaría el punto que falta. El punto que determina un rombo perfecto, el punto que prefija el lugar donde una exacta muerte lo espera. Todo lo he premeditado, Erik Lönnrot, para atraerlo a usted a las soledades de Triste-le-Roy.

Lönnrot evitó los ojos de Scharlach. Miró los árboles y el cielo subdivididos en rombos turbiamente amarillos, verdes y rojos. Sintió un poco de frío y una tristeza impersonal, casi anónima. Ya era de noche; desde el polvoriento jardín subió el grito inútil de un pájaro. Lönnrot consideró por última vez el problema de las muertes simétricas y periódicas.

—En su laberinto sobran tres líneas —dijo por fin—. Yo sé de un laberinto griego que es una línea única, recta. En esa línea se han perdido tantos filósofos que bien puede perderse un mero *detective*. Scharlach, cuando en otro **avatar**[127] usted me dé caza,[128] finja (o cometa) un crimen en A, luego un segundo crimen en B, a 8 kilómetros de A, luego un tercer crimen en C, a 4 kilómetros de A y de B, a mitad de camino entre los dos. **Aguárdeme**[129] después en D, a 2 kilómetros de A y de C, de nuevo a mitad de camino. Máteme en D, como ahora va a matarme en Triste-le-Roy.

---

[126] **prodigio**—fenómeno de la naturaleza; acción asombrosa.

[127] **avatar**—encarnación.

[128] **dé caza**—busque; persiga.

[129] **aguárdeme**—espéreme.

—Para la otra vez que lo mate —replicó Scharlach— le prometo ese laberinto, que consta de una sola línea recta y que es invisible, incesante.

Retrocedió unos pasos. Después, muy cuidadosamente, hizo fuego.

PREGUNTAS

1. ¿Cómo se contrastan, en cuanto detectives, las figuras de Erik Lönnrot y el comisario Franz Treviranus? Resume y compara la actitud profesional de cada uno.

2. Como si fueras tú periodista, enumera los crímenes que tienen lugar en este cuento, dando el qué, el quién, el dónde, el cuándo y el cómo de cada uno. Sé específico.

3. Los colores, especialmente el color rojo, juegan un papel central en este cuento. Desarrolla esta idea, basando tus comentarios en detalles específicos.

4. ¿Cómo se contrastan las dos figuras de Erik Lönnrot y Red Scharlach? ¿En qué detalles ves tú que son como dos caras de una misma moneda?

5. Los números 3 y 4 juegan un papel central en este cuento. ¿De qué forma? Conéctalos con la resolución del misterio que constituye la trama del cuento.

Julio Cortázar ▶

Continuidad de los parques

JULIO CORTÁZAR

*El argentino Julio Cortázar (1914–1984) nació en Bélgica, pero
su familia volvió a la Argentina cuando él tenía cuatro años de
edad. Se formó allí, pero salió permanentemente de Buenos
Aires en 1951, para vivir en Europa como traductor con la
UNESCO. Cortázar es una de las grandes luces del cuento
fantástico hispanoamericano. El cuento "Continuidad de los
parques" (1964) nos presenta el acto ordinario de leer una
novela: acto que, en manos de Cortázar, corta las amarras de
la realidad, causando, en la compleja red de los sucesos, efectos
surrealistas, sobre los cuales el protagonista no tiene control.
El sentido de lo real en este breve relato se desmorona y
desvanece, y resulta alucinante todo intento de deslindar
su traspaso entre realidad y fantasía.*

Había empezado a leer la novela unos días antes. La abandonó por negocios urgentes, volvió a abrirla cuando regresaba en tren a la **finca**;[1] se dejaba interesar lentamente por la **trama**,[2] por el dibujo de los personajes. Esa tarde, después de escribir una carta a su **apoderado**[3] y discutir con el **mayordomo**[4] una cuestión de **aparcerías**,[5] volvió al libro en la tranquilidad del estudio que miraba hacia el parque de los robles. Arrellanado en su sillón favorito, de espaldas a la puerta que lo hubiera molestado como una irritante posibilidad de intrusiones, dejó que su mano izquierda acariciara una y otra vez el **terciopelo**[6] verde y se puso a leer los últimos capítulos. Su memoria retenía sin esfuerzo los nombres y las imágenes de los protagonistas; la ilusión novelesca lo ganó casi en seguida. Gozaba del placer casi perverso de irse desgajando[7] línea a línea de lo que lo rodeaba, y sentir a la vez que su cabeza descansaba cómodamente en el terciopelo del alto respaldo, que los cigarrillos seguían al alcance de la mano, que más allá de los ventanales danzaba el aire del atardecer bajo los robles. Palabra a palabra, absorbido por la sórdida disyuntiva[8] de los héroes, dejándose ir hacia las imágenes que **se concertaban**[9] y adquirían color y movimiento, fue testigo del último encuentro en la cabaña del monte. Primero entraba la mujer, **recelosa**;[10] ahora llegaba el

---

[1] **finca**—propiedad agrícola.

[2] **trama** (f.)—progresión de la acción de una novela; argumento.

[3] **apoderado**—abogado; agente; encargado de los negocios oficiales de una persona.

[4] **mayordomo**—empleado encargado de una finca.

[5] **aparcerías**—contratos por los que el dueño de una propiedad concede a otra persona el beneficio de usarla.

[6] **terciopelo**—especie de tela lustrosa.

[7] desgajando—apartando.

[8] disyuntiva—dilema.

[9] **se concertaban**—se juntaban.

[10] **recelosa**—desconfiada.

amante, lastimada la cara por el chicotazo[11] de una rama. Admirablemente restañaba[12] ella la sangre con sus besos, pero él rechazaba las caricias, no había venido para repetir las ceremonias de una pasión secreta, protegida por un mundo de hojas secas y senderos furtivos. El **puñal**[13] se entibiaba contra su pecho, y debajo latía la libertad agazapada.[14] Un diálogo anhelante corría por las páginas como un arroyo de serpientes, y se sentía que todo estaba decidido desde siempre. Hasta esas caricias que enredaban el cuerpo del amante como queriendo retenerlo y disuadirlo, dibujaban abominablemente la figura de otro cuerpo que era necesario destruir. Nada había sido olvidado: **coartadas**,[15] azares,[16] posibles errores. A partir de esa hora cada instante tenía su empleo minuciosamente atribuido. El doble repaso despiadado se interrumpía apenas para que una mano acariciara una mejilla. Empezaba a anochecer.

Sin mirarse ya, atados rígidamente a la tarea que los esperaba, se separaron en la puerta de la cabaña. Ella debía seguir por la senda que iba al norte. Desde la senda opuesta él se volvió un instante para verla correr con el pelo suelto. Corrió a su vez, parapetándose[17] en los árboles y los setos, hasta distinguir en la bruma[18] malva del **crepúsculo**[19] la alameda que llevaba a la casa. Los perros no debían ladrar, y no ladraron. El mayordomo no estaría a esa hora, y no estaba. Subió los tres peldaños del porche y entró. Desde la sangre galopando en sus

---

[11] chicotazo—golpe; azote.

[12] restañaba—paraba.

[13] **puñal** (m.)—cuchillo; daga.

[14] agazapada—escondida; en espera pero oculta.

[15] **coartadas**—historias preparadas para evadir la culpabilidad.

[16] azares (m.)—casualidades; sucesos imprevistos.

[17] parapetándose—escondiéndose; refugiándose detrás de algo.

[18] bruma (f.)—niebla.

[19] **crepúsculo**—luz tenue que queda al anochecer.

oídos le llegaban las palabras de la mujer: primero una sala azul, después una galería, una escalera alfombrada. En lo alto, dos puertas. Nadie en la primera habitación, nadie en la segunda. La puerta del salón, y entonces el puñal en la mano, la luz de los ventanales, el alto respaldo de un sillón de terciopelo verde, la cabeza del hombre en el sillón leyendo una novela.

PREGUNTAS

1. Haz un breve resumen de lo que ocurre en este cuento, poniendo en orden cronológico los sucesos importantes.

2. Con una impresionante economía de palabras, Cortázar logra comunicar el hecho de que el lector de la novela y la víctima del asesinato relatado en ella, son una y la misma persona. Vuelve sobre el cuento y busca los escasos elementos léxicos y sintácticos que nos convencen de ello.

3. ¿Crees tú que, sin lector que lea la novela referida, el asesinato relatado entre sus páginas ocurriría? ¿Hay algo, más allá de lo obvio, que nos pueda estar diciendo Cortázar?

La noche
boca arriba

JULIO CORTÁZAR

El fenómeno del doble desempeña un papel muy grande en "La noche boca arriba" (1964). Hay también una acción recíproca entre lo que Cortázar llamaba "figuras", es decir, enlaces entre individuos de diversos tiempos y lugares, pues la realidad de su protagonista oscila entre dos planos distintos. Lo real se vuelve incierto, y, en fin, el lector experimenta un universo desordenado e incontrolado.

> **Y salían en ciertas épocas a cazar enemigos;**
> **le llamaban la guerra florida.**[1]

A mitad del largo **zaguán**[2] del hotel pensó que debía ser tarde, y se apuró a salir a la calle y sacar la

---

[1] guerra florida—nombre que daban los aztecas a las expediciones contra tribus vecinas para obtener víctimas para sus ritos religiosos, que exigían sacrificios humanos.

[2] **zaguán**—entrada, o vestíbulo inmediato a la puerta de calle de ciertos edificios o casas.

motocicleta del rincón donde el portero de al lado le permitía guardarla. En la joyería de la esquina vio que eran las nueve menos diez; llegaría con tiempo **sobrado**[3] adonde iba. El sol se filtraba entre los altos edificios del centro, y él —porque para sí mismo, para ir pensando, no tenía nombre— montó en la máquina saboreando el paseo. La moto ronroneaba entre sus piernas, y un viento fresco le chicoteaba[4] los pantalones.

Dejó pasar los **ministerios**[5] (el rosa, el blanco) y la serie de comercios con brillantes vitrinas de la calle Central. Ahora entraba en la parte más agradable del trayecto, el verdadero paseo: una calle larga, bordeada de árboles, con poco tráfico y amplias villas que dejaban venir los jardines hasta las aceras, apenas demarcadas por setos[6] bajos. Quizá algo distraído, pero corriendo sobre la derecha como correspondía, se dejó llevar por la tersura,[7] por la leve crispación[8] de ese día apenas empezado. Tal vez su involuntario relajamiento le impidió prevenir el accidente. Cuando vio que la mujer parada en la esquina **se lanzaba**[9] a la **calzada**[10] a pesar de las luces verdes, ya era tarde para las soluciones fáciles. Frenó con el pie y la mano, desviándose a la izquierda; oyó el grito de la mujer, y junto con el choque perdió la visión. Fue como dormirse de golpe.

Volvió bruscamente del **desmayo**.[11] Cuatro o cinco hombres jóvenes lo estaban sacando de debajo de la moto. Sentía gusto a sal y sangre, le dolía una rodilla, y cuando lo alzaron gritó, porque no podía soportar la

---

[3] **sobrado**—más que suficiente.

[4] chicoteaba—golpeaba.

[5] **ministerios**—secretarías; organismos del gobierno.

[6] setos—cercados con ramas o palos entrecruzados.

[7] tersura—brillantez limpia; lisura.

[8] crispación—contracción de los músculos por algún sentimiento; excitación.

[9] **se lanzaba**—se precipitaba.

[10] **calzada**—calle; camino elevado.

[11] **desmayo**—estado inconsciente.

presión en el brazo derecho. Voces que no parecían pertenecer a las caras suspendidas sobre él, lo **alentaban**[12] con bromas y seguridades. Su único alivio fue oír la confirmación de que había estado en su derecho al cruzar la esquina. Preguntó por la mujer, tratando de dominar la náusea que le ganaba la garganta. Mientras lo llevaban boca arriba hasta una farmacia próxima, supo que la causante del accidente no tenía más que rasguños en las piernas. "Usté la agarró apenas, pero el golpe le hizo saltar la máquina de costado . . . " Opiniones, recuerdos, despacio, éntrenlo de espaldas, así va bien, y alguien con guardapolvo[13] dándole a beber un trago que lo alivió en la **penumbra**[14] de una pequeña farmacia de barrio.

La ambulancia policial llegó a los cinco minutos, y lo subieron a una camilla blanda donde pudo tenderse a gusto. Con toda lucidez, pero sabiendo que estaba bajo los efectos de un shock terrible, dio sus **señas**[15] al policía que lo acompañaba. El brazo casi no le dolía; de una cortadura en la ceja goteaba sangre por toda la cara. Una o dos veces se lamió los labios para beberla. Se sentía bien, era un accidente, mala suerte; unas semanas quieto y nada más. El vigilante le dijo que la motocicleta no parecía muy **estropeada**.[16] "Natural", dijo él. "Como que me la ligué encima . . . " Los dos se rieron, y el vigilante le dio la mano al llegar al hospital y le deseó buena suerte. Ya la náusea volvía poco a poco; mientras lo llevaban en una camilla de ruedas hasta un **pabellón**[17] del fondo, pasando bajo árboles llenos de pájaros, cerró los ojos y deseó estar dormido o cloroformado. Pero lo tuvieron largo rato en una pieza

---

[12] **alentaban**—daban ánimo.

[13] **guardapolvo**—delantal o bata de tela delgada.

[14] **penumbra**—luz débil.

[15] **señas**—domicilio; dirección.

[16] **estropeada**—dañada.

[17] **pabellón**—sección de un hospital.

con olor a hospital, llenando una **ficha**,[18] quitándole la ropa y vistiéndolo con una camisa grisácea y dura. Le movían cuidadosamente el brazo, sin que le doliera. Las enfermeras bromeaban todo el tiempo, y si no hubiera sido por las contracciones del estómago se habría sentido muy bien, casi contento.

Lo llevaron a la sala de radio,[19] y veinte minutos después, con la placa todavía húmeda puesta sobre el pecho como una lápida[20] negra, pasó a la sala de operaciones. Alguien de blanco, alto y delgado, se le acercó y se puso a mirar la radiografía. Manos de mujer le acomodaban la cabeza, sintió que lo pasaban de una camilla a otra. El hombre de blanco se le acercó otra vez, sonriendo, con algo que le brillaba en la mano derecha. Le palmeó la mejilla e hizo una seña a alguien parado atrás.

Como sueño era curioso porque estaba lleno de olores y él nunca soñaba olores. Primero un olor a **pantano**,[21] ya que a la izquierda de la calzada empezaban las marismas, los tembladerales[22] de donde no volvía nadie. Pero el olor cesó, y en cambio vino una fragancia compuesta y oscura como la noche en que se movía huyendo de los aztecas. Y todo era tan natural, tenía que huir de los aztecas que andaban a caza de hombre, y su única probabilidad era la de esconderse en lo más denso de la selva, cuidando de no apartarse de la estrecha calzada que sólo ellos, los motecas,[23] conocían.

Lo que más lo torturaba era el olor, como si aun en la absoluta aceptación del sueño algo se rebelara contra

---

[18] **ficha**—papeleta de datos.

[19] radio—radiografías; rayos equis.

[20] lápida—piedra plana tallada, como las que se colocan sobre una tumba.

[21] **pantano**—terreno húmedo; marisma.

[22] tembladeral(es)—tremedal, lugar pantanoso cuya superficie es movediza.

[23] motecas—tribu ficticia de indígenas mexicanos, nombre inventado por el autor para sugerir "moto", el vehículo del accidente del protagonista.

eso que no era habitual, que hasta entonces no había participado del juego. "Huele a guerra", pensó, tocando instintivamente el puñal de piedra atravesado en su ceñidor[24] de lana tejida. Un sonido inesperado lo hizo agacharse y quedar inmóvil, temblando. Tener miedo no era extraño, en sus sueños abundaba el miedo. Esperó, tapado por las ramas de un arbusto y la noche sin estrellas. Muy lejos, probablemente del otro lado del gran lago, debían estar ardiendo fuegos de vivac;[25] un resplandor rojizo teñía esa parte del cielo. El sonido no se repitió. Había sido como una rama quebrada. Tal vez un animal que escapaba como él del olor de la guerra. Se enderezó despacio, venteando.[26] No se oía nada, pero el miedo seguía allí como el olor, ese incienso dulzón de la guerra florida. Había que seguir, llegar al corazón de la selva evitando las **ciénagas**.[27] A tientas, agachándose a cada instante para tocar el suelo más duro de la calzada, dio algunos pasos. Hubiera querido echar a correr, pero los tembladerales palpitaban a su lado. En el sendero en **tinieblas**,[28] buscó el rumbo. Entonces sintió una bocanada horrible del olor que más temía, y saltó desesperado hacia adelante.

—Se va a caer de la cama —dijo el enfermo de al lado—. No brinque tanto, amigazo.

Abrió los ojos y era de tarde, con el sol ya bajo en los ventanales de la larga sala. Mientras trataba de sonreír a su vecino, se despegó casi físicamente de la última visión de la **pesadilla**.[29] El brazo, enyesado,[30] colgaba de un aparato con pesas y poleas.[31] Sintió sed, como si hubiera estado corriendo kilómetros, pero no querían

---

[24] ceñidor—cinturón.

[25] vivac (m.)—campamento militar.

[26] venteando—olfateando.

[27] **ciénagas**—atascaderos; sitios donde hay cieno, lodo, fango.

[28] **tinieblas**—oscuridad profunda.

[29] **pesadilla**—sueño desagradable.

[30] enyesado—inmovilizado con yeso y vendas, por tener hueso o huesos rotos.

[31] poleas—aparatos con ruedas y cuerdas.

darle mucha agua, apenas para mojarse los labios y hacer un buche.[32] La fiebre lo iba ganando despacio y hubiera podido dormirse otra vez, pero saboreaba el placer de quedarse despierto, entornados los ojos, escuchando el diálogo de los otros enfermos, respondiendo de cuando en cuando a alguna pregunta. Vio llegar un carrito blanco que pusieron al lado de su cama, una enfermera rubia le frotó con alcohol la cara anterior del muslo y le clavó una gruesa aguja conectada con un tubo que subía hasta un frasco lleno de líquido opalino.[33] Un médico joven vino con un aparato de metal y cuero que le ajustó al brazo sano para verificar alguna cosa. Caía la noche, y la fiebre lo iba arrastrando blandamente a un estado donde las cosas tenían un relieve[34] como de **gemelos de teatro**,[35] eran reales y dulces y a la vez ligeramente repugnantes; como estar viendo una película aburrida y pensar que sin embargo en la calle es peor; y quedarse.

Vino una taza de maravilloso caldo de oro oliendo a puerro, a apio, a perejil. Un trocito de pan, más precioso que todo un banquete, se fue desmigajando poco a poco. El brazo no le dolía nada y solamente en la ceja, donde lo habían suturado, chirriaba[36] a veces una **punzada**[37] caliente y rápida. Cuando los ventanales de enfrente viraron[38] a manchas de un azul oscuro, pensó que no le iba a ser difícil dormirse. Un poco incómodo, de espaldas, pero al pasarse la lengua por los labios resecos y calientes sintió el sabor del caldo, y suspiró de felicidad, abandonándose.

---

[32] buche (m.)—bocado de agua.

[33] opalino—del color del ópalo, entre blanco y azulado.

[34] relieve (m.)—apariencia.

[35] **gemelos de teatro**—prismáticos; lentes que aumentan el tamaño de los objetos vistos.

[36] chirriaba—emitía un sonido agudo e irritante.

[37] **punzada**—dolor agudo.

[38] viraron—cambiaron.

Primero fue una confusión, un atraer hacia sí todas las sensaciones por un instante embotadas[39] o confundidas. Comprendía que estaba corriendo en plena oscuridad, aunque arriba el cielo cruzado de copas de árboles era menos negro que el resto. "La calzada", pensó. "Me salí de la calzada." Sus pies se hundían en un colchón de hojas y barro, y ya no podía dar un paso sin que las ramas de los arbustos le **azotaran**[40] el torso y las piernas. Jadeante, sabiéndose acorralado a pesar de la oscuridad y el silencio, se agachó para escuchar. Tal vez la calzada estaba cerca, con la primera luz del día iba a verla otra vez. Nada podía ayudarlo ahora a encontrarla. La mano que, sin saberlo él, **aferraba**[41] el mango del puñal, subió como el escorpión de los pantanos hasta su cuello, donde colgaba el amuleto protector. Moviendo apenas los labios musitó[42] la plegaria[43] del maíz que trae las lunas felices, y la **súplica**[44] a la Muy Alta, a la dispensadora de los bienes motecas. Pero sentía al mismo tiempo que los tobillos se le estaban hundiendo despacio en el barro, y la espera en la oscuridad del chaparral desconocido se le hacía insoportable. La guerra florida había empezado con la luna y llevaba ya tres días y tres noches. Si conseguía refugiarse en lo profundo de la selva, abandonando la calzada más allá de la región de las ciénagas, quizá los guerreros no le siguieran el rastro. Pensó en los muchos prisioneros que ya habrían hecho. Pero la cantidad no contaba, sino el tiempo sagrado. La caza continuaría hasta que los sacerdotes dieran la señal del regreso. Todo tenía su número y su fin, y él estaba dentro del tiempo sagrado, del otro lado de los cazadores.

---

[39] embotadas—menos sensibles.

[40] **azotaran**—golpearan.

[41] **aferraba**—agarraba fuertemente.

[42] musitó—murmuró.

[43] plegaria—rezo; oración.

[44] **súplica**—ruego.

Oyó los gritos y se enderezó de un salto, puñal en mano. Como si el cielo se incendiara en el horizonte, vio antorchas moviéndose entre las ramas, muy cerca. El olor a guerra era insoportable, y cuando el primer enemigo le saltó al cuello casi sintió placer en hundirle[45] la hoja de piedra en pleno pecho. Ya lo rodeaban las luces, los gritos alegres. Alcanzó a cortar el aire una o dos veces, y entonces una **soga**[46] lo atrapó desde atrás.

—Es la fiebre —dijo el de la cama de al lado—. A mí me pasaba igual cuando me operé del duodeno. Tome agua y va a ver que duerme bien.

Al lado de la noche de donde volvía, la penumbra tibia de la sala le pareció deliciosa. Una lámpara violeta velaba en lo alto de la pared del fondo como un ojo protector. Se oía toser, respirar fuerte, a veces un diálogo en voz baja. Todo era grato y seguro, sin ese **acoso**,[47] sin . . . Pero no quería seguir pensando en la pesadilla. Había tantas cosas en qué entretenerse. Se puso a mirar el yeso del brazo, las poleas que tan cómodamente se lo sostenían en el aire. Le habían puesto una botella de agua mineral en la mesa de noche. Bebió del gollete,[48] golosamente.[49] Distinguía ahora las formas de la sala, las treinta camas, los armarios con vitrinas. Ya no debía tener tanta fiebre, sentía fresca la cara. La ceja le dolía apenas, como un recuerdo. Se vio otra vez saliendo del hotel, sacando la moto. ¿Quién hubiera pensado que la cosa iba a acabar así? Trataba de fijar el momento del accidente, y le dio rabia advertir que había ahí como un hueco, un vacío que no alcanzaba a rellenar. Entre el choque y el momento en que lo habían levantado del suelo, un desmayo o lo que fuera no le dejaba ver nada.

---

[45] hundirle—meterle; clavarle.

[46] **soga**—cuerda gruesa.

[47] **acoso**—persecución.

[48] gollete (m.)—cuello de la botella.

[49] golosamente—con gran gusto.

Y al mismo tiempo tenía la sensación de que ese hueco, esa nada, había durado una eternidad. No, ni siquiera tiempo, más bien como si en ese hueco él hubiera pasado a través de algo o recorrido distancias inmensas. El choque, el golpe brutal contra el pavimento. De todas maneras al salir del pozo negro había sentido casi un alivio mientras los hombres lo alzaban del suelo. Con el dolor del brazo roto, la sangre de la ceja partida, la contusión en la rodilla; con todo eso, un alivio al volver al día y sentirse sostenido y **auxiliado**.[50] Y era raro. Le preguntaría alguna vez al médico de la oficina. Ahora volvía a ganarlo el sueño, a tirarlo despacio hacia abajo. La almohada era tan blanda, y en su garganta afiebrada la frescura del agua mineral. Quizá pudiera descansar de veras, sin las malditas pesadillas. La luz violeta de la lámpara en lo alto se iba apagando poco a poco.

Como dormía de espaldas, no lo sorprendió la posición en que volvía a reconocerse, pero en cambio el olor a humedad, a piedra rezumante[51] de filtraciones, le cerró la garganta y lo obligó a comprender. Inútil abrir los ojos y mirar en todas direcciones; lo envolvía una oscuridad absoluta. Quiso enderezarse y sintió las sogas en las muñecas y los tobillos. Estaba estaqueado en el suelo, en un piso de lajas[52] helado y húmedo. El frío le ganaba la espalda desnuda, las piernas. Con el **mentón**[53] buscó torpemente el contacto con su amuleto, y supo que se lo habían arrancado. Ahora estaba perdido, ninguna plegaria podía salvarlo del final. Lejanamente, como filtrándose entre las piedras del **calabozo**,[54] oyó los atabales[55] de la fiesta. Lo habían

---

[50] **auxiliado**—ayudado; socorrido.

[51] rezumante—húmeda.

[52] lajas—piedras lisas y delgadas.

[53] **mentón**—barbilla.

[54] **calabozo**—cárcel; prisión.

[55] atabales—timbales; tambores.

traído al teocalli;[56] estaba en las mazmorras[57] del templo a la espera de su turno.

Oyó gritar, un grito ronco que rebotaba en las paredes. Otro grito, acabando en un quejido. Era él que gritaba en las tinieblas, gritaba porque estaba vivo, todo su cuerpo se defendía con el grito de lo que iba a venir, del final inevitable. Pensó en sus compañeros que llenarían otras mazmorras, y en los que ascendían ya los peldaños del sacrificio. Gritó de nuevo sofocadamente, casi no podía abrir la boca, tenía las mandíbulas agarrotadas[58] y a la vez como si fueran de goma y se abrieran lentamente, con un esfuerzo interminable. El chirriar de los cerrojos lo sacudió como un **látigo**.[59] Convulso, retorciéndose, luchó por **zafarse**[60] de las cuerdas que se le hundían en la carne. Su brazo derecho, el más fuerte, tiraba hasta que el dolor se hizo intolerable y tuvo que ceder. Vio abrirse la doble puerta, y el olor de las antorchas le llegó antes que la luz. Apenas ceñidos[61] con el taparrabos[62] de la ceremonia, los **acólitos**[63] de los sacerdotes se le acercaron mirándolo con **desprecio**.[64] Las luces se reflejaban en los torsos sudados, en el pelo negro lleno de plumas. Cedieron las sogas, y en su lugar lo aferraron manos calientes, duras como bronce; se sintió alzado, siempre boca arriba, tironeado[65] por los cuatro acólitos que lo llevaban por el pasadizo. Los portadores de antorchas iban adelante, alumbrando vagamente el corredor de paredes mojadas y techo tan

---

[56] teocalli (m.)—templo azteca.

[57] mazmorras—calabozos subterráneos.

[58] agarrotadas—apretadas.

[59] **látigo**—correa delgada usada para azotar, para pegar, como castigo.

[60] **zafarse**—desatarse; librarse.

[61] ceñidos—cubiertos.

[62] taparrabos—artículo de ropa que cubre únicamente las partes pudendas.

[63] **acólitos**—ayudantes jovencitos de sacerdotes.

[64] **desprecio**—desdén.

[65] tironeado—jalado; llevado.

bajo que los acólitos debían agachar la cabeza. Ahora lo llevaban, lo llevaban, era el final. Boca arriba, a un metro del techo de roca viva que por momentos se iluminaba con un reflejo de antorcha. Cuando en vez del techo nacieran las estrellas y se alzara frente a él la escalinata **incendiada**[66] de gritos y danzas, sería el fin. El pasadizo no acababa nunca, pero ya iba a acabar, de repente olería el aire libre lleno de estrellas, pero todavía no, andaban llevándolo sin fin en la penumbra roja, tironeándolo brutalmente, y él no quería, pero cómo impedirlo si le habían arrancado el amuleto que era su verdadero corazón, el centro de la vida.

Salió de un brinco a la noche del hospital, al alto cielo raso[67] dulce, a la sombra blanda que lo rodeaba. Pensó que debía haber gritado, pero sus vecinos dormían callados. En la mesa de noche, la botella de agua tenía algo de burbuja, de imagen traslúcida contra la sombra azulada de los ventanales. Jadeó, buscando el alivio de los pulmones, el olvido de esas imágenes que seguían pegadas a sus párpados. Cada vez que cerraba los ojos las veía formarse instantáneamente, y se enderezaba **aterrado**[68] pero gozando a la vez del saber que ahora estaba despierto, que la **vigilia**[69] lo protegía, que pronto iba a amanecer, con el buen sueño profundo que se tiene a esa hora, sin imágenes, sin nada . . . **Le costaba**[70] mantener los ojos abiertos, la **modorra**[71] era más fuerte que él. Hizo un último esfuerzo, con la mano sana esbozó[72] un gesto hacia la botella de agua; no llegó a tomarla, sus dedos se cerraron en un vacío otra vez negro, y el pasadizo seguía interminable, roca tras roca,

---

[66] **incendiada**—encendida; en llamas.

[67] cielo raso—techo.

[68] **aterrado**—lleno de terror.

[69] **vigilia**—condición de estar despierto.

[70] **le costaba**—le era difícil.

[71] **modorra**—sensación de tener sueño.

[72] esbozó—ensayó; inició.

con **súbitas**[73] fulguraciones[74] rojizas, y él boca arriba gimió apagadamente porque el techo iba a acabarse, subía, abriéndose como una boca de sombra, y los acólitos se enderezaban y de la altura una luna menguante le cayó en la cara donde los ojos no querían verla, desesperadamente se cerraban y abrían buscando pasar al otro lado, descubrir de nuevo el cielo raso protector de la sala. Y cada vez que se abrían era la noche y la luna mientras lo subían por la escalinata, ahora con la cabeza colgando hacia abajo, y en lo alto estaban las **hogueras**,[75] las rojas columnas de humo perfumado, y de golpe vio la piedra roja, brillante de sangre que chorreaba, y el **vaivén**[76] de los pies del sacrificado que arrastraban para tirarlo rodando por las escalinatas del norte. Con una última esperanza apretó los párpados, gimiendo por despertar. Durante un segundo creyó que lo lograría, porque otra vez estaba inmóvil en la cama, a salvo del balanceo[77] cabeza abajo. Pero olía la muerte, y cuando abrió los ojos vio la figura ensangrentada del sacrificador que venía hacia él con el cuchillo de piedra en la mano. Alcanzó a cerrar otra vez los párpados, aunque ahora sabía que no iba a despertarse, que estaba despierto, que el sueño maravilloso había sido el otro, absurdo como todos los sueños; un sueño en el que había andado por extrañas avenidas de una ciudad asombrosa, con luces verdes y rojas que ardían sin llama ni humo, con un enorme insecto de metal que **zumbaba**[78] bajo sus piernas. En la mentira infinita de ese sueño también lo habían alzado del suelo, también alguien se le había acercado con un

---

[73] **súbitas**—repentinas.

[74] **fulguraciones**—reflejos movedizos.

[75] **hogueras**—fuegos grandes preparados generalmente para celebrar ocasiones especiales.

[76] **vaivén**—movimiento oscilante; movimiento de ir y venir.

[77] **balanceo**—vaivén.

[78] **zumbaba**—ronroneaba; producía sonidos como los de las moscas y otros insectos al volar.

cuchillo en la mano, a él **tendido**[79] boca arriba, a él boca arriba con los ojos cerrados entre las hogueras.

---

[79] **tendido**—acostado; estirado.

PREGUNTAS

1. Describe en detalle el papel que juega la luz en los dos mundos que experimenta el protagonista de "La noche boca arriba".

2. A lo largo de este cuento, Cortázar ofrece ciertas pistas léxicas, o sea que se vale de ciertas palabras específicas que en este cuento llevan doble acepción. Estas palabras nos ayudan a aceptar el desenlace del cuento. Por ejemplo, *calzada* es tanto una calle de tránsito de vehículos motorizados en una metrópolis, como un sendero elevado entre pantanos en el antiguo valle del Anáhuac de los aztecas. Cortázar emplea la palabra en sus dos sentidos en este cuento.

   "La noche boca arriba" trae otras ambigüedades léxicas que insinúan tintes de realidad en el mundo de los sueños y tintes oníricos en el mundo de la realidad. Busca tú unos pocos ejemplos más de este mismo fenómeno.

3. Compara las simetrías y contrasta las diferencias entre la experiencia del protagonista de "La noche boca arriba" y la de Juan Dahlmann en "El Sur", de Jorge Luis Borges. Al final, ¿queda alguna duda sobre la verdadera identidad del protagonista de "La noche boca arriba", o sobre su verdadera suerte?

4. Comenta las connotaciones posibles del título de este cuento: "La noche boca arriba". Detalla las ocasiones y circunstancias en que el protagonista, vacilando entre una realidad y otra, se encuentra físicamente boca arriba.

Carlos Fuentes ▶

Chac Mool[1]

CARLOS FUENTES

*Uno de los más prolíficos miembros del "Boom" hispanoamericano,
Carlos Fuentes (1928–   ) se formó internacionalmente; durante
su niñez, acompañó a su padre, diplomático mexicano, a Santiago
de Chile, a Río de Janeiro, a Buenos Aires, a Montevideo, a Quito y
a Washington, D.C. Es cuentista, novelista, investigador y ensayista.*

*En "Chac Mool" (1954), cuento de su producción temprana,
Fuentes trata dos de sus intereses más duraderos: la fantasía y
los mitos, aquí los mexicanos, aunque más tarde éstos se
complementarán con otros, de otras culturas. "Chac Mool"
apunta con humor la tendencia en las letras mexicanas de los
años 50 a envolver a la clase media mexicana en antiguos
mitos, hasta tal punto que llegó a ser una fórmula, un lugar
común, o cliché. El cuento fue inspirado en un suceso ocurrido
en 1952: las autoridades enviaron a Europa por barco la
escultura de Chac Mool para participar en una exhibición de*

---

[1] Chac Mool—escultura de un hombre recostado, con las piernas dobladas,
rostro vuelto hacia el hombro, las manos sobre el vientre, y una vasija encima
en que la gente echa monedas para pedir lluvia; estas esculturas se hallan en
el sur de México y puede que sean representaciones de Tláloc, dios azteca de
la lluvia; son hasta hoy día, sin embargo, un enigma para los estudiosos.

arte mexicano. Surgieron tempestades en alta mar, las más fuertes de que se guardaba memoria en el Canal de la Mancha, y por dondequiera que viajaba Chac Mool, las lluvias lo seguían.

Hace poco tiempo, Filiberto murió ahogado en Acapulco. Sucedió en Semana Santa. Aunque despedido de su empleo en la Secretaría,[2] Filiberto no pudo resistir la tentación burocrática de ir, como todos los años, a la **pensión**[3] alemana, comer el *choucrout*[4] endulzado por el sudor de la cocina tropical, bailar el sábado de gloria[5] en La Quebrada, y sentirse «gente conocida» en el oscuro anonimato **vespertino**[6] de la playa de Hornos. Claro, sabíamos que en su juventud había nadado bien, pero ahora, a los cuarenta, y tan desmejorado como se le veía, ¡intentar salvar,[7] y a medianoche, un **trecho**[8] tan largo! Frau Müller no permitió que se velara —cliente tan antiguo— en la pensión; por el contrario, esa noche organizó un baile en la terracita sofocada, mientras Filiberto esperaba, muy pálido en su caja, a que saliera el camión **matutino**[9] de la terminal, y pasó acompañado de huacales[10] y fardos[11] la primera noche de su nueva vida. Cuando llegué, temprano, a vigilar el embarque del **féretro**,[12] Filiberto estaba bajo un túmulo[13] de cocos; el chófer dijo que lo acomodáramos rápidamente en el toldo y lo cubriéramos de lonas, para que no se

---

[2] Secretaría—organismo del gobierno; Ministerio.

[3] **pensión**—casa de huéspedes.

[4] *choucrout*—nombre francés de un plato alemán: col picada en escabeche, de sabor agrio.

[5] sábado de gloria—el día anterior al Domingo de Resurrección.

[6] **vespertino**—del atardecer o anochecer.

[7] salvar—cubrir; atravesar.

[8] **trecho**—distancia.

[9] **matutino**—de la mañana.

[10] huacales (m.)—cajas a modo de jaulas, para transportar objetos varios.

[11] fardos—bultos o paquetes grandes.

[12] **féretro**—caja de muerto; ataúd.

[13] túmulo—sepultura; montículo sobre una tumba; aquí, los cocos.

espantaran los pasajeros, y a ver si no le habíamos echado la sal al viaje.

Salimos de Acapulco, todavía en la brisa.[14] Hasta Tierra Colorada nacieron el calor y la luz. Con el desayuno de huevos y chorizo, abrí el **cartapacio**[15] de Filiberto, recogido el día anterior, junto con sus otras pertenencias, en la pensión de los Müller. Doscientos pesos. Un periódico viejo; cachos[16] de la lotería; el pasaje de ida —¿sólo de ida?—, y el cuaderno barato, de hojas cuadriculadas y tapas de papel mármol.

Me aventuré a leerlo, a pesar de las curvas, el **hedor**[17] a vómito, y cierto sentimiento natural de respeto a la vida privada de mi difunto amigo. Recordaría —sí, empezaba con eso— nuestra **cotidiana**[18] labor en la oficina; quizá, sabría por qué fue declinando, olvidando sus deberes, por qué dictaba oficios sin sentido, ni número, ni «sufragio efectivo».[19] Por qué, en fin, fue corrido,[20] olvidada la **pensión**,[21] sin respetar los escalafones.[22]

"Hoy fui a arreglar lo de mi pensión. El **licenciado**,[23] amabilísimo. Salí tan contento que decidí gastar cinco pesos en un café. Es el mismo al que íbamos de jóvenes y al que ahora nunca concurro,[24] porque me recuerda

---

[14] brisa—niebla; neblina.

[15] **cartapacio**—carpeta o funda para guardar papeles.

[16] cachos—pedazos; billetes.

[17] **hedor**—mal olor; peste.

[18] **cotidiana**—diaria.

[19] "sufragio efectivo"—derecho de votar; lema del Partido Revolucionario Institucional de México (PRI) que en el siglo XX se estampaba en los sobres en el correo, y en los documentos del gobierno.

[20] corrido—despedido; echado del trabajo.

[21] **pensión**—mensualidad que recibe el jubilado, persona retirada de un trabajo con el gobierno.

[22] escalafones—clasificaciones de los empleados y sus sueldos según la duración de su empleo.

[23] **licenciado**—abogado.

[24] concurro—asisto.

que a los veinte años podía darme más **lujos**[25] que a los cuarenta. Entonces todos estábamos en un mismo plano, hubiéramos rechazado con energía cualquier opinión peyorativa hacia los compañeros; de hecho librábamos[26] la batalla por aquellos a quienes en la casa discutían la baja extracción o falta de elegancia. Yo sabía que muchos (quizás los más humildes) llegarían muy alto, y aquí, en la escuela, se iban a forjar[27] las amistades duraderas en cuya compañía cursaríamos el mar bravío.[28] No, no fue así. No hubo reglas. Muchos de los humildes quedaron allí, muchos llegaron más arriba de lo que pudimos pronosticar en aquellas fogosas, amables **tertulias**.[29] Otros, que parecíamos prometerlo todo, quedamos a la mitad del camino, destripados[30] en un examen extracurricular, aislados por una **zanja**[31] invisible de los que triunfaron y de los que nada alcanzaron. En fin, hoy volví a sentarme en las sillas, modernizadas —también, como barricada de una invasión, la fuente de sodas—, y **pretendí**[32] leer **expedientes**.[33] Vi a muchos, cambiados, amnésicos, retocados de luz neón, prósperos. Con el café que casi no reconocía, con la ciudad misma, habían ido cincelándose[34] a ritmo distinto del mío. No, ya no me reconocían, o no me querían reconocer. A lo **sumo**[35] —uno o dos— una mano gorda y rápida en el hombro. *Adiós, viejo, qué tal.* Entre ellos y yo, mediaban[36] los dieciocho

---

[25] **lujos**—cosas deseadas, pero no necesarias.

[26] librábamos—dábamos; iniciábamos.

[27] forjar—crear.

[28] bravío—salvaje; inculto.

[29] **tertulias**—charlas; pláticas; reuniones de varias personas para conversar.

[30] destripados—tronados; derrotados.

[31] **zanja**—trinchera; canal; excavación larga y estrecha.

[32] **pretendí**—intenté; traté de.

[33] **expedientes** (m.)—archivos portátiles; historiales.

[34] cincelándose—pintándose; desenvolviéndose.

[35] **sumo**—máximo.

[36] mediaban—intervenían.

agujeros del Country Club. Me disfracé en los expedientes. Desfilaron[37] los años de las grandes **ilusiones**,[38] de los pronósticos felices, y, también, todas las omisiones que impidieron su realización. Sentí la angustia de no poder meter los dedos en el pasado y pegar los trozos de algún **rompecabezas**[39] abandonado; pero el arcón[40] de los juguetes se va olvidando, y al cabo, quién sabrá a dónde fueron a dar los soldados de plomo, los cascos, las espadas de madera. Los disfraces[41] tan queridos, no fueron más que eso. Y, sin embargo, había habido constancia, disciplina, apego[42] al deber. ¿No era suficiente, o sobraba? No dejaba, en ocasiones, de asaltarme el recuerdo de Rilke.[43] La gran recompensa de la aventura de juventud debe ser la muerte; jóvenes, debemos partir con todos nuestros secretos. Hoy, no tendría que volver la vista a las ciudades de sal. ¿Cinco pesos? Dos de propina.

Pepe, aparte de su pasión por el derecho mercantil, gusta de teorizar. Me vio salir de Catedral, y juntos nos encaminamos a Palacio. El es **descreído**,[44] pero no le basta: en media cuadra tuvo que fabricar una teoría. Que si no fuera mexicano, no adoraría a Cristo, y —No, mira, parece evidente. Llegan los españoles y te proponen adores a un Dios, muerto hecho un coágulo, con el costado herido, clavado en una cruz. Sacrificado. Ofrendado. ¿Qué cosa más natural que aceptar un sentimiento tan cercano a todo tu ceremonial, a toda tu

---

[37] desfilaron—pasaron.

[38] **ilusiones**—esperanzas.

[39] **rompecabezas**—diversión que consiste en componer un cuadro con piezas sueltas de formas irregulares.

[40] arcón (m.)—arca grande; cajón.

[41] disfraces (m.)—máscaras.

[42] apego—devoción.

[43] Rilke—Rainer Maria Rilke (1875–1926), poeta y novelista checo que escribía en alemán.

[44] **descreído**—irreligioso; no creyente.

vida . . . ? Figúrate, en cambio, que México hubiera sido conquistado por budistas o mahometanos. No es concebible que nuestros indios veneraran a un individuo que murió de indigestión. Pero un Dios al que no le basta que se sacrifiquen por él, sino que incluso va a que le arranquen el corazón, ¡caramba, **jaque mate**[45] a Huitzilopochtli![46] El cristianismo, en su sentido cálido, sangriento, de sacrificio y liturgia, se vuelve una prolongación natural y novedosa de la religión indígena. Los aspectos de caridad, amor, y la otra mejilla, en cambio, son rechazados. Y todo en México es eso: hay que matar a los hombres para poder creer en ellos.

Pepe conocía mi afición, desde joven, por ciertas formas del arte indígena mexicano. Yo colecciono estatuillas, ídolos, cacharros. Mis fines de semana los paso en Tlaxcala,[47] o en Teotihuacán.[48] Acaso por esto le guste relacionar todas las teorías que elabora para mi consumo con estos temas. Por cierto que busco una réplica razonable del Chac Mool desde hace tiempo, y hoy Pepe me informa de un lugar en la Lagunilla[49] donde venden uno de piedra, y parece que barato. Voy a ir el domingo.

Un guasón[50] pintó de rojo el agua del garrafón en la oficina, con la consiguiente perturbación de las labores. He debido consignarlo al director, a quien sólo le dio mucha risa. El culpable se ha valido de esta circunstancia para hacer sarcasmos a mis costillas el día entero, todo en torno al agua. ¡Ch . . . !

---

[45] **jaque mate**—última jugada en una partida de ajedrez, en que queda atrapado el rey del contrincante.

[46] Huitzilopochtli—dios de la guerra de los antiguos aztecas.

[47] Tlaxcala—estado de México, capital del mismo y destacado sitio arqueológico e histórico; los tlaxcaltecas fueron aliados de los españoles en la conquista de los aztecas.

[48] Teotihuacán—gran centro arqueológico de las culturas prehispánicas de México, no lejos de la Ciudad de México.

[49] la Lagunilla—famoso mercado al aire libre en la Ciudad de México.

[50] guasón—bromista; burlón.

Hoy, domingo, aproveché para ir a la Lagunilla. Encontré el Chac Mool en la tienducha que me señaló Pepe. Es una pieza preciosa, de tamaño natural, y aunque el marchante[51] asegura su originalidad, lo dudo. La piedra es corriente, pero ello no aminora[52] la elegancia de la postura o lo **macizo**[53] del bloque. El desleal vendedor le ha embarrado salsa de tomate en la barriga para convencer a los turistas de la autenticidad sangrienta de la escultura.

El traslado a la casa me costó más que la adquisición. Pero ya está aquí, por el momento en el sótano mientras reorganizo mi cuarto de trofeos a fin de darle cabida. Estas figuras necesitan sol, vertical y fogoso; ése fue su elemento y condición. Pierde mucho en la oscuridad del sótano, como simple bulto **agónico**,[54] y su mueca parece reprocharme que le niegue la luz. El comerciante tenía un **foco**[55] exactamente vertical a la escultura, que recortaba todas las aristas,[56] y le daba una expresión más amable a mi Chac Mool. Habrá que seguir su ejemplo.

Amanecí con la tubería[57] descompuesta. Incauto,[58] dejé correr el agua de la cocina, y se desbordó, corrió por el suelo y llegó hasta el sótano, sin que me percatara.[59] El Chac Mool resiste la humedad, pero mis maletas sufrieron; y todo esto, en día de labores, me ha obligado a llegar tarde a la oficina.

---

[51] marchante—vendedor o comprador, sobre todo en los mercados populares.

[52] aminora—reduce.

[53] **macizo**—pesado; sólido.

[54] **agónico**—en trance de morir; moribundo.

[55] **foco**—bombillo eléctrico; bombilla.

[56] aristas—puntas; bordes agudos.

[57] tubería—tubos de desagüe; drenaje.

[58] incauto—descuidado; imprudente.

[59] percatara—diera cuenta.

Vinieron, por fin, a arreglar la tubería. Las maletas, torcidas. Y el Chac Mool, con lama[60] en la base.»

Desperté a la una: había escuchado un quejido terrible. Pensé en ladrones. Pura imaginación.»

Los lamentos nocturnos han seguido. No sé a qué atribuirlo, pero estoy nervioso. Para colmo de males, la tubería volvió a descomponerse, y las lluvias se han colado,[61] inundando el sótano.

El plomero no viene, estoy desesperado. Del Departamento del Distrito Federal, más vale no hablar. Es la primera vez que el agua de las lluvias no obedece a las coladeras y viene a dar a mi sótano. Los quejidos han cesado: vaya una cosa por otra.

Secaron el sótano, y el Chac Mool está cubierto de lama. Le da un aspecto grotesco, porque toda la masa de la escultura parece padecer de una erisipela[62] verde, salvo los ojos, que han permanecido de piedra. Voy a aprovechar el domingo para raspar el **musgo**.[63] Pepe me ha recomendado cambiarme a un apartamiento, y en el último piso, para evitar estas tragedias acuáticas. Pero no puedo dejar este caserón, ciertamente muy grande para mí solo, un poco **lúgubre**[64] en su arquitectura porfiriana,[65] pero que es la única herencia y recuerdo de mis padres. No sé qué me daría ver una fuente de sodas

---

[60] lama (f.)—capa de fango o musgo.

[61] colado—penetrado.

[62] erisipela—dermatosis contagiosa, que manifiesta una placa cutánea roja.

[63] **musgo**—planta verde que crece en la superficie de rocas o árboles en lugares húmedos.

[64] **lúgubre**—triste.

[65] porfiriana—de la época de Porfirio Díaz, dictador de México desde 1884 hasta 1910.

con sinfonola[66] en el sótano y una casa de decoración en la planta baja.

Fui a raspar la lama del Chac Mool con una espátula. El musgo parecía ya parte de la piedra; fue labor de más de una hora, y sólo a las seis de la tarde pude terminar. No era posible distinguir en la penumbra, y al dar fin al trabajo, con la mano seguí los contornos de la piedra. Cada vez que repasaba el bloque parecía reblandecerse. No quise creerlo: era ya casi una pasta. Este mercader de la Lagunilla me ha timado.[67] Su escultura precolombina es puro yeso, y la humedad acabará por arruinarla. Le he puesto encima unos trapos, y mañana la pasaré a la pieza de arriba, antes de que sufra un deterioro total.

Los trapos están en el suelo. Increíble. Volví a palpar el Chac Mool. Se ha endurecido, pero no vuelve a la piedra. No quiero escribirlo: hay en el torso algo de la textura de la carne, lo aprieto como goma, siento que algo corre por esa figura recostada . . . Volví a bajar en la noche. No cabe duda: el Chac Mool tiene **vello**[68] en los brazos.

Esto nunca me había sucedido. Tergiversé[69] los asuntos en la oficina: giré[70] una orden de pago que no estaba autorizada, y el director tuvo que llamarme la atención. Quizá me mostré hasta descortés con los compañeros. Tendré que ver a un médico, saber si es imaginación, o delirio, o qué, y deshacerme de ese maldito Chac Mool."

---

[66] sinfonola—tocadiscos antiguo que se operaba a base de monedas.

[67] timado—defraudado; engañado.

[68] **vello**—pelitos cortos, por ejemplo los que cubren los brazos y las piernas.

[69] tergiversé—torcí; enrevesé; confundí.

[70] giré—escribí.

Hasta aquí, la escritura de Filiberto era la vieja, la que tantas veces vi en memoranda y formas, ancha y ovalada. La entrada del 25 de agosto, parecía escrita por otra persona. A veces como niño, separando trabajosamente cada letra; otras, nerviosa, hasta **diluirse**[71] en lo ininteligible. Hay tres días vacíos, y el relato continúa:

"Todo es tan natural; y luego, se cree en lo real . . . , pero esto lo es, más que lo creído por mí. Si es real un garrafón, y más, porque nos damos mejor cuenta de su existencia, o estar, si un bromista pinta de rojo el agua . . . Real bocanada de cigarro **efímera**,[72] real imagen monstruosa en un espejo de circo, reales, ¿no lo son todos los muertos, presentes y olvidados . . . ? Si un hombre atravesara el Paraíso en un sueño, y le dieran una flor como prueba de que había estado allí, y si al despertar encontrara esa flor en su mano . . . , ¿entonces, qué . . . ? Realidad: cierto día la quebraron en mil pedazos, la cabeza fue a dar allá, la cola aquí, y nosotros no conocemos más que uno de los trozos desprendidos de su gran cuerpo. Océano libre y ficticio, sólo real cuando se le aprisiona en un **caracol**.[73] Hasta hace tres días, mi realidad lo era al grado de haberse borrado hoy: era movimiento reflejo, rutina, memoria, cartapacio. Y luego, como la tierra que un día tiembla para que recordemos su poder, o la muerte que llegará, recriminando mi olvido de toda la vida, se presenta otra realidad que sabíamos estaba allí, mostrenca,[74] y que debe sacudirnos para hacerse viva y presente. Creía, nuevamente, que era imaginación: el Chac Mool, blando y elegante, había cambiado de color en una noche;

---

[71] **diluirse**—disolverse.

[72] **efímera**—de corta duración; pasajera.

[73] **caracol** (m.)—concha en forma de espiral.

[74] mostrenca—sin dueño; huérfana.

amarillo, casi dorado, parecía indicarme que era un Dios, por ahora laxo,[75] con las rodillas menos tensas que antes, con la sonrisa más benévola. Y ayer, por fin, un despertar sobresaltado, con esa seguridad espantosa de que hay dos respiraciones en la noche, de que en la oscuridad laten más pulsos que el propio. Sí, se escuchaban pasos en la escalera. Pesadilla. Vuelta a dormir . . . No sé cuánto tiempo pretendí dormir. Cuando volví a abrir los ojos, aún no amanecía. El cuarto olía a horror, a incienso y sangre. Con la mirada negra, recorrí la recámara, hasta detenerme en dos orificios de luz parpadeante, en dos flámulas[76] crueles y amarillas.

Casi sin aliento encendí la luz.

Allí estaba Chac Mool, erguido,[77] sonriente, ocre,[78] con su barriga encarnada. Me paralizaban los dos ojillos, casi bizcos, muy pegados a la nariz triangular. Los dientes inferiores, mordiendo el labio superior, inmóviles; sólo el brillo del casquetón[79] cuadrado sobre la cabeza anormalmente voluminosa, delataba[80] vida. Chac Mool avanzó hacia la cama; entonces empezó a llover."

Recuerdo que a fines de agosto, Filiberto fue despedido de la Secretaría, con una recriminación pública del director, y rumores de locura y aun robo. Esto no lo creía. Sí vi unos oficios **descabellados**,[81] preguntando al Oficial Mayor si el agua podía olerse, ofreciendo sus servicios al Secretario de Recursos Hidráulicos para hacer llover en el desierto. No supe qué explicación darme; pensé que las lluvias

---

[75] laxo—flojo; relajado; cómodo.

[76] flámulas—flores blancas que tienen colores combinados.

[77] erguido—recto; enderezado.

[78] ocre—oscuro; negro.

[79] casquetón—casco; yelmo.

[80] delataba—revelaba.

[81] **descabellados**—locos; disparatados.

excepcionalmente fuertes, de ese verano, lo habían enervado. O que alguna depresión moral debía producir la vida en aquel caserón antiguo, con la mitad de los cuartos bajo llave y empolvados, sin criados ni vida de familia. Los apuntes siguientes son de fines de septiembre:

"Chac Mool puede ser simpático cuando quiere . . . , un glu-glu de agua embelesada . . .[82] Sabe historias fantásticas sobre los monzones,[83] las lluvias ecuatoriales, el castigo de los desiertos; cada planta arranca de su paternidad mítica: el sauce, su hija descarriada;[84] los lotos,[85] sus mimados; su suegra: el cacto. Lo que no puedo tolerar es el olor, extrahumano, que emana de esa carne que no lo es, de las **chanclas**[86] flameantes[87] de ancianidad. Con risa estridente, el Chac Mool revela cómo fue descubierto por Le Plongeon,[88] y puesto, físicamente, en contacto con hombres de otros símbolos. Su espíritu ha vivido en el cántaro y la tempestad, natural; otra cosa es su piedra, y haberla arrancado al escondite es artificial y cruel. Creo que nunca lo perdonará el Chac Mool. Él sabe de la inminencia del hecho estético.

He debido proporcionarle[89] sapolio[90] para que se lave el estómago que el mercader le **untó**[91] de *ketchup* al creerlo azteca. No pareció gustarle mi pregunta sobre su

---

[82] embelesada—hipnotizada; hechizada.

[83] monzones—vientos periódicos en el sureste de Asia.

[84] descarriada—desorientada; desmandada; descarrilada.

[85] lotos—plantas herbáceas, de hojas circulares flotantes.

[86] **chanclas**—sandalias viejas; zapatillas viejas.

[87] flameantes—que echan llamas.

[88] Le Plongeon—Augustus Le Plongeon (1826–1908), arqueólogo francés, quien descubrió por primera vez la escultura de Chac Mool en Chichén Itzá, en 1876, y la sacó de allí.

[89] proporcionarle—darle.

[90] sapolio—propiamente, Sapolio, por ser marca registrada de una limpiadora muy popular hacia fines del siglo XIX.

[91] **untó**—embarró; puso en la superficie.

parentesco con Tláloc, y, cuando se enoja, sus dientes, de por sí repulsivos, se afilan y brillan. Los primeros días, bajó a dormir al sótano; desde ayer, en mi cama.

Ha empezado la temporada seca. Ayer, desde la sala en la que duermo ahora, comencé a oír los mismos lamentos roncos del principio, seguidos de ruidos terribles. Subí y entreabrí la puerta de la recámara: el Chac Mool estaba rompiendo las lámparas, los muebles; saltó hacia la puerta con las manos arañadas, y apenas pude cerrar e irme a esconder al baño . . . Luego, bajó jadeante y pidió agua; todo el día tiene corriendo las llaves, no queda un centímetro seco en la casa. Tengo que dormir muy abrigado, y le he pedido no **empapar**[92] la sala más[*].

El Chac Mool inundó hoy la sala. Exasperado, dije que lo iba a devolver a la Lagunilla. Tan terrible como su risilla —horrorosamente distinta a cualquier risa de hombre o animal— fue la **bofetada**[93] que me dio, con ese brazo cargado de brazaletes pesados. Debo reconocerlo: soy su prisionero. Mi idea original era distinta: yo dominaría al Chac Mool, como se domina a un juguete; era, acaso, una prolongación de mi seguridad infantil; pero la niñez —¿quién lo dijo?— es fruto comido por los años, y yo no me he dado cuenta . . . Ha tomado mi ropa, y se pone las batas cuando empieza a **brotarle**[94] musgo verde. El Chac Mool está acostumbrado a que se le obedezca, por siempre; yo, que nunca he debido mandar, sólo puedo doblegarme.[95] Mientras no llueva —¿y su poder mágico?— vivirá **colérico**[96] o irritable.

---

[*] Filiberto no explica en qué lengua se entendía con el Choc Mool.

---

[92] **empapar**—mojar por completo.

[93] **bofetada**—golpe dado en la cara.

[94] **brotarle**—salirle.

[95] **doblegarme**—ceder; conformarme.

[96] **colérico**—airado; enojado; de mal humor.

Hoy descubrí que en las noches el Chac Mool sale de la casa. Siempre, al obscurecer, canta una canción chirriona[97] y anciana, más vieja que el canto mismo. Luego, cesa. Toqué varias veces a su puerta, y cuando no me contestó, me atreví a entrar. La recámara, que no había vuelto a ver desde el día en que intentó atacarme la estatua, está en ruinas, y allí se concentra ese olor a incienso y sangre que ha permeado la casa. Pero, detrás de la puerta, hay huesos: huesos de perros, de ratones y gatos. Esto es lo que roba en la noche el Chac Mool para sustentarse. Esto explica los ladridos espantosos de todas las madrugadas.

Febrero, seco. Chac Mool vigila cada paso mío; ha hecho que telefonee a una fonda para que me traigan diariamente arroz con pollo. Pero lo sustraído[98] de la oficina ya se va a acabar. Sucedió lo inevitable: desde el día primero, cortaron el agua y la luz por falta de pago. Pero Chac ha descubierto una fuente pública a dos cuadras de aquí; todos los días hago diez o doce viajes por agua, y él me observa desde la **azotea**.[99] Dice que si intento huir me fulminará;[100] también es Dios del **Rayo**.[101] Lo que él no sabe es que estoy al tanto de sus correrías nocturnas . . . Como no hay luz, debo acostarme a las ocho. Ya debería estar acostumbrado al Chac Mool, pero hace poco, en la obscuridad, me **topé**[102] con él en la escalera, sentí sus brazos helados, las **escamas**[103] de su piel renovada, y quise gritar.

Si no llueve pronto, el Chac Mool va a convertirse en piedra otra vez. He notado su dificultad reciente para

---

[97] chirriona—desentonada; inarmónica; estridente.

[98] sustraído—robado.

[99] **azotea**—tejado plano de una casa.

[100] fulminará—matará instantáneamente con un rayo.

[101] **Rayo**—relámpago.

[102] **topé**—encontré.

[103] **escamas**—elementos o láminas que recubren el cuerpo de los peces.

moverse; a veces se reclina durante horas, paralizado, y parece ser, de nuevo un ídolo. Pero estos reposos sólo le dan nuevas fuerzas para vejarme,[104] arañarme, como si pudiera arrancar algún líquido de mi carne. Ya no tienen lugar aquellos intermedios amables en que relataba viejos cuentos; creo notar un resentimiento concentrado. Ha habido otros indicios que me han puesto a pensar: se está acabando mi **bodega**;[105] acaricia la seda de las batas; quiere que traiga una criada a la casa; me ha hecho enseñarle a usar jabón y lociones. Creo que el Chac Mool está cayendo en tentaciones humanas; incluso hay algo viejo en su cara que antes parecía eterna. Aquí puede estar mi salvación: si el Chac se humaniza, posiblemente todos sus siglos de vida se acumulen en un instante y caiga fulminado. Pero también, aquí, puede germinar[106] mi muerte: el Chac no querrá que asista a su **derrumbe**;[107] es posible que desee matarme.

Hoy aprovecharé la excursión nocturna de Chac para huir. Me iré a Acapulco; veremos qué puede hacerse para adquirir trabajo, y esperar la muerte del Chac Mool: sí, se avecina;[108] está **canoso**,[109] abotagado.[110] Necesito asolearme, nadar, recuperar fuerza. Me quedan cuatrocientos pesos. Iré a la Pensión Müller, que es barata y cómoda. Que se adueñe de todo el Chac Mool: a ver cuánto dura sin mis baldes[111] de agua."

Aquí termina el diario de Filiberto. No quise volver a pensar en su relato; dormí hasta Cuernavaca. De ahí a México pretendí dar coherencia al escrito, relacionarlo

---

[104] vejarme—molestarme; humillarme.

[105] **bodega**—cuartito de una casa, típicamente el sótano, donde se guarda el vino y, a veces, comestibles.

[106] germinar—originar.

[107] **derrumbe** (m.)—desplome; colapso.

[108] avecina—aproxima; acerca.

[109] **canoso**—de pelo gris, o blanco.

[110] abotagado—hinchado; inflado.

[111] baldes—cubos; contenedores de agua.

con exceso de trabajo, con algún motivo sicológico. Cuando a las nueve de la noche llegamos a la terminal, aún no podía concebir la locura de mi amigo. Contraté una camioneta para llevar el féretro a casa de Filiberto y desde allí ordenar su **entierro**.[112]

Antes de que pudiera introducir la llave en la cerradura, la puerta se abrió. Apareció un indio amarillo, en bata de casa, con bufanda. Su aspecto no podía ser más repulsivo; despedía un olor a loción barata; su cara, polveada, quería cubrir las arrugas; tenía la boca embarrada de lápiz labial mal aplicado, y el pelo daba la impresión de estar **teñido**.[113]

—Perdone . . . , no sabía que Filiberto hubiera . . .

—No importa; lo sé todo. Dígales a los hombres que lleven el cadáver al sótano.

---

[112] **entierro**—funeral.

[113] **teñido**—pintado.

PREGUNTAS

1. En la lenta transformación de Chac Mool, experimentamos una violación del orden natural de las cosas en el mundo. Anota algunos de los detalles más importantes de esta transformación.

2. ¿Cómo evoluciona el control psicológico que va cobrando Chac Mool sobre Filiberto?

3. Resume los detalles del decaimiento psicológico de Filiberto. ¿Qué locuras dice? ¿Qué locuras comete? ¿A fuerza de qué presiones específicas lo hace?

4. Sabemos cómo muere Filiberto, pero, ¿quién o qué lo mata? ¿Por qué?

5. Cita ejemplos de la manera en que Fuentes logra el humor en "Chac Mool", ya sea mediante la exageración o al pintar sucesos absurdos o al sorprendernos con situaciones inesperadas. ¿Qué papel juega en la comicidad del cuento el hecho de que Filiberto es un hombre normal, de clase media y de hábitos de vida en todo sentido ordinarios?

Gabriel García Márquez ▶

Un señor muy viejo con unas alas enormes

GABRIEL GARCÍA MÁRQUEZ

*"Un señor muy viejo con unas alas enormes" (1968) es un cuento
garciamarquesco que está mejor visto como parodia. Parodia se
define como la imitación de una pieza escrita que tiene intención
satírica o cómica, exagerando el estilo o el contenido, y realzando
especialmente cualquier debilidad en la estructura o en el
significado que encierra la pieza que se parodia. García Márquez
pone por subtítulo a esta historia: "Un cuento para niños", y lo
que resulta es una parodia de un cuento infantil que satiriza
nuestra idea tradicional de los ángeles, de los estudiosos
medievales y sus investigaciones sobre la realidad, y de la gente
sencilla del pueblo a quienes no les importa maltratar a un
posible ángel caído del cielo, abusando de él peor que de un
animal de circo.*

Al tercer día de lluvia habían matado tantos cangrejos dentro de la casa, que Pelayo tuvo que atravesar su patio anegado[1] para tirarlos en el mar, pues el niño recién nacido había pasado la noche con **calenturas**[2] y se pensaba que era a causa de la pestilencia. El mundo estaba triste desde el martes. El cielo y el mar eran una misma cosa de ceniza, y las arenas de la playa, que en marzo fulguraban[3] como polvo de lumbre, se habían convertido en un caldo de lodo y mariscos **podridos**.[4] La luz era tan **mansa**[5] al mediodía, que cuando Pelayo regresaba a la casa después de haber tirado los cangrejos, **le costó trabajo**[6] ver qué era lo que se movía y se quejaba en el fondo del patio. Tuvo que acercarse mucho para descubrir que era un hombre viejo, que estaba **tumbado**[7] boca abajo en el **lodazal**,[8] y a pesar de sus grandes esfuerzos no podía levantarse, porque se lo impedían sus enormes alas.

Asustado por aquella **pesadilla**,[9] Pelayo corrió en busca de Elisenda, su mujer, que estaba poniéndole compresas al niño enfermo, y la llevó hasta el fondo del patio. Ambos observaron el cuerpo caído con un callado **estupor**.[10] Estaba vestido como un trapero.[11] Le quedaban apenas unas hilachas[12] descoloridas en el cráneo pelado y muy pocos dientes en la boca, y su lastimosa condición de bisabuelo **ensopado**[13] lo había

---

[1] anegado—cubierto de agua; inundado.

[2] **calenturas**—fiebres.

[3] fulguraban—brillaban; refulgían.

[4] **podridos**—echados a perder; corrompidos.

[5] **mansa**—tenue; débil.

[6] **le costó trabajo**—le fue difícil.

[7] **tumbado**—tirado; tendido.

[8] **lodazal** (m.)—terreno lleno de lodo, fango.

[9] **pesadilla**—sueño desagradable, o cosa que lo parece, como en este caso.

[10] **estupor**—asombro; aturdimiento.

[11] trapero—hombre que recoge trapos, o sea, trozos de ropa inservible.

[12] hilachas—hilos; pelos; greñas.

[13] **ensopado**—empapado; muy mojado; hecho una sopa.

desprovisto[14] de toda grandeza. Sus alas de **gallinazo**[15] grande, sucias y medio desplumadas, estaban encalladas[16] para siempre en el lodazal. Tanto lo observaron, y con tanta atención, que Pelayo y Elisenda se sobrepusieron muy pronto del asombro y acabaron por encontrarlo familiar. Entonces se atrevieron a hablarle, y él les contestó en un dialecto incomprensible pero con una voz de **navegante**.[17] Fue así como pasaron por alto el inconveniente de las alas, y concluyeron con muy buen juicio que era un **náufrago**[18] solitario de alguna **nave**[19] extranjera abatida[20] por el temporal.[21] Sin embargo, llamaron para que lo viera a una vecina que sabía todas las cosas de la vida y la muerte, y a ella le bastó con una mirada para sacarlos del error.

—Es un ángel —les dijo—. Seguro que venía por el niño, pero el pobre está tan viejo que lo ha tumbado la lluvia.

Al día siguiente todo el mundo sabía que en casa de Pelayo tenían **cautivo**[22] un ángel de carne y hueso. Contra el **criterio**[23] de la vecina **sabia**,[24] para quien los ángeles de estos tiempos eran **sobrevivientes**[25] fugitivos de una conspiración celestial, no habían tenido corazón para matarlo **a palos**.[26] Pelayo estuvo **vigilándolo**[27] toda la tarde desde la cocina, armado con su garrote de

---

[14] **desprovisto**—privado; carente.

[15] **gallinazo**—buitre; zopilote; carancho.

[16] encalladas—atascadas; estancadas.

[17] **navegante**—marinero.

[18] **naúfrago**—pasajero o tripulante de un barco que se ha hundido.

[19] **nave** (f.)—barco; buque; navío.

[20] abatida—destruida.

[21] temporal (m.)—tempestad; tormenta.

[22] **cautivo**—preso; prisionero.

[23] **criterio**—juicio; opinión.

[24] **sabia**—que sabe mucho; que tiene muchos conocimientos.

[25] **sobrevivientes**—los que se salvan de algún desastre.

[26] **a palos**—con golpes de garrote, o palo.

[27] **vigilándolo**—mirándolo; observándolo.

alguacil,[28] y antes de acostarse lo sacó a rastras del lodazal y lo encerró con las gallinas en el gallinero alambrado. A medianoche, cuando terminó la lluvia, Pelayo y Elisenda seguían matando cangrejos. Poco después el niño despertó sin fiebre y con deseos de comer. Entonces se sintieron **magnánimos**[29] y decidieron poner al ángel en una **balsa**[30] con agua dulce y provisiones para tres días, y abandonarlo a su suerte en altamar. Pero cuando salieron al patio con las primeras luces, encontraron a todo el vecindario frente al gallinero, **retozando**[31] con el ángel sin la menor devoción y echándole cosas de comer por los huecos de las alambradas, como si no fuera una criatura sobrenatural sino un animal de circo.

El padre Gonzaga llegó antes de las siete alarmado por la desproporción de la noticia. A esa hora ya habían **acudido**[32] curiosos menos frívolos que los del amanecer, y habían hecho toda clase de conjeturas sobre el porvenir del cautivo. Los más simples pensaban que sería nombrado alcalde del mundo. Otros, de espíritu más **áspero**,[33] suponían que sería ascendido a general de cinco estrellas para que ganara todas las guerras. Algunos visionarios esperaban que fuera conservado como **semental**[34] para implantar en la tierra una **estirpe**[35] de hombres alados y sabios que se hicieran cargo del universo. Pero el padre Gonzaga, antes de ser cura, había sido **leñador**[36] **macizo**.[37] Asomado a las alambradas repasó en un instante su catecismo, y

---

[28] **alguacil**—oficial municipal, especie de policía.

[29] **magnánimos**—generosos.

[30] **balsa**—embarcación pequeña y plana, hecha de tablas.

[31] retozando—jugando; divirtiéndose.

[32] acudido—venido.

[33] **áspero**—tosco.

[34] semental—padre de muchos descendientes.

[35] **estirpe** (f.)—generación; casta; linaje.

[36] **leñador**—el que, por oficio, corta árboles.

[37] **macizo**—fuerte; robusto.

todavía pidió que le abrieran la puerta para examinar de cerca aquel varón de lástima que más bien parecía una enorme gallina decrépita entre las gallinas absortas. Estaba echado en un rincón, secándose al sol las alas extendidas, entre las cáscaras de frutas y las sobras de desayunos que le habían tirado los **madrugadores**.[38] **Ajeno**[39] a las impertinencias del mundo, apenas si levantó sus ojos de anticuario[40] y murmuró algo en su dialecto cuando el padre Gonzaga entró en el gallinero y le dio los buenos días en latín. El **párroco**[41] tuvo la primera sospecha de su impostura al comprobar que no entendía la lengua de Dios ni sabía saludar a sus ministros. Luego observó que visto de cerca resultaba demasiado humano: tenía un insoportable olor de **intemperie**,[42] el revés de las alas sembrado de algas parasitarias y las plumas mayores maltratadas por vientos terrestres, y nada de su naturaleza miserable estaba de acuerdo con la egregia[43] dignidad de los ángeles. Entonces abandonó el gallinero, y con un breve sermón **previno**[44] a los curiosos contra los **riesgos**[45] de la **ingenuidad**.[46] Les recordó que el demonio tenía la mala costumbre de recurrir a artificios de carnaval para confundir a los incautos.[47] Argumentó que si las alas no eran el elemento esencial para determinar las diferencias entre un gavilán y un aeroplano, mucho menos podían serlo para reconocer a los ángeles. Sin embargo, prometió escribir una carta a su obispo, para

---

[38] **madrugadores**—los que se levantan temprano.

[39] **Ajeno**—indiferente.

[40] anticuario—aficionado a lo antiguo.

[41] **párroco**—cura de iglesia.

[42] **intemperie** (f.)—los elementos del tiempo; el sol, el viento y la lluvia.

[43] egregia—distinguida; alta; muy grande.

[44] **previno**—dio una advertencia.

[45] **riesgos**—peligros.

[46] **ingenuidad**—credulidad; inocencia.

[47] incautos—crédulos, descuidados; desprevenidos.

que éste escribiera otra a su primado y para que éste escribiera otra al Sumo Pontífice,[48] de modo que el veredicto final viniera de los tribunales más altos.

Su prudencia cayó en corazones estériles. La noticia del ángel cautivo se divulgó con tanta rapidez, que al cabo de pocas horas había en el patio un **alboroto**[49] de mercado, y tuvieron que llevar la **tropa**[50] con bayonetas para espantar el tumulto que ya estaba a punto de **tumbar**[51] la casa. Elisenda, con el **espinazo**[52] torcido de tanto barrer basura de feria, tuvo entonces la buena idea de **tapiar**[53] el patio y cobrar cinco centavos por la entrada para ver al ángel.

Vinieron curiosos hasta de la Martinica.[54] Vino una feria ambulante con un acróbata volador, que pasó zumbando varias veces por encima de la **muchedumbre**,[55] pero nadie le hizo caso porque sus alas no eran de ángel sino de murciélago **sideral**.[56] Vinieron en busca de salud los enfermos más **desdichados**[57] del Caribe: una pobre mujer que desde niña estaba contando los **latidos**[58] de su corazón y ya no le alcanzaban los números; un **jamaiquino**[59] que no podía dormir porque lo atormentaba el ruido de las estrellas, un **sonámbulo**[60] que se levantaba de noche a deshacer dormido las cosas que había hecho despierto, y muchos

---

[48] Sumo Pontífice—Papa; el eclesiástico más alto de la Iglesia Católica.

[49] **alboroto**—tumulto; jaleo; escándalo.

[50] **tropa**—grupo de soldados.

[51] **tumbar**—echar abajo.

[52] **espinazo**—columna vertebral.

[53] **tapiar**—poner tapia, o sea, un muro bajo.

[54] Martinica—isla del Caribe, Martinique, colonizada por Francia.

[55] **muchedumbre**—gentío; gran cantidad de gente.

[56] **sideral**—perteneciente al espacio más allá de la atmósfera de la Tierra.

[57] **desdichados**—infelices.

[58] **latidos**—pulsaciones del corazón.

[59] jamaiquino—habitante de Jamaica, isla del Caribe al sur de Cuba, colonizada por Inglaterra.

[60] **sonámbulo**—el que camina dormido.

otros de menor gravedad. En medio de aquel desorden de **naufragio**[61] que hacía temblar la tierra, Pelayo y Elisenda estaban felices de cansancio, porque en menos de una semana atiborraron[62] de plata los dormitorios, y todavía la fila de **peregrinos**[63] que esperaban turno para entrar llegaba hasta el otro lado del horizonte.

El ángel era el único que no participaba de su propio acontecimiento. El tiempo se le iba en buscar acomodo en su nido prestado, **aturdido**[64] por el calor de infierno de las lámparas de aceite y las velas de sacrificio que le arrimaban[65] a las alambradas. Al principio trataron de que comiera cristales de alcanfor,[66] que, de acuerdo con la sabiduría de la vecina sabia, era el alimento específico de los ángeles. Pero él los despreciaba, como despreció sin probarlos los almuerzos papales[67] que le llevaban los penitentes, y nunca se supo si fue por ángel o por viejo que terminó comiendo nada más que papillas de berenjena.[68] Su única virtud sobrenatural parecía ser la paciencia. Sobre todo en los primeros tiempos, cuando lo picoteaban las gallinas en busca de los parásitos **estelares**[69] que proliferaban en sus alas, y los baldados[70] le arrancaban plumas para tocarse con ellas sus defectos, y hasta los más piadosos[71] le tiraban piedras tratando de que se levantara para verlo de cuerpo entero. La única vez que consiguieron **alterarlo**[72] fue

---

[61] **naufragio**—hundimiento de un barco; desastre marítimo.

[62] atiborraron—llenaron hasta los topes.

[63] **peregrinos**—viajeros que van a un lugar santo.

[64] **aturdido**—ofuscado; desconcertado; atolondrado; alterado.

[65] arrimaban—acercaban.

[66] cristales de alcanfor—bolitas de esta sustancia blanca, de olor penetrante, que se evapora a temperatura normal; se usa para proteger la ropa de la polilla.

[67] papales—apropiados para el Papa; magníficos.

[68] papillas de berenjena—pulpa de este vegetal color marrón y de forma oval o alargada.

[69] **estelares**—pertenecientes a las estrellas.

[70] baldados—impedidos; minusválidos.

[71] piadosos—religiosos; devotos.

[72] **alterarlo**—enojarlo; enfadarlo.

cuando le **abrasaron**[73] el costado con un hierro de marcar novillos,[74] porque llevaba tantas horas de estar inmóvil que lo creyeron muerto. Despertó sobresaltado, despotricando[75] en lengua **hermética**[76] y con los ojos en lágrimas, y dio un par de aletazos[77] que provocaron un remolino de estiércol[78] de gallinero y polvo lunar, y un ventarrón[79] de pánico que no parecía de este mundo. Aunque muchos creyeron que su reacción no había sido de rabia sino de dolor, desde entonces se cuidaron de no molestarlo, porque la mayoría entendió que su pasividad no era la de un héroe en uso de buen retiro sino la de un **cataclismo**[80] en reposo.

El padre Gonzaga se enfrentó a la frivolidad de la muchedumbre con fórmulas de inspiración doméstica, mientras le llegaba un juicio **terminante**[81] sobre la naturaleza del cautivo. Pero el correo de Roma había perdido la noción de la urgencia. El tiempo se les iba en averiguar si el convicto tenía ombligo, si su dialecto tenía algo que ver con el arameo,[82] si podía caber muchas veces en la punta de un alfiler, o si no sería simplemente un noruego con alas. Aquellas cartas de parsimonia[83] habrían ido y venido hasta el fin de los siglos, si un acontecimiento providencial no hubiera puesto término a las tribulaciones del párroco.

Sucedió que por esos días, entre muchas otras atracciones de las ferias errantes[84] del Caribe, llevaron al

---

[73] **abrasaron**—quemaron.

[74] novillos—toros que todavía no han alcanzado su plena madurez.

[75] despotricando—diciendo barbaridades; protestando.

[76] **hermética**—secreta; ininteligible; indescifrable; impenetrable.

[77] aletazos—movimientos con las alas.

[78] estiércol (m.)—fertilizante formado por el excremento de las gallinas.

[79] ventarrón—ola o ráfaga de viento.

[80] **cataclismo**—catástrofe.

[81] **terminante**—definitivo.

[82] arameo—idioma que se hablaba antiguamente en el Cercano Oriente.

[83] parsimonia—lentitud.

[84] ferias errantes—ferias ambulantes, que viajan de pueblo en pueblo.

pueblo el espectáculo triste de la mujer que se había convertido en araña por desobedecer a sus padres. La entrada para verla no sólo costaba menos que la entrada para ver al ángel, sino que permitían hacerle toda clase de preguntas sobre su absurda condición, y examinarla al derecho y al revés, de modo que nadie pusiera en duda la verdad del horror. Era una tarántula espantosa del tamaño de un carnero y con la cabeza de una doncella[85] triste. Pero lo más **desgarrador**[86] no era su figura de **disparate**,[87] sino la sincera aflicción con que contaba los **pormenores**[88] de su **desgracia**:[89] siendo casi una niña se había escapado de la casa de sus padres para ir a un baile, y cuando regresaba por el bosque después de haber bailado toda la noche sin permiso, un trueno pavoroso[90] abrió el cielo en dos mitades, y por aquella grieta[91] salió el relámpago de azufre[92] que la convirtió en araña. Su único alimento eran las bolitas de carne molida que las almas caritativas quisieran echarle en la boca. Semejante espectáculo, cargado de tanta verdad humana y de tan temible **escarmiento**,[93] tenía que derrotar sin proponérselo al de un ángel despectivo[94] que apenas si se dignaba[95] mirar a los mortales. Además los escasos milagros que se le atribuían al ángel revelaban un cierto desorden mental, como el del ciego que no recobró la visión pero le salieron tres dientes nuevos, y el del paralítico que no

---

[85] doncella—señorita.

[86] **desgarrador**—muy triste; que emociona mucho.

[87] **disparate** (m.)—dicho o hecho grotesco.

[88] **pormenores** (m.)—detalles.

[89] **desgracia**—infortunio; adversidad; desventura; tribulación.

[90] pavoroso—espantoso.

[91] grieta—hueco; abertura; boquete; rotura.

[92] azufre (m.)—elemento químico amarillo, que arde con llama azul, y que produce un olor acre característico, asociado con el infierno y con el diablo.

[93] **escarmiento**—lección moral aprendida por experiencia propia.

[94] despectivo—despreciativo; altanero; arrogante.

[95] se dignaba—se tomaba la molestia.

pudo andar pero estuvo a punto de ganarse la lotería, y el del leproso a quien le nacieron **girasoles**[96] en las heridas. Aquellos milagros de consolación que más bien parecían entretenimientos de burla, habían quebrantado ya la reputación del ángel cuando la mujer convertida en araña terminó de **aniquilarla**.[97] Fue así como el padre Gonzaga se curó para siempre del insomnio, y el patio de Pelayo volvió a quedar tan solitario como en los tiempos en que llovió tres días y los cangrejos caminaban por los dormitorios.

Los dueños de la casa no tuvieron nada que lamentar. Con el dinero **recaudado**[98] construyeron una mansión de dos plantas, con balcones y jardines, y con **sardineles**[99] muy altos para que no se metieran los cangrejos del invierno, y con barras de hierro en las ventanas para que no se metieran los ángeles. Pelayo estableció además un criadero de conejos muy cerca del pueblo y renunció para siempre a su mal empleo de alguacil, y Elisenda se compró unas zapatillas satinadas de tacones altos y muchos vestidos de seda tornasol,[100] de los que usaban las señoras más codiciadas en los domingos de aquellos tiempos. El gallinero fue lo único que no mereció atención. Si alguna vez lo lavaron con creolina[101] y quemaron las lágrimas de mirra[102] en su interior, no fue por hacerle honor al ángel, sino por **conjurar**[103] la pestilencia de **muladar**[104] que ya andaba como un fantasma por todas partes y estaba volviendo

---

[96] **girasoles**—flores de tallo alto, que siempre dan la cara al sol.

[97] **aniquilarla**—destruirla por completo.

[98] **recaudado**—recogido; reunido.

[99] sardineles (m.)—barreras de ladrillos.

[100] seda tornasol—tela fulgurante, brillante.

[101] creolina—solución jabonosa usada para limpiar, obtenida del alquitrán, sustancia natural resinosa.

[102] lágrimas de mirra—pequeñas cantidades de una resina roja y aromática exudada por ciertos árboles.

[103] **conjurar**—ahuyentar; alejar.

[104] **muladar** (m.)—sitio lleno de porquería, suciedades.

vieja la casa nueva. Al principio, cuando el niño aprendió a caminar, se cuidaron de que no estuviera muy cerca del gallinero. Pero luego se fueron olvidando del temor y acostumbrándose a la peste, y antes de que el niño mudara los dientes se había metido a jugar dentro del gallinero, cuyas alambradas podridas se caían a pedazos. El ángel no fue menos **displicente**[105] con él que con el resto de los mortales, pero soportaba las **infamias**[106] más ingeniosas con una **mansedumbre**[107] de perro sin ilusiones. Ambos contrajeron la varicela al mismo tiempo. El médico que atendió al niño no resistió a la tentación de **auscultar**[108] al ángel, y le encontró tantos soplos en el corazón y tantos ruidos en los riñones, que no le pareció posible que estuviera vivo. Lo que más le asombró, sin embargo, fue la lógica de sus alas. Resultaban tan naturales en aquel organismo completamente humano, que no podía entender por qué no las tenían también los otros hombres.

Cuando el niño fue a la escuela, hacía mucho tiempo que el sol y la lluvia habían **desbaratado**[109] el gallinero. El ángel andaba arrastrándose por acá y por allá como un moribundo sin dueño. Lo sacaban a escobazos de un dormitorio y un momento después lo encontraban en la cocina. Parecía estar en tantos lugares al mismo tiempo, que llegaron a pensar que **se desdoblaba**,[110] que se repetía a sí mismo por toda la casa, y la exasperada Elisenda gritaba **fuera de quicio**[111] que era una desgracia vivir en aquel infierno lleno de ángeles. Apenas si podía comer, sus ojos de anticuario se le habían vuelto tan turbios que andaba tropezando con

---

[105] **displicente**—desagradable; de mal humor.

[106] **infamias**—bajezas.

[107] **mansedumbre**—pasividad; resignación.

[108] **auscultar**—examinar con estetoscopio.

[109] **desbaratado**—echado abajo; deshecho.

[110] **se desdoblaba**—se multiplicaba.

[111] **fuera de quicio**—frenética; furiosa; rabiosa.

los horcones,[112] y ya no le quedaban sino las cánulas[113] peladas de las últimas plumas. Pelayo le echó encima una manta y le hizo la caridad de dejarlo dormir en el cobertizo, y sólo entonces advirtieron que pasaba la noche con calenturas delirantes en **trabalenguas**[114] de noruego viejo. Fue ésa una de las pocas veces en que se alarmaron, porque pensaban que se iba a morir, y ni siquiera la vecina sabia había podido decirles qué se hacía con los ángeles muertos.

Sin embargo, no sólo sobrevivió a su peor invierno, sino que pareció mejor con los primeros soles. Se quedó inmóvil muchos días en el rincón más apartado del patio, donde nadie lo viera, y a principios de diciembre empezaron a nacerle en las alas unas plumas grandes y duras, plumas de pajarraco[115] viejo, que más bien parecían un nuevo **percance**[116] de la decrepitud. Pero él debía conocer la razón de esos cambios, porque se cuidaba muy bien de que nadie los notara, y de que nadie oyera las canciones de navegantes que a veces cantaba bajo las estrellas. Una mañana, Elisenda estaba cortando rebanadas de cebolla para el almuerzo, cuando un viento que parecía de alta mar se metió en la cocina. Entonces se asomó por la ventana, y sorprendió al ángel en las primeras **tentativas**[117] de vuelo. Eran tan **torpes**,[118] que abrió con las uñas un **surco**[119] de **arado**[120] en las **hortalizas**[121] y estuvo a punto de desbaratar el cobertizo con aquellos aletazos indignos que resbalaban en la luz

---

[112] horcones—palos gruesos para sostener vigas o ramas de árboles que necesitan apoyo.

[113] cánulas—cañas pequeñas; las espinas de las plumas.

[114] **trabalenguas** (m.)—serie de palabras difíciles de pronunciar.

[115] pajarraco—pájaro grande y feo.

[116] **percance** (m.)—accidente.

[117] **tentativas**—esfuerzos; ensayos; pruebas.

[118] **torpes**—destinadas; mal hechas.

[119] **surco**—zanja de poca profundidad donde se siembra algo.

[120] **arado**—instrumento de cultivo para abrir surcos en la tierra.

[121] **hortalizas**—verduras; vegetales.

y no encontraban **asidero**[122] en el aire. Pero logró ganar altura. Elisenda exhaló un suspiro de descanso, por ella y por él, cuando lo vio pasar por encima de las últimas casas, sustentándose de cualquier modo con un **azaroso**[123] **aleteo**[124] de **buitre**[125] **senil**.[126] Siguió viéndolo hasta cuando acabó de cortar la cebolla, y siguió viéndolo hasta cuando ya no era posible que lo pudiera ver, porque entonces ya no era un **estorbo**[127] en su vida, sino un punto imaginario en el horizonte del mar.

---

[122] **asidero**—lugar donde asir o agarrar algo, para sujetarse y no caer.

[123] **azaroso**—arriesgado; poco firme; incierto.

[124] **aleteo**—movimiento rápido de alas.

[125] **buitre** (m.)—zopilote; gallinazo; carancho.

[126] **senil**—debilucho, por viejo.

[127] **estorbo**—molestia.

PREGUNTAS

1. Describe en pocas palabras la vida que llevan Pelayo y Elisenda antes del insólito acontecimiento de la caída a su traspatio del señor muy viejo con unas alas enormes. Incluye detalles textuales en tu descripción.

2. Aquí se trata de un cuento fantástico, uno que trata lo absurdo y lo inasible de la realidad. A tu parecer, dentro del contexto del cuento, ¿se puede concluir con certeza que el ser extraño aquí descrito es un ángel? ¿Por qué? ¿Por qué no?

3. ¿En qué detalles vemos que este cuento es una parodia? ¿Qué fenómenos de la vida humana aquí se parodian?

4. Compara y contrasta el comportamiento de Pelayo y Elisenda ante el señor muy viejo con alas enormes, con el comportamiento de Filiberto ante Chac Mool. ¿Cuáles son los móviles de la pareja al darse cuenta de que tienen en su gallinero un ser inexplicable? ¿Cómo se comparan sus móviles con los de Filiberto al acomodarse éste a la presencia en su casa de Chac Mool? ¿Crees tú que alguno de los dos autores sugiere en su cuento algo tocante a la naturaleza humana? ¿a la sociedad humana?

El ahogado más hermoso del mundo

GABRIEL GARCÍA MÁRQUEZ

En "El ahogado más hermoso del mundo" (1968), Gabriel García Márquez trata la capacidad del ser humano de convertir un suceso en mito por obra de la fantasía. Todos los elementos de la fábula están aquí presentes: es una historia corta que tiene por personaje un ser inanimado; y hay, al final, un cambio en el comportamiento del pueblo. El pueblo, sin distinción de personalidades, es, como tantas veces ocurre en García Márquez, protagonista de la narración: aquí, un pueblo cambiado para siempre por el ahogado más hermoso, más descomunal, más sencillo, más humilde, más servicial y más encantador que existió jamás en ningún pueblo de la tierra.

Los primeros niños que vieron el promontorio oscuro y **sigiloso**[1] que se acercaba por el mar, se hicieron la ilusión de que era un barco enemigo. Después vieron que no llevaba banderas ni arboladura,[2] y pensaron que

---

[1] **sigiloso**—silencioso; secreto; misterioso.

[2] arboladura—palos; mástiles para velas.

fuera una ballena. Pero cuando quedó varado[3] en la playa le quitaron los matorrales de sargazos,[4] los filamentos de medusas[5] y los restos de cardúmenes[6] y **naufragios**[7] que llevaba encima, y sólo entonces descubrieron que era un ahogado.

Habían jugado con él toda la tarde, enterrándolo y desenterrándolo en la arena, cuando alguien los vio por casualidad y dio la voz de alarma en el pueblo. Los hombres que lo cargaron hasta la casa más próxima notaron que pesaba más que todos los muertos conocidos, casi tanto como un caballo, y se dijeron que tal vez había estado demasiado tiempo **a la deriva**[8] y el agua se le había metido dentro de los huesos. Cuando lo tendieron en el suelo vieron que había sido mucho más grande que todos los hombres, pues apenas si cabía en la casa, pero pensaron que tal vez la facultad de seguir creciendo después de la muerte estaba en la naturaleza de ciertos ahogados. Tenía el olor del mar, y sólo la forma permitía suponer que era el cadáver de un ser humano, porque su piel estaba revestida[9] de una coraza[10] de rémora[11] y de lodo.

No tuvieron que limpiarle la cara para saber que era un muerto **ajeno**.[12] El pueblo tenía apenas unas veinte casas de tablas, con patios de piedras sin flores, desperdigadas[13] en el extremo de un cabo desértico. La

---

[3] varado—encallado; atascado.

[4] sargazos—algas; plantas que crecen en el mar, en ciertas regiones algo protegidas y menos profundas.

[5] medusas—celentéreos; animales marinos, transparentes y gelatinosos, en forma de campana.

[6] cardúmenes (m.)—grupos de peces en que todos ellos se mueven en el mismo sentido y al mismo tiempo.

[7] **naufragios**—desastres marítimos; hundimientos de barcos.

[8] **a la deriva**—flotando sin rumbo; al garete.

[9] revestida—cubierta.

[10] coraza—concha o capa.

[11] rémora—pez que se fija a los objetos flotantes.

[12] **ajeno**—extraño; de otro lugar.

[13] desperdigadas—dispersas; regadas.

tierra era tan escasa, que las madres andaban siempre con el temor de que el viento se llevara a los niños, y a los pocos muertos que les iban causando los años tenían que tirarlos en los **acantilados**.[14] Pero el mar era manso y **pródigo**,[15] y todos los hombres cabían en siete botes. Así que cuando se encontraron el ahogado les bastó con mirarse los unos a los otros para darse cuenta de que estaban completos.

Aquella noche no salieron a trabajar en el mar. Mientras los hombres averiguaban si no faltaba alguien en los pueblos vecinos, las mujeres se quedaron cuidando al ahogado. Le quitaron el lodo con tapones de esparto,[16] le desenredaron del cabello los abrojos[17] submarinos y le rasparon la rémora con fierros de desescamar pescados. A medida que lo hacían, notaron que su vegetación era de océanos remotos y de aguas profundas, y que sus ropas estaban en **piltrafas**,[18] como si hubiera navegado por entre laberintos de corales. Notaron también que sobrellevaba[19] la muerte con **altivez**,[20] pues no tenía el **semblante**[21] solitario de los otros ahogados del mar, ni tampoco la catadura[22] sórdida y **menesterosa**[23] de los ahogados **fluviales**.[24] Pero solamente cuando acabaron de limpiarlo tuvieron conciencia de la clase de hombre que era, y entonces se quedaron sin aliento. No sólo era el más alto, el más fuerte, el más viril y el mejor armado que habían visto

---

[14] **acantilados**—precipicios.

[15] **pródigo**—muy generoso.

[16] esparto—planta que contiene fibras, las cuales se usan para fabricar escobas, esteras, tapones y otras cosas.

[17] abrojos—plantas espinosas.

[18] **piltrafas**—trapos; andrajos; pedazos inservibles.

[19] sobrellevaba—soportaba.

[20] **altivez**—orgullo; altanería; soberbia.

[21] **semblante** (m.)—cara; aspecto; expresión.

[22] catadura—aspecto; apariencia.

[23] **menesterosa**—necesitada.

[24] **fluviales**—de los ríos.

jamás, sino que todavía cuando lo estaban viendo no les cabía en la imaginación.

No encontraron en el pueblo una cama bastante grande para tenderlo ni una mesa bastante sólida para velarlo.[25] No le vinieron los pantalones de fiesta de los hombres más altos, ni las camisas dominicales de los más **corpulentos**,[26] ni los zapatos del mejor plantado. Fascinadas por su desproporción y su hermosura, las mujeres decidieron entonces hacerle unos pantalones con un buen pedazo de vela cangreja,[27] y una camisa de bramante[28] de novia, para que pudiera continuar su muerte con dignidad. Mientras cosían sentadas en círculo, contemplando el cadáver entre puntada y puntada, les parecía que el viento no había sido nunca tan **tenaz**[29] ni el Caribe había estado nunca tan ansioso como aquella noche, y suponían que esos cambios tenían algo que ver con el muerto. Pensaban que si aquel hombre magnífico hubiera vivido en el pueblo, su casa habría tenido las puertas más anchas, el techo más alto y el piso más firme, y el bastidor[30] de su cama habría sido de cuadernas maestras[31] con pernos[32] de hierro, y su mujer habría sido la más feliz. Pensaban que habría tenido tanta autoridad que hubiera sacado los peces del mar con sólo llamarlos por sus nombres, y habría puesto tanto empeño en el trabajo que hubiera hecho brotar manantiales de entre las piedras más áridas y hubiera podido sembrar flores en los acantilados. Lo compararon en secreto con sus propios hombres, pensando que no serían capaces de hacer en

---

[25] **velarlo**—acompañar su cadáver durante la noche, hasta enterrarlo.

[26] **corpulentos**—grandes de cuerpo.

[27] vela cangreja—vela de un barco, de forma trapezoide.

[28] bramante (m.)—cordel; especie de cuerda.

[29] **tenaz**—persistente.

[30] bastidor—armadura; armazón.

[31] cuadernas maestras—piezas principales de la armadura de un barco.

[32] pernos—tornillos.

toda una vida lo que aquél era capaz de hacer en una noche, y terminaron por repudiarlos en el fondo de sus corazones como los seres más escuálidos y **mezquinos**[33] de la tierra. Andaban **extraviadas**[34] por estos dédalos[35] de fantasía, cuando la más vieja de las mujeres, que por ser la más vieja había contemplado al ahogado con menos pasión que compasión, suspiró:

—Tiene cara de llamarse Esteban.

Era verdad. A la mayoría le bastó con mirarlo otra vez para comprender que no podía tener otro nombre. Las más **porfiadas**,[36] que eran las más jóvenes, se mantuvieron con la **ilusión**[37] de que al ponerle la ropa, tendido entre flores y con unos zapatos de charol, pudiera llamarse Lautaro. Pero fue una ilusión vana. El lienzo resultó escaso, los pantalones mal cortados y peor cosidos le quedaron estrechos, y las fuerzas ocultas de su corazón hacían saltar los botones de la camisa. Después de la medianoche se adelgazaron los silbidos del viento y el mar cayó en el **sopor**[38] del miércoles. El silencio acabó con las últimas dudas: era Esteban. Las mujeres que lo habían vestido, las que lo habían peinado, las que le habían cortado las uñas y raspado la barba no pudieron reprimir un estremecimiento de compasión cuando tuvieron que resignarse a dejarlo tirado por los suelos. Fue entonces cuando comprendieron cuánto debió haber sido de infeliz con aquel cuerpo **descomunal**,[39] si hasta después de muerto le estorbaba. Lo vieron condenado en vida a pasar de medio lado por las puertas, a **descalabrarse**[40] con los

---

[33] **mezquinos**—tacaños; egoístas; indignos.

[34] **extraviadas**—perdidas.

[35] **dédalos**—laberintos.

[36] **porfiadas**—insistentes; obstinadas.

[37] **ilusión**—esperanza.

[38] **sopor**—adormecimiento; modorra; atmósfera soñolienta.

[39] **descomunal**—enorme; grandísimo.

[40] **descalabrarse**—romperse la crisma; darse golpes en la cabeza.

travesaños, a permanecer de pie en las visitas sin saber qué hacer con sus tiernas y rosadas manos de buey de mar,[41] mientras la dueña de la casa buscaba la silla más resistente y le suplicaba muerta de miedo siéntese aquí Esteban, hágame el favor, y él recostado contra las paredes, sonriendo, no se preocupe señora, así estoy bien, con los talones en carne viva y las espaldas **escaldadas**[42] de tanto repetir lo mismo en todas las visitas, no se preocupe señora, así estoy bien, sólo para no pasar por la vergüenza de desbaratar la silla, y acaso sin haber sabido nunca que quienes le decían no te vayas Esteban, espérate siquiera hasta que hierva el café, eran los mismos que después susurraban ya se fue el bobo grande, qué bueno, ya se fue el tonto hermoso. Esto pensaban las mujeres frente al cadáver un poco antes del amanecer. Más tarde, cuando le taparon la cara con un pañuelo para que no le molestara la luz, lo vieron tan muerto para siempre, tan indefenso, tan parecido a sus hombres, que se les abrieron las primeras **grietas**[43] de lágrimas en el corazón. Fue una de las más jóvenes la que empezó a sollozar. Las otras, alentándose entre sí, pasaron de los suspiros a los lamentos, y mientras más sollozaban más deseos sentían de llorar, porque el ahogado se les iba volviendo cada vez más Esteban, hasta que lo lloraron tanto que fue el hombre más **desvalido**[44] de la tierra, el más manso y el más **servicial**,[45] el pobre Esteban. Así que cuando los hombres volvieron con la noticia de que el ahogado no era tampoco de los pueblos vecinos, ellas sintieron un vacío de júbilo entre las lágrimas.

—¡Bendito sea Dios —suspiraron—: es nuestro!

---

[41] buey de mar—mamífero marino; manatí.

[42] **escaldadas**—quemadas; escocidas; rojas por irritadas.

[43] **grietas**—rajaduras; roturas.

[44] **desvalido**—indefenso; abandonado.

[45] **servicial**—dispuesto a ayudar al prójimo.

Los hombres creyeron que aquellos **aspavientos**[46] no eran más que frivolidades de mujer. Cansados de las tortuosas averiguaciones de la noche, lo único que querían era quitarse de una vez el estorbo del intruso antes de que prendiera el sol bravo de aquel día árido y sin viento. Improvisaron unas angarillas[47] con restos de trinquetes[48] y botavaras,[49] y las amarraron con carlingas de altura,[50] para que resistieran el peso del cuerpo hasta los acantilados. Quisieron encadenarle a los tobillos un ancla de buque mercante para que **fondeara**[51] sin tropiezos en los mares más profundos donde los peces son ciegos y los **buzos**[52] se mueren de nostalgia, de manera que las malas corrientes no fueran a devolverlo a la orilla, como había sucedido con otros cuerpos. Pero mientras más se apresuraban, más cosas se les ocurrían a las mujeres para perder el tiempo. Andaban como gallinas asustadas picoteando amuletos de mar en los **arcones**,[53] unas estorbando aquí porque querían ponerle al ahogado los escapularios[54] del buen viento, otras estorbando allá para abrocharle una pulsera de orientación, y al cabo de tanto quítate de ahí mujer, ponte donde no estorbes, mira que casi me haces caer sobre el difunto, a los hombres se les subieron al hígado[55] las suspicacias y empezaron a **rezongar**[56] que

---

[46] **aspavientos**—demostraciones exageradas.

[47] angarillas—camillas; camas portátiles, parecidas a hamacas.

[48] trinquetes (m.)—velas que se encuentran en el palo inmediato a la proa de un barco.

[49] botavaras—palos horizontales del mástil que sirven para sujetar la vela cangreja.

[50] carlingas de altura—piezas fuertes paralelas, encontradas en la quilla de un barco, para reforzarla.

[51] **fondeara**—quedara en el fondo del mar.

[52] **buzos**—personas que se sumergen en el mar con el auxilio de un aparato respiratorio.

[53] **arcones**—arcas grandes; cajones.

[54] escapularios—piezas o estuches colgantes para llevar objetos devotos al cuello.

[55] hígado—órgano glandular; simbólicamente, valor o falta de escrúpulo.

[56] **rezongar**—quejarse entre dientes.

con qué objeto tanta ferretería de altar mayor para un forastero, si por muchos estoperoles[57] y calderetas[58] que llevara encima se lo iban a masticar los tiburones, pero ellas seguían tripotando[59] sus reliquias de pacotilla,[60] llevando y trayendo, tropezando, mientras se les iba en suspiros lo que no se les iba en lágrimas, así que los hombres terminaron por despotricar[61] que de cuándo acá semejante **alboroto**[62] por un muerto **al garete,**[63] un ahogado de nadie, un fiambre[64] de mierda . . . Una de las mujeres, mortificada por tanta insolencia, le quitó entonces al cadáver el pañuelo de la cara, y también los hombres se quedaron sin aliento.

Era Esteban. No hubo que repetirlo para que lo reconocieran. Si les hubieran dicho sir Walter Raleigh, quizás hasta ellos se habrían impresionado con su acento de gringo, con su guacamaya[65] en el hombro, con su arcabuz[66] de matar caníbales, pero Esteban solamente podía ser uno en el mundo, y allí estaba tirado como un sábalo,[67] sin botines, con unos pantalones de **sietemesino**[68] y esas uñas rocallosas que sólo podían cortarse a cuchillo. Bastó con que le quitaran el pañuelo de la cara para darse cuenta de que estaba avergonzado, de que no tenía la culpa de ser tan grande, ni tan pesado ni tan hermoso, y si hubiera sabido que aquello iba a suceder habría buscado un

---

[57] estoperoles (m.)—peroles; vasijas metálicas con figura de media esfera.

[58] calderetas—piletas de agua bendita.

[59] tripotando—arreglando.

[60] de pacotilla—corrientes; de poco valor.

[61] despotricar—rebelarse; protestar.

[62] **alboroto**—tumulto; jaleo; escándalo.

[63] **al garete**—flotando sin rumbo; a la deriva.

[64] fiambre (m.)—carne curada que se puede comer fría; aquí se refiere al cadáver de Esteban.

[65] guacamaya—hembra de una especie de loro, o cotorra.

[66] arcabuz (m.)—arma de fuego antigua.

[67] sábalo—pez marino comestible, de aleta dorsal corta.

[68] **sietemesino**—nacido prematuramente, con sólo 7 meses de gestación.

lugar más discreto para ahogarse, en serio, me hubiera amarrado yo mismo un áncora de **galeón**[69] en el cuello y hubiera trastabillado[70] como quien no quiere la cosa por los acantilados, para no andar ahora estorbando con este muerto de miércoles, como ustedes dicen, para no molestar a nadie con esta porquería de fiambre que no tiene nada que ver conmigo. Había tanta verdad en su modo de estar, que hasta los hombres más suspicaces,[71] los que sentían amargas las minuciosas noches del mar temiendo que sus mujeres se cansaran de soñar con ellos para soñar con los ahogados, hasta ésos, y otros más duros, se estremecieron en los **tuétanos**[72] con la sinceridad de Esteban.

Fue así como le hicieron los funerales más espléndidos que podían concebirse para un ahogado expósito.[73] Algunas mujeres que habían ido a buscar flores en los pueblos vecinos regresaron con otras que no creían lo que les contaban, y éstas se fueron por más flores cuando vieron al muerto, y llevaron más y más, hasta que hubo tantas flores y tanta gente que apenas si se podía caminar. A última hora les dolió devolverlo huérfano a las aguas, y le eligieron un padre y una madre entre los mejores, y otros se le hicieron hermanos, tíos y primos, así que a través de él todos los habitantes del pueblo terminaron por ser parientes entre sí. Algunos marineros que oyeron el llanto a la distancia perdieron la certeza del rumbo, y se supo de uno que se hizo amarrar al palo mayor,[74] recordando antiguas fábulas de sirenas. Mientras se disputaban el privilegio

---

[69] **galeón**—barco español grande, de velas, con 3 ó 4 mástiles, muy usado en los siglos XVII y XVIII.

[70] trastabillado—tropezado.

[71] suspicaces—desconfiados.

[72] **tuétanos**—canales de los huesos; en sentido figurado, lo más profundo del ser.

[73] expósito—abandonado; se dice de un recién nacido dejado en un lugar público.

[74] palo mayor—mástil principal.

de llevarlo en hombros por la pendiente escarpada[75] de los acantilados, hombres y mujeres tuvieron conciencia por primera vez de la desolación de sus calles, la aridez de sus patios, la **estrechez**[76] de sus sueños, frente al esplendor y la hermosura de su ahogado. Lo soltaron sin ancla, para que volviera si quería, y cuando lo quisiera, y todos retuvieron el aliento durante la fracción de siglos que demoró la caída del cuerpo hasta el abismo. No tuvieron necesidad de mirarse los unos a los otros para darse cuenta de que ya no estaban completos, ni volverían a estarlo jamás. Pero también sabían que todo sería diferente desde entonces, que sus casas iban a tener las puertas más anchas, los techos más altos, los pisos más firmes, para que el recuerdo de Esteban pudiera andar por todas partes sin tropezar con los travesaños, y que nadie se atreviera a susurrar en el futuro ya murió el bobo grande, qué lástima, ya murió el tonto hermoso, porque ellos iban a pintar las **fachadas**[77] de colores alegres para eternizar[78] la memoria de Esteban, y se iban a romper el **espinazo**[79] excavando manantiales en las piedras y sembrando flores en los acantilados, para que en los amaneceres de los años venturos[80] los pasajeros de los grandes barcos despertaran sofocados por un olor de jardines en altamar, y el capitán tuviera que bajar de su alcázar[81] con su uniforme **de gala**,[82] con su astrolabio,[83] su estrella polar y su ristra[84] de medallas de guerra, y señalando el

---

[75] pendiente escarpada—cuesta empinada; falda precipitosa de una montaña.

[76] **estrechez**—pequeñez.

[77] **fachadas**—frentes de las casas.

[78] eternizar—conservar para siempre.

[79] **espinazo**—columna vertebral; por extensión, la espalda.

[80] venturos—venideros; que han de venir; futuros.

[81] alcázar (m.)— en los barcos, puente de mando; el puesto del capitán.

[82] **de gala**—para ocasiones especiales; elegante.

[83] astrolabio—instrumento de navegación.

[84] ristra—sarta; hilera; serie; conjunto.

promontorio de rosas en el horizonte del Caribe dijera en catorce idiomas, miren allá, donde el viento es ahora tan manso que se queda a dormir debajo de las camas, allá, donde el sol brilla tanto que no saben hacia dónde girar los **girasoles**,[85] sí, allá, es el pueblo de Esteban.

---

[85] **girasoles**—flores que giran sobre su tallo para estar siempre de cara al sol.

PREGUNTAS

1. Las mujeres, en sus faenas de cuidar del muerto, lo llegan a conocer antes que los hombres. ¿Qué hizo falta para que los hombres también se dieran cuenta de la descomunal sinceridad y verdad de Esteban? Comenta este hecho sencillo.

2. A Esteban vamos conociéndolo poco a poco, como si fuera creándose, o siendo creado, conforme se desenvuelve el cuento. Busca las diferentes etapas de su evolución comenzando con la primera, en que lo conocemos solamente como un "promontorio oscuro y sigiloso", y compáralas una con otra.

3. ¿Cómo era el pueblo antes de que llegara a él el ahogado más hermoso del mundo? ¿Qué cambios produce este muerto en un pueblo de vivos?

4. Una técnica literaria frecuente en cuentos de García Márquez es la hipérbole, o sea, el uso de los superlativos. Escoge otro cuento que hayas leído de este autor en que se destacan elementos hiperbólicos. Analiza la función que tiene su uso en aquel cuento y compárala con el uso de la hipérbole en "El ahogado más hermoso del mundo".

Isabel Allende ▶

Dos palabras

ISABEL ALLENDE

*La escritora chilena Isabel Allende (1942–   ) ha gozado de gran
popularidad desde la publicación de su primera novela,* La casa
de los espíritus, *en 1982. Nacida hija de padre diplomático en
Lima, Perú, se crió en Santiago de Chile. Habiendo participado en
la oposición al régimen militar establecido en su patria después de
la muerte de Salvador Allende, presidente del país y primo
hermano del padre de la autora, ésta salió al exilio. Vive
actualmente en California. Periodista, novelista y cuentista, Allende
ha ejercido su profesión literaria en la esfera del realismo mágico
que surgió a mediados del siglo XX, a raíz de los escritos de Juan
Rulfo, de Gabriel García Márquez y de otros latinoamericanos.*

    *Allende ha descrito así su proceso creador: "En el lento y silencioso
proceso de la escritura entro en un estado de lucidez, en el cual a veces
puedo descorrer algunos velos y ver lo invisible." Su criatura literaria
Belisa Crepusculario, protagonista de "Dos palabras" (1990), nos aporta
una experiencia afín, al verse "inmersa por completo en el mundo que
creaba con el poder omnímodo de las palabras, transformada en un ser
disperso, reproducida hasta el infinito." A diferencia de su creadora, Belisa
no hechiza con sus palabras hechas cuento; hechiza vendiendo palabras
mágicas. "Dos palabras" es de la colección* Cuentos de Eva Luna.

Tenía el nombre de Belisa Crepusculario, pero no por fe de bautismo[1] o **acierto**[2] de su madre, sino porque ella misma lo buscó hasta encontrarlo y se vistió con él. Su oficio era vender palabras. **Recorría**[3] el país, desde las regiones más altas y frías hasta las costas calientes, instalándose en las ferias y en los mercados, donde montaba cuatro palos con un toldo de lienzo,[4] bajo el cual se protegía del sol y de la lluvia para atender a su clientela. No necesitaba pregonar[5] su mercadería, porque de tanto caminar por aquí y por allá, todos la conocían. Había quienes la **aguardaban**[6] de un año para otro, y cuando aparecía por la **aldea**[7] con su atado bajo el brazo hacían cola frente a su tenderete.[8] Vendía a precios justos. Por cinco centavos entregaba versos de memoria, por siete mejoraba la calidad de los sueños, por nueve escribía cartas de enamorados, por doce inventaba insultos para enemigos irreconciliables. También vendía cuentos, pero no eran cuentos de fantasía, sino largas historias verdaderas que recitaba **de corrido**,[9] sin **saltarse**[10] nada. Así llevaba las **nuevas**[11] de un pueblo a otro. La gente le pagaba por **agregar**[12] una o dos líneas: nació un niño, murió **fulano**,[13] se casaron nuestros hijos, se quemaron las **cosechas**.[14] En cada

---

[1] fe de bautismo—certificado expedido por la Iglesia Católica como prueba de que la persona nombrada en el certificado ha sido debidamente bautizada.

[2] **acierto**—buena decisión; idea que da en el blanco.

[3] **Recorría**—viajaba por.

[4] toldo de lienzo—tela gruesa que, sostenida a cierta altura, da sombra.

[5] pregonar—anunciar en voz alta.

[6] **aguardaban**—esperaban.

[7] **aldea**—pueblo pequeño.

[8] tenderete (m.)—puesto de venta ambulante.

[9] **de corrido**—de un tirón; rápido y sin parar; seguido

[10] **saltarse**—omitir.

[11] **nuevas**—noticias.

[12] **agregar**—añadir; poner además.

[13] **fulano**—cualquier persona; término aplicado a una persona cuyo verdadero nombre no se menciona, o no importa.

[14] **cosechas**—rendimiento de lo que se ha sembrado.

lugar se juntaba una pequeña multitud a su alrededor para oírla cuando comenzaba a hablar y así **se enteraban**[15] de las vidas de otros, de los parientes lejanos, de los **pormenores**[16] de la Guerra Civil. A quien le comprara cincuenta centavos, ella le regalaba una palabra secreta para **espantar**[17] la melancolía. No era la misma para todos, por supuesto, porque eso habría sido un **engaño**[18] colectivo. Cada uno recibía la suya con la certeza de que nadie más la empleaba para ese fin en el universo y más allá.

Belisa Crepusculario había nacido en una familia tan **mísera**,[19] que ni siquiera poseía nombres para llamar a sus hijos. Vino al mundo y creció en la región más inhóspita, donde algunos años las lluvias se convierten en avalanchas de agua que se llevan todo, y en otros no cae ni una gota del cielo, el sol se agranda hasta ocupar el horizonte entero y el mundo se convierte en un desierto. Hasta que cumplió doce años no tuvo otra ocupación ni virtud que sobrevivir al hambre y la fatiga de siglos. Durante una interminable **sequía**[20] le tocó **enterrar**[21] a cuatro hermanos menores y cuando comprendió que llegaba su turno, decidió echar a andar por las llanuras en dirección al mar, a ver si en el viaje lograba **burlar**[22] a la muerte. La tierra estaba erosionada, partida en profundas **grietas**,[23] sembrada[24] de piedras, fósiles de árboles y de arbustos espinudos, esqueletos de animales blanqueados por el calor. De vez en cuando

---

[15] **se enteraban**—se informaban.

[16] **pormenores** (m.)—detalles.

[17] **espantar**—ahuyentar; alejar.

[18] **engaño**—encubrimiento; falsedad.

[19] **mísera**—pobre.

[20] **sequía**—período sin lluvia.

[21] **enterrar**—colocar en la tumba.

[22] **burlar**—esquivar; eludir.

[23] **grietas**—rajaduras.

[24] **sembrada**—llena.

tropezaba con familias que, como ella, iban hacia el sur siguiendo el **espejismo**[25] del agua. Algunos habían iniciado la marcha llevando sus **pertenencias**[26] al hombro o en carretillas, pero apenas podían mover sus propios huesos y a poco andar debían abandonar sus cosas. Se arrastraban penosamente, con la piel convertida en cuero de **lagarto**[27] y los ojos quemados por la reverberación[28] de la luz. Belisa los saludaba con un gesto al pasar, pero no se detenía, porque no podía gastar sus fuerzas en ejercicios de compasión. Muchos cayeron por el camino, pero ella era tan **tozuda**[29] que consiguió atravesar el infierno y **arribó**[30] por fin a los primeros **manantiales**,[31] finos hilos de agua, casi invisibles, que **alimentaban**[32] una vegetación **raquítica**,[33] y que más adelante se convertían en riachuelos y **esteros**.[34]

Belisa Crepusculario salvó la vida y además descubrió por casualidad la escritura. Al llegar a una aldea en las proximidades de la costa, el viento colocó a sus pies una hoja de periódico. Ella tomó aquel papel amarillo y **quebradizo**[35] y estuvo largo rato observándolo sin **adivinar**[36] su uso, hasta que la curiosidad pudo más que su timidez. Se acercó a un

---

[25] **espejismo**—ilusión vana; visión irreal.

[26] **pertenencias**—posesiones personales.

[27] **lagarto**—reptil escamoso relativamente pequeño, de cabeza triangular, patas cortas y cola larga.

[28] reverberación—reflejo; ondas de aire.

[29] **tozuda**—terca; empecinada; obstinada.

[30] **arribó**—llegó.

[31] **manantiales** (m.)—fuentes naturales de agua.

[32] **alimentaban**—nutrían.

[33] **raquítica**—pobre; desmejorada; poco desarrollada.

[34] **esteros**—arroyos.

[35] **quebradizo**—frágil; que se quiebra fácilmente.

[36] **adivinar**—averiguar por conjeturas; intuir.

hombre que lavaba un caballo en el mismo **charco**[37] **turbio**[38] donde ella **saciara**[39] su sed.

—¿Qué es esto? —preguntó.

—La página deportiva del periódico —replicó el hombre sin dar **muestras**[40] de asombro **ante**[41] su ignorancia.

La respuesta dejó **atónita**[42] a la muchacha, pero no quiso parecer **descarada**[43] y se limitó a **inquirir**[44] el significado de las patitas de mosca dibujadas sobre el papel.

—Son palabras, niña. Allí dice que Fulgencio Barba noqueó al Negro Tiznao en el tercer round.

Ese día Belisa Crepusculario se enteró de que las palabras andan sueltas sin dueño y cualquiera con un poco de **maña**[45] puede apoderárselas[46] para comerciar con ellas. Consideró su situación y concluyó que aparte de prostituirse o emplearse como sirvienta en las cocinas de los ricos, eran pocas las ocupaciones que podía **desempeñar**.[47] Vender palabras le pareció una alternativa decente. A partir de ese momento **ejerció**[48] esa profesión y nunca le interesó otra. Al principio ofrecía su mercancía sin sospechar que las palabras podían también escribirse fuera de los periódicos. Cuando lo supo calculó las infinitas proyecciones[49] de su negocio, con sus ahorros le pagó veinte pesos a un cura para que le enseñara a leer y

---

[37] **charco**—hoyo en el suelo que se ha llenado de agua.

[38] **turbio**—impuro; sucio.

[39] **saciara**—había saciado; había satisfecho.

[40] **muestras**— señales; gestos.

[41] **ante**—en presencia de.

[42] **atónita**—asombrada; muy sorprendida.

[43] **descarada**—sin recato; sin vergüenza; descortés.

[44] **inquirir**—preguntar.

[45] **maña**—astucia; viveza; inteligencia.

[46] apoderárselas—captarlas; agarrarlas.

[47] **desempeñar**—ejecutar; ejercer.

[48] **ejerció**—desempeñó; se dedicó a.

[49] proyecciones—perspectivas; posibilidades.

escribir y con los tres que le sobraron se compró un diccionario. Lo **revisó**[50] desde la A hasta la Z y luego lo lanzó al mar, porque no era su intención **estafar**[51] a los clientes con palabras **envasadas**.[52]

Varios años después, en una mañana de agosto, se encontraba Belisa Crepusculario en el centro de una plaza, sentada bajo su toldo vendiendo argumentos de justicia a un viejo que **solicitaba**[53] su pensión desde hacía diecisiete años. Era día de mercado y había mucho **bullicio**[54] a su alrededor. Se escucharon de pronto galopes y gritos; ella levantó los ojos de la escritura y vio primero una nube de polvo y enseguida un grupo de **jinetes**[55] que **irrumpió**[56] en el lugar. Se trataba de los hombres del Coronel, que venían **al mando del**[57] Mulato, un gigante conocido en toda la zona por la rapidez de su cuchillo y la **lealtad**[58] hacia su jefe. Ambos, el Coronel y el Mulato, habían pasado sus vidas ocupados en la Guerra Civil y sus nombres estaban **irremisiblemente**[59] unidos al estropicio[60] y la calamidad. Los guerreros entraron al pueblo como un **rebaño**[61] en estampida, envueltos en ruido, bañados de sudor y dejando a su paso un espanto de huracán. Salieron volando las gallinas, **dispararon**[62] a perderse los perros, corrieron las mujeres con sus hijos y no quedó en

---

[50] **revisó**—inspeccionó; examinó.

[51] **estafar**—defraudar; engañar.

[52] **envasadas**—empaquetadas; apresadas.

[53] **solicitaba**—pedía.

[54] **bullicio**—actividad ruidosa.

[55] **jinetes** (m.)—caballistas; hombre a caballo.

[56] **irrumpió**—entró súbitamente.

[57] **al mando del**—bajo la autoridad de.

[58] **lealtad**—fidelidad; devoción.

[59] **irremisiblemente**—irrevocablemente.

[60] estropicio—desorden.

[61] **rebaño**—grupo de ovejas.

[62] dispararon—salieron corriendo.

el sitio del mercado otra alma viviente que Belisa Crepusculario, quien no había visto jamás al Mulato y por lo mismo le extrañó que se dirigiera a ella.

—A ti te busco —le gritó señalándola con su **látigo**[63] enrollado y antes que terminara de decirlo, dos hombres cayeron encima de la mujer **atropellando**[64] el toldo y rompiendo el tintero, la ataron de pies y manos y la colocaron atravesada como un bulto de marinero sobre la **grupa**[65] de la **bestia**[66] del Mulato. **Emprendieron**[67] galope en dirección a las **colinas**.[68]

Horas más tarde, cuando Belisa Crepusculario estaba a punto de morir con el corazón convertido en arena por las **sacudidas**[69] del caballo, sintió que se detenían y cuatro manos poderosas la depositaban en tierra. Intentó ponerse de pie y levantar la cabeza con dignidad, pero le fallaron las fuerzas y se **desplomó**[70] con un suspiro, **hundiéndose**[71] en un sueño **ofuscado**.[72] Despertó varias horas después con el murmullo de la noche en el campo, pero no tuvo tiempo de **descifrar**[73] esos sonidos, porque al abrir los ojos se encontró ante la mirada impaciente del Mulato, arrodillado a su lado.

—Por fin despiertas, mujer —dijo alcanzándole su **cantimplora**[74] para que bebiera un sorbo de aguardiente[75] con **pólvora**[76] y acabara de recuperar la vida.

---

[63] **látigo**—fusta; chicote; azote.

[64] **atropellando**—pisando; maltratando.

[65] **grupa**—anca; parte de atrás del lomo de un caballo.

[66] **bestia**—caballo.

[67] **Emprendieron**—iniciaron; comenzaron.

[68] **colinas**—cerros; montañas bajas.

[69] **sacudidas**—movimientos violentos.

[70] **desplomó**—cayó.

[71] **hundiéndose**—sumergiéndose.

[72] **ofuscado**—turbado; confuso.

[73] **descifrar**—entender.

[74] **cantimplora**—recipiente para guardar agua y mantenerla fresca, y para llevarla de viaje.

[75] aguardiente (m.)—bebida alcohólica fuerte.

[76] **pólvora**—polvo explosivo.

Ella quiso saber la causa de tanto maltrato y él le explicó que el Coronel necesitaba sus servicios. Le permitió mojarse la cara y enseguida la llevó a un extremo del campamento, donde el hombre más temido del país reposaba en una hamaca colgada entre dos árboles. Ella no pudo verle el **rostro**,[77] porque tenia encima la sombra incierta del **follaje**[78] y la sombra imborrable de muchos años viviendo como un bandido, pero imaginó que debía ser de expresión perdularia[79] si su gigantesco ayudante se dirigía a él con tanta humildad. Le sorprendió su voz, suave y bien modulada como la de un profesor.

—¿Eres la que vende palabras? —preguntó.

—Para servirte —**balbuceó**[80] ella oteando[81] en la penumbra para verlo mejor.

El Coronel se puso de pie y la luz de la antorcha que llevaba el Mulato le dio de frente. La mujer vio su piel oscura y sus **fieros**[82] ojos de puma y supo al punto que estaba frente al hombre más solo de este mundo.

—Quiero ser Presidente —dijo él.

Estaba cansado de recorrer esa tierra maldita en guerras inútiles y derrotas que ningún **subterfugio**[83] podía transformar en victorias. Llevaba muchos años durmiendo **a la intemperie**,[84] picado de mosquitos, alimentándose de iguanas y sopa de **culebra**,[85] pero esos inconvenientes menores no constituían razón suficiente para cambiar su destino. Lo que en verdad le

---

[77] **rostro**—cara.

[78] **follaje** (m.)—conjunto de hojas.

[79] perdularia—corrompida; viciosa.

[80] **balbuceó**—articuló de manera vacilante.

[81] oteando—esforzándose por ver; escudriñando.

[82] **fieros**—feroces; salvajes.

[83] **subterfugio**—evasión; truco.

[84] **a la intemperie**—al aire libre; bajo las estrellas; sin abrigo ni refugio.

[85] **culebra**—serpiente.

fastidiaba[86] era el terror en los ojos **ajenos**.[87] Deseaba entrar a los pueblos bajo arcos de triunfo, entre banderas de colores y flores, que lo aplaudieran y le dieran de regalo huevos frescos y pan recién **horneado**.[88] Estaba **harto**[89] de **comprobar**[90] cómo a su paso **huían**[91] los hombres, abortaban de susto las mujeres y temblaban las **criaturas**,[92] por eso había decidido ser Presidente. El Mulato le **sugirió**[93] que fueran a la capital y entraran galopando al Palacio para apoderarse del gobierno, tal como tomaron tantas otras cosas sin pedir permiso, pero al Coronel no le interesaba convertirse en otro **tirano**;[94] de ésos ya habían tenido bastantes por allí y, además, de ese modo no obtendría el **afecto**[95] de las gentes. Su idea consistía en ser elegido por votación popular en los **comicios**[96] de diciembre.

—Para eso necesito hablar como un candidato. ¿Puedes venderme las palabras para un **discurso**?[97] —preguntó el Coronel a Belisa Crepusculario.

Ella había aceptado muchos **encargos**,[98] pero ninguno como ése; sin embargo no pudo negarse, temiendo que el Mulato le metiera un tiro entre los ojos o, peor aún, que el Coronel se echara a llorar. Por otra parte, sintió el impulso de ayudarlo, porque percibió un palpitante calor en su piel, un deseo poderoso de tocar a

---

[86] **fastidiaba**—molestaba.

[87] **ajenos**—de otros.

[88] **horneado**—hecho en el horno.

[89] **harto**—cansado; hastiado.

[90] **comprobar**—ver confirmado; ver evidenciado.

[91] **huían**—corrían; se alejaban.

[92] **criaturas**—niños pequeños.

[93] **sugirió**—propuso.

[94] **tirano**—déspota.

[95] **afecto**—cariño.

[96] **comicios**—elecciones.

[97] **discurso**—oración; alocución.

[98] **encargos**—trabajos asignados o entregados a uno por otra persona.

ese hombre, de recorrerlo con sus manos, de **estrecharlo**[99] entre sus brazos.

Toda la noche y buena parte del día siguiente estuvo Belisa Crepusculario buscando en su repertorio las palabras apropiadas para un discurso presidencial, **vigilada**[100] de cerca por el Mulato, quien no apartaba los ojos de sus firmes piernas de caminante y sus **senos**[101] virginales. **Descartó**[102] las palabras **ásperas**[103] y secas, las demasiado floridas, las que estaban **desteñidas**[104] por el abuso, las que ofrecían promesas improbables, las **carentes de**[105] verdad y las confusas, para quedarse sólo con aquéllas capaces de tocar con certeza el pensamiento de los hombres y la intuición de las mujeres. Haciendo uso de los conocimientos comprados al cura por veinte pesos, escribió el discurso en una hoja de papel y luego hizo señas al Mulato para que desatara la cuerda con la cual la había **amarrado**[106] por los **tobillos**[107] a un árbol. La condujeron nuevamente donde el Coronel, y al verlo ella volvió a sentir la misma palpitante ansiedad del primer encuentro. Le pasó el papel y aguardó, mientras él lo miraba sujetándolo con la punta de los dedos.

—¿Qué carajo[108] dice aquí? —preguntó por último.

—¿No sabes leer?

—Lo que yo sé hacer es la guerra —replicó él.

---

[99] **estrechar**(lo)—abraza(lo).

[100] **vigilada**—atendida; cuidada.

[101] **senos**—pechos.

[102] **descartó**—desechó; eliminó.

[103] **ásperas**—toscas.

[104] **desteñidas**—desvaídas; atenuadas; descoloridas.

[105] **carentes de**—faltas de; sin tener.

[106] **amarrado**—atado; sujetado.

[107] **tobillo(s)**—parte de la pierna que está unida al pie; articulación entre pie y pierna.

[108] ¿Qué carajo?—expresión grosera que quiere decir "¿Qué diablos?"

Ella leyó en alta voz el discurso. Lo leyó tres veces, para que su cliente pudiera grabárselo en la memoria. Cuando terminó vio la emoción en los rostros de los hombres de la tropa que se juntaron para escucharla y notó que los ojos amarillos del Coronel brillaban de entusiasmo, seguro de que con esas palabras el sillón presidencial sería suyo.

—Si después de oírlo tres veces los muchachos siguen con la boca abierta, es que esta vaina[109] sirve, Coronel —aprobó el Mulato.

—¿Cuánto te debo por tu trabajo, mujer? —preguntó el jefe.

—Un peso, Coronel.

—No es caro —dijo él abriendo la bolsa que llevaba colgada del cinturón con los restos del último **botín**.[110]

—Además tienes derecho a una ñapa.[111] Te corresponden dos palabras secretas —dijo Belisa Crepusculario.

—¿Cómo es eso?

Ella procedió a explicarle que por cada cincuenta centavos que pagaba un cliente, le **obsequiaba**[112] una palabra de uso exclusivo. El jefe se encogió de hombros, pues no tenía ni el menor interés en la oferta, pero no quiso ser descortés con quien lo había servido tan bien. Ella se aproximó sin prisa al taburete[113] de **suela**[114] donde él estaba sentado y se inclinó para entregarle su regalo. Entonces el hombre sintió el olor de animal **montuno**[115] que **se desprendía**[116] de esa mujer, el calor

---

[109] vaina—cosa; recurso.

[110] **botín** (m.)—despojo; producto de un saqueo o robo.

[111] ñapa—yapa; propina; pequeña cantidad por encima de lo acordado.

[112] **obsequiaba**—regalaba; daba.

[113] taburete (m.)—asiento sin respaldo y sin brazos.

[114] **suela**—cuero grueso y fuerte.

[115] **montuno**—relativo al monte; salvaje.

[116] **se desprendía**—emanaba.

de incendio que irradiaban sus caderas, el **roce**[117] terrible de sus cabellos, el aliento de **yerbabuena**[118] **susurrando**[119] en su oreja las dos palabras secretas a las cuales tenía derecho.

—Son tuyas, Coronel —dijo ella al retirarse—. Puedes emplearlas cuanto quieras.

El Mulato acompañó a Belisa hasta el borde del camino, sin dejar de mirarla con ojos **suplicantes**[120] de perro perdido, pero cuando **estiró**[121] la mano para tocarla, ella lo detuvo con un **chorro**[122] de palabras inventadas que tuvieron la virtud de espantarle el deseo, porque creyó que se trataba de alguna **maldición**[123] **irrevocable.**[124]

En los meses de setiembre, octubre y noviembre el Coronel pronunció su discurso tantas veces, que de no haber sido hecho con palabras **refulgentes**[125] y durables el uso lo habría vuelto **ceniza.**[126] Recorrió el país en todas direcciones, entrando a las ciudades con aire triunfal y deteniéndose también en los pueblos más olvidados, allá donde sólo el **rastro**[127] de basura indicaba la presencia humana, para convencer a los electores de que votaran por él. Mientras hablaba sobre una **tarima**[128] al centro de la plaza, el Mulato y sus hombres **repartían**[129] caramelos y pintaban su nombre

---

[117] **roce** (m.)—contacto leve.

[118] **yerbabuena**—hierbabuena; planta olorosa que se usa como condimento, similar a la menta.

[119] **susurrando**—murmurando; hablando en voz muy baja.

[120] **suplicantes**—pedigüeños; que piden ansiosamente.

[121] **estiró**—alargó.

[122] **chorro**—cantidad de algo que sale con fuerza, con impulso.

[123] **maldición**—condena; anatema.

[124] **irrevocable**—permanente; imperdonable.

[125] **refulgentes**—resplandecientes; fulgurantes; que brillan.

[126] **ceniza**—residuos en forma de polvo de lo que se ha quemado.

[127] **rastro**—señal; indicio.

[128] **tarima**—plataforma portátil de madera, de poca altura.

[129] **repartían**—distribuían.

con escarcha[130] dorada en las paredes, pero nadie prestaba atención a esos recursos de mercader, porque estaban **deslumbrados**[131] por la claridad de sus proposiciones y la lucidez poética de sus argumentos, contagiados de su deseo tremendo de corregir los errores de la historia y alegres por primera vez en sus vidas. Al terminar la **arenga**[132] del Candidato, la tropa lanzaba pistoletazos al aire y encendía **petardos**[133] y, cuando por fin se retiraban, quedaba atrás una **estela**[134] de esperanza que perduraba muchos días en el aire, como el recuerdo magnífico de un cometa. Pronto el Coronel se convirtió en el político más popular. Era un fenómeno nunca visto, aquel hombre **surgido**[135] de la Guerra Civil, lleno de **cicatrices**[136] y hablando como un **catedrático**,[137] cuyo prestigio se **regaba**[138] por el territorio nacional **conmoviendo**[139] el corazón de la patria. La **prensa**[140] se ocupó de él. Viajaron de lejos los periodistas para entrevistarlo y repetir sus frases, y así creció el número de sus seguidores y de sus enemigos.

—Vamos bien, Coronel —dijo el Mulato al cumplirse doce semanas de éxitos.

Pero el candidato no lo escuchó. Estaba repitiendo sus dos palabras secretas, como hacía cada vez con mayor frecuencia. Las decía cuando lo ablandaba[141] la

---

[130] escarcha—sustancia hecha de azúcar cristalizado, semejante a la escarcha que se forma sobre la tierra en noches frías.

[131] **deslumbrados**—fascinados; impresionados.

[132] arenga—discurso didáctico.

[133] **petardos**—pólvora envuelta en papel, con mecha, que estalla cuando se le prende fuego.

[134] **estela**—rastro dejado en el agua por un barco al pasar; por extensión, cola, o huellas.

[135] **surgido**—salido de pronto.

[136] **cicatrices** (f.)—marcas en la piel que dejan las heridas después de sanar.

[137] **catedrático**—profesor universitario.

[138] **regaba**—esparcía; difundía; repartía.

[139] **conmoviendo**—emocionando.

[140] **prensa**—periódicos y revistas; periodistas; reporteros.

[141] ablandaba—ponía sentimental.

nostalgia, las murmuraba dormido, las llevaba consigo sobre su caballo, las pensaba antes de pronunciar su célebre discurso y se sorprendía saboreándolas en sus descuidos. Y en toda ocasión en que esas dos palabras venían a su mente, evocaba la presencia de Belisa Crepusculario y se le **alborotaban**[142] los sentidos con el recuerdo del olor montuno, el calor de incendio, el roce terrible y el aliento de yerbabuena, hasta que empezó a andar como un **sonámbulo**[143] y sus propios hombres comprendieron que se le terminaría la vida antes de alcanzar el sillón de los presidentes.

—¿Qué es lo que te pasa, Coronel? —le preguntó muchas veces el Mulato, hasta que por fin un día el jefe no pudo más y le confesó que la culpa de su ánimo eran esas dos palabras que llevaba **clavadas**[144] en el **vientre**.[145]

—Dímelas, a ver si pierden su poder —le pidió su fiel ayudante.

—No te las diré, son sólo mías —replicó el Coronel.

Cansado de ver a su jefe deteriorarse como un condenado a muerte, el Mulato se echó el **fusil**[146] al hombro y partió en busca de Belisa Crepusculario. Siguió sus **huellas**[147] por toda esa vasta geografía hasta encontrarla en un pueblo del sur, instalada bajo el toldo de su oficio, contando su rosario de noticias. Se le plantó delante con las piernas abiertas y el arma **empuñada**.[148]

—Tú te vienes conmigo —ordenó.

---

[142] **alborotaban**—despertaban; revolvían.

[143] **sonámbulo**—el que camina dormido.

[144] **clavadas**—fijas.

[145] **vientre** (m.)—estómago; interior; entrañas.

[146] **fusil** (m.)—arma de fuego de cañon largo; rifle.

[147] **huellas**—rastro; impresión dejada generalmente por los pies o las manos.

[148] **empuñada**—en el puño o en las manos.

Ella lo estaba esperando. Recogió su tintero, **plegó**[149] el lienzo de su tenderete, se echó el chal sobre los hombros y en silencio **trepó**[150] al anca del caballo. No cruzaron ni un gesto en todo el camino, porque al Mulato el deseo por ella se le había convertido en **rabia**[151] y sólo el miedo que le inspiraba su lengua le impedía destrozarla a latigazos. Tampoco estaba dispuesto a comentarle que el Coronel andaba **alelado**,[152] y que lo que no habían logrado tantos años de batallas lo había conseguido un **encantamiento**[153] susurrado al oído. Tres días después llegaron al campamento y de inmediato condujo a su prisionera hasta el candidato, delante de toda la tropa.

—Te traje a esta **bruja**[154] para que le devuelvas sus palabras, Coronel, y para que ella te devuelva la **hombría**[155] —dijo apuntando el cañón de su fusil a la **nuca**[156] de la mujer.

El Coronel y Belisa Crepusculario se miraron largamente, **midiéndose**[157] desde la distancia. Los hombres comprendieron entonces que ya su jefe no podía **deshacerse del**[158] hechizo de esas dos palabras **endemoniadas**,[159] porque todos pudieron ver los ojos carnívoros del puma tornarse **mansos**[160] cuando ella avanzó y le tomó la mano.

---

[149] **plegó**—dobló.

[150] **trepó**—subió; escaló.

[151] **rabia**—furia; enojo grande.

[152] **alelado**—atontado; embobado; embelesado.

[153] **encantamiento**—hechizo.

[154] **bruja**—hechicera.

[155] **hombría**—virilidad; cualidades varoniles.

[156] **nuca**—parte posterior del cuello, donde se une al cráneo.

[157] **midiéndose**—juzgándose; calculando cada uno lo que haría el otro.

[158] **deshacerse de(l)**—apartar de sí; quitarse de encima.

[159] **endemoniadas**—endiabladas; inspiradas por el diablo.

[160] **mansos**—sumisos; domesticados.

PREGUNTAS

1. ¿Qué significado puede tener el que la protagonista lleva un nombre creado por ella misma? ¿Se puede afirmar que esto refleja aspectos de su carácter? Discute las connotaciones del nombre.

2. ¿Cómo llega Belisa Crepusculario a ser vendedora de palabras?

3. ¿Qué papel desempeña el hecho de que Belisa regala, sin cobrar, las palabras secretas propias de cada cliente comprador de palabras?

4. El poder de la palabra es una idea importante en la obra de Isabel Allende. Analiza de qué manera este cuento expone esa idea, basando tu análisis en detalles específicos.

Gabriel García Márquez ▶

Un día de éstos

GABRIEL GARCÍA MÁRQUEZ

*En este cuento garciamarquesco "Un día de éstos" (1962), la
tensión nace de una tácita amenaza de violencia, de comienzo a
fin. El protagonista del cuento es un vecino nada poderoso de un
pueblo que sufre bajo un régimen militar sanguinario. Ejerce la
dentistería sin título, y le faltan recursos económicos para
mantener adecuadamente su consultorio. Su paciente, el
alcalde-teniente, encarna la opresión que sufre el pueblo. En
Latinoamérica, a los "hombres fuertes" se les conoce bajo muchos
nombres: caudillo, cacique, tirano, déspota o dictador; comoquiera
que se les llame, tienden a ser militares, y reprimen al pueblo
mediante el uso del terror: redadas y encarcelamientos repentinos,
torturas, matanzas generales y desapariciones. En un pueblo como
el de "Un día de éstos", no hay proceso legal establecido; lo que
hay es la "mano dura" del que se impone.*

*Mediante el comentario del dentista al sacarle la muela a su
paciente, sabemos que éste carga con la responsabilidad de
muchos muertos en el pueblo, y el dolor profundo, posiblemente
innecesario, pero pasajero, que el dentista le hace pasar, pagará
veinte de los tantos.*

El lunes amaneció **tibio**[1] y sin lluvia. Don Aurelio Escovar, dentista sin título[2] y buen **madrugador**,[3] abrió su **gabinete**[4] a las seis. Sacó de la **vidriera**[5] una **dentadura postiza**[6] montada aún en el molde de yeso[7] y puso sobre la mesa un puñado de instrumentos que ordenó de mayor a menor, como en una exposición. Llevaba una camisa a rayas, sin cuello, cerrada arriba con un botón dorado, y los pantalones sostenidos con cargadores elásticos.[8] Era rígido, **enjuto**,[9] con una mirada que raras veces correspondía a la situación, como la mirada de los sordos.

Cuando tuvo las cosas dispuestas sobre la mesa, rodó la **fresa**[10] hacia el sillón de **resortes**[11] y se sentó a **pulir**[12] la dentadura postiza. Parecía no pensar en lo que hacía, pero trabajaba con obstinación, pedaleando en la fresa incluso cuando no se servía de ella.

Después de las ocho hizo una pausa para mirar el cielo por la ventana y vio dos **gallinazos**[13] pensativos que se secaban al sol en el caballete[14] de la casa vecina. Siguió trabajando con la idea de que antes del almuerzo

---

[1] **tibio**—ni frío ni caliente, sino un término medio.

[2] sin título—en algunas partes de Hispanoamérica, los médicos y los dentistas pueden ejercer su profesión sin haber sacado diploma, si anuncian este hecho en su placa o letrero.

[3] **madrugador**—acostumbrado a levantarse temprano.

[4] **gabinete** (m.)—oficina; despacho.

[5] **vidriera**—especie de escaparate o mostrador, de cristal.

[6] **dentadura postiza**—dientes artificiales.

[7] yeso—sustancia pastosa, blanca, que endurece al secarse.

[8] cargadores elásticos—tirantes, que sirven para sostener el pantalón.

[9] **enjuto**—encogido; delgado.

[10] fresa—herramienta rotativa del dentista, para perforar o, en este caso, pulir dientes.

[11] **resortes** (m.)—alambres en espiral, que se comprimen bajo algún peso, y vuelven a su estado anterior cuando el peso se quita.

[12] **pulir**—dar brillo; alisar.

[13] **gallinazos**—buitres; zopilotes; caranchos.

[14] caballete (m.)—línea del tejado que forma la cima del mismo, de donde arrancan las dos vertientes.

volvería a llover. La voz **destemplada**[15] de su hijo de once años lo sacó de su abstracción.

—Papá.

—Qué.

—Dice el **alcalde**[16] que si le sacas una muela.

—Dile que no estoy aquí.

Estaba puliendo un diente de oro. Lo retiró a la distancia del brazo y lo examinó con los ojos a medio cerrar. En la salita de espera volvió a gritar su hijo.

—Dice que sí estás porque te está oyendo.

El dentista siguió examinando el diente. Sólo cuando lo puso en la mesa con los trabajos terminados, dijo:

—Mejor.

Volvió a operar la fresa. De una cajita de cartón donde guardaba las cosas por hacer, sacó un puente de varias piezas y empezó a pulir el oro.

—Papá.

—Qué.

Aún no había cambiado de expresión.

—Dice que si no le sacas la muela te pega un tiro.

Sin apresurarse, con un movimiento extremadamente tranquilo, dejó de pedalear en la fresa, la retiró del sillón y abrió por completo la **gaveta**[17] inferior de la mesa. Allí estaba el revólver.

—Bueno —dijo—. Dile que venga a pegármelo.

Hizo **girar**[18] el sillón hasta quedar de frente a la puerta, la mano apoyada en el borde de la gaveta. El alcalde apareció en el umbral. Se había afeitado la mejilla izquierda, pero en la otra, hinchada y dolorida, tenía una barba de cinco días. El dentista vio en sus ojos marchitos[19] muchas noches de desesperación. Cerró la gaveta con la punta de los dedos y dijo suavemente:

---

[15] **destemplada**—alta y discordante.

[16] **alcalde**—oficial ejecutivo de un municipio.

[17] **gaveta**—cajón de un escritorio o cómoda.

[18] **girar**—dar vuelta.

[19] marchitos—desmejorados; debilitados; resecos, por no haber dormido.

—Siéntese.

—Buenos días —dijo el alcalde.

—Buenos —dijo el dentista.

Mientras hervían los instrumentos, el alcalde apoyó el cráneo en el cabezal de la silla y se sintió mejor. Respiraba un olor glacial. Era un gabinete pobre: una vieja silla de madera, la fresa de pedal y una vidriera con pomos[20] de loza.[21] Frente a la silla, una ventana con un cancel[22] de tela hasta la altura de un hombre. Cuando sintió que el dentista se acercaba, el alcalde afirmó los talones y abrió la boca.

Don Aurelio Escovar le movió la cara hacia la luz. Después de observar la muela dañada, ajustó la mandíbula con una **cautelosa**[23] presión de los dedos.

—Tiene que ser sin anestesia —dijo.

—¿Por qué?

—Porque tiene un absceso.

El alcalde lo miró a los ojos.

—Está bien —dijo, y trató de sonreír. El dentista no le correspondió.[24] Llevó a la mesa de trabajo la cacerola con los instrumentos hervidos y los sacó del agua con unas pinzas frías, todavía sin apresurarse. Después rodó la escupidera con la punta del zapato y fue a lavarse las manos en el aguamanil.[25] Hizo todo sin mirar al alcalde. Pero el alcalde no lo perdió de vista.

Era una cordal[26] inferior. El dentista abrió las piernas y apretó la muela con el gatillo[27] caliente. El alcalde se **aferró**[28] a las barras de la silla, descargó toda

---

[20] pomos—frascos; vasitos.

[21] loza—porcelana.

[22] cancel (m.)—biombo; tabique que separa una parte de un cuarto de otra.

[23] **cautelosa**—cuidadosa.

[24] no le correspondió—no hizo lo mismo; no le devolvió la sonrisa.

[25] aguamanil (m.)—lavabo.

[26] cordal (f.)—la muela situada más atrás en la mandíbula.

[27] gatillo—tenazas para extraer dientes.

[28] **aferró**—agarró.

su fuerza en los pies y sintió un vacío helado en los riñones, pero no soltó un suspiro. El dentista sólo movió la muñeca. Sin **rencor**,[29] más bien con una amarga ternura, dijo:

—Aquí nos paga veinte muertos, teniente.

El alcalde sintió un **crujido**[30] de huesos en la mandíbula y sus ojos se llenaron de lágrimas. Pero no suspiró hasta que no sintió salir la muela. Entonces la vio a través de las lágrimas. Le pareció tan extraña a su dolor, que no pudo entender la tortura de sus cinco noches anteriores. Inclinado sobre la escupidera, sudoroso, **jadeante**,[31] se desabotonó la guerrera[32] y buscó **a tientas**[33] el pañuelo en el bolsillo del pantalón. El dentista le dio un trapo limpio.

—Séquese las lágrimas —dijo.

El alcalde lo hizo. Estaba temblando. Mientras el dentista se lavaba las manos, vio el cielorraso[34] desfondado[35] y una telaraña polvorienta con huevos de araña e insectos muertos. El dentista regresó secándose las manos. «Acuéstese —dijo— y **haga buches**[36] de agua de sal.» El alcalde se puso de pie, se despidió con un **displicente**[37] saludo militar, y se dirigió a la puerta estirando las piernas, sin abotonarse la guerrera.

—Me pasa la cuenta —dijo.

—¿A usted o al municipio?

El alcalde no lo miró. Cerró la puerta, y dijo, a través de la red metálica:

—Es la misma vaina.[38]

---

[29] **rencor**—resentimiento.

[30] **crujido**—ruido seco, como el que produce un madero al rajarse.

[31] **jadeante**—respirando trabajosamente.

[32] guerrera—túnica de tipo militar.

[33] **a tientas**—a ciegas; con las manos, sin usar los ojos.

[34] cielorraso—techo.

[35] desfondado—roto; desconchado; descascarillado.

[36] **haga buches**—enjuáguese la boca.

[37] **displicente**—de mal humor.

[38] Es la misma vaina—da lo mismo.

PREGUNTAS

1. Describe tú los complejos sentimientos que afligen al dentista de este cuento. Justifica tu descripción con citas textuales, y comenta la forma en que García Márquez nos retrata estos sentimientos.

2. El enfoque de este cuento recae sobre un paciente necesitado de atención odontológica. Sin embargo, no se trata de un paciente cualquiera. ¿Por qué empieza el dentista por negarle la atención que requiere? ¿Qué es lo que le hace cambiar de proceder? Justifica tu opinión con citas textuales.

3. Explica la declaración del dentista: "Con esto nos paga veinte muertos, teniente". ¿A qué se refiere?

4. ¿Cuál es el significado más hondo del pronunciamiento final del alcalde: "Es la misma vaina"? ¿Qué función cumple en la historia?

5. Un elemento frecuente en la obra de Gabriel García Márquez es lo omitido, es decir, detalles que se omiten y que no llegamos a saber a través del texto. Un detalle omitido de "Un día de éstos" es la interrogante en cuanto a la necesidad que declara el dentista de sacarle la muela al alcalde sin anestesia. Comenta tú ésta y otras interrogantes con que quedamos al final de este cuento por causa de detalles omitidos.

La prodigiosa tarde de Baltazar

GABRIEL GARCÍA MÁRQUEZ

Baltazar, protagonista garciamarquesco de "La prodigiosa tarde de Baltazar" (1962), no llega nunca a comprender los alcances de su talento artístico ni el valor intrínseco de su obra de arte: la jaula más bella del mundo. García Márquez nos detalla, con fina comicidad, la tarde en que Baltazar termina su jaula y la lleva a la casa del hombre más rico del pueblo, don José Montiel, a que éste se la compre a buen precio. Baltazar es ingenuo, y honrado también. Dio su palabra al niño Montiel, y cumple con ella. Éste es el primer cuento en que se empieza a conocer el carácter de Montiel, un ser sórdido y bestial, y, encima de eso, mezquino. En su respuesta a los sucesos en casa de Montiel, y ante el pueblo al que encara a continuación el protagonista, se encierra lo prodigioso de la tarde de Baltazar.

La **jaula**[1] estaba terminada. Baltazar la colgó en el alero,[2] por la fuerza de la costumbre, y cuando acabó de almorzar ya se decía por todos lados que era la jaula

---

[1] **jaula**—caja hecha de mimbre, madera o alambre para encerrar animales.

[2] alero—parte del tejado que se extiende más allá de la pared.

más bella del mundo. Tanta gente vino a verla, que se formó un tumulto frente a la casa, y Baltazar tuvo que descolgarla y cerrar la carpintería.

—Tienes que afeitarte —le dijo Úrsula, su mujer—. Pareces un capuchino.[3]

—Es malo afeitarse después del almuerzo —dijo Baltazar.

Tenía una barba de dos semanas, un cabello corto, duro y parado como las **crines**[4] de un mulo, y una expresión general de muchacho asustado. Pero era una expresión falsa. En febrero había cumplido 30 años, vivía con Úrsula desde hacía cuatro, sin casarse y sin tener hijos, y la vida le había dado muchos motivos para estar alerta, pero ninguno para estar asustado. Ni siquiera sabía que para algunas personas, la jaula que acababa de hacer era la más bella del mundo. Para él, acostumbrado a hacer jaulas desde niño, aquél había sido apenas un trabajo más **arduo**[5] que los otros.

—Entonces repósate[6] un rato —dijo la mujer—. Con esa barba no puedes presentarte en ninguna parte.

Mientras reposaba tuvo que abandonar la hamaca varias veces para mostrar la jaula a los vecinos. Úrsula no le había prestado atención hasta entonces. Estaba disgustada porque su marido había descuidado el trabajo de la carpintería para dedicarse por entero a la jaula, y durante dos semanas había dormido mal, dando tumbos[7] y hablando **disparates**,[8] y no había vuelto a pensar en afeitarse. Pero el disgusto se disipó ante la jaula terminada. Cuando Baltazar despertó de la siesta, ella le había planchado los pantalones y una camisa, los

---

[3] capuchino—monje de la Orden de los Capuchinos; llevan capucho largo, hábito pardo y barba.

[4] **crines** (f.)—pelos largos que crecen en la parte superior del pescuezo de los caballos, asnos y mulos.

[5] **arduo**—difícil; laborioso.

[6] repósate—descansa.

[7] dando tumbos—revolviéndose.

[8] **disparates** (m.)—locuras; sinrazones.

había puesto en un asiento junto a la hamaca, y había llevado la jaula a la mesa del comedor. La contemplaba en silencio.

—¿Cuánto vas a cobrar? —preguntó.

—No sé —contestó Baltazar—. Voy a pedir treinta pesos para ver si me dan veinte.

—Pide cincuenta —dijo Úrsula—. Te has **trasnochado**[9] mucho en estos quince días. Además, es bien grande. Creo que es la jaula más grande que he visto en mi vida.

Baltazar empezó a afeitarse.

—¿Crees que me darán los cincuenta pesos?

—Eso no es nada para don Chepe Montiel, y la jaula los vale —dijo Úrsula—. Debías pedir sesenta.

La casa **yacía**[10] en una penumbra sofocante. Era la primera semana de abril y el calor parecía menos soportable por el pito de las **chicharras**.[11] Cuando acabó de vestirse, Baltazar abrió la puerta del patio para refrescar la casa, y un grupo de niños entró en el comedor.

La noticia se había extendido. El doctor Octavio Giraldo, un médico viejo, contento de la vida pero cansado de la profesión, pensaba en la jaula de Baltazar mientras almorzaba con su esposa inválida. En la terraza interior donde ponían la mesa en los días de calor, había muchas macetas con flores y dos jaulas con canarios. A su esposa le gustaban los pájaros, y le gustaban tanto que odiaba a los gatos porque eran capaces de comérselos. Pensando en ella, el doctor Giraldo fue esa tarde a visitar a un enfermo, y al regreso pasó por la casa de Baltazar a conocer la jaula.

Había mucha gente en el comedor. Puesta en exhibición sobre la mesa, la enorme cúpula de alambre con tres pisos interiores, con **pasadizos**[12] y

---

[9] **trasnochado**—pasado la noche sin dormir.

[10] **yacía**—quedaba; estaba.

[11] chicharras—insectos que producen un zumbido característico.

[12] **pasadizos**—pasillos.

compartimientos especiales para comer y dormir, y **trapecios**[13] en el espacio reservado al recreo de los pájaros, parecía el modelo reducido de una gigantesca fábrica de hielo. El médico la examinó cuidadosamente, sin tocarla, pensando que **en efecto**[14] aquella jaula era superior a su propio prestigio, y mucho más bella de lo que había soñado jamás para su mujer.

—Esto es una aventura de la imaginación —dijo. Buscó a Baltazar en el grupo, y agregó, fijos en él sus ojos maternales—: Hubieras sido un extraordinario arquitecto.

Baltazar se ruborizó.[15]

—Gracias —dijo.

—Es verdad —dijo el médico. Tenía una gordura lisa y tierna como la de una mujer que fue hermosa en su juventud, y unas manos delicadas. Su voz parecía la de un cura hablando en latín—. Ni siquiera será necesario ponerle pájaros —dijo, haciendo girar la jaula frente a los ojos del público, como si la estuviera vendiendo—. Bastará con colgarla entre los árboles para que cante sola. —Volvió a ponerla en la mesa, pensó un momento, mirando la jaula, y dijo:

—Bueno, pues me la llevo.

—Está vendida —dijo Úrsula.

—Es del hijo de don Chepe Montiel —dijo Baltazar—. La mandó a hacer expresamente.

El médico asumió una actitud respetable.

—¿Te dio el modelo?

—No —dijo Baltazar—. Dijo que quería una jaula grande, como ésa, para una pareja de turpiales.[16]

El médico miró la jaula.

—Pero ésta no es para turpiales.

—Claro que sí, doctor —dijo Baltazar, acercándose a la mesa. Los niños lo rodearon—. Las medidas están

---

[13] **trapecios**—columpios de asiento en forma de barra.

[14] **en efecto**—de hecho; en realidad.

[15] se ruborizó—se le puso la cara colorada.

[16] turpiales (m.)—aves de plumaje abigarrado, de muchos colores.

bien calculadas —dijo, señalando con el índice los diferentes compartimientos. Luego golpeó la cúpula con los **nudillos**,[17] y la jaula se llenó de **acordes**[18] profundos.

—Es el alambre más resistente que se puede encontrar, y cada **juntura**[19] está **soldada**[20] por dentro y por fuera —dijo.

—Sirve hasta para un loro —intervino uno de los niños.

—Así es —dijo Baltazar.

El médico movió la cabeza.

—Bueno, pero no te dio el modelo —dijo—. No te hizo ningún encargo preciso, aparte de que fuera una jaula grande para turpiales. ¿No es así?

—Así es —dijo Baltazar.

—Entonces no hay problema —dijo el médico—. Una cosa es una jaula grande para turpiales y otra cosa es esta jaula. No hay pruebas de que sea ésta la que te mandaron hacer.

—Es esta misma —dijo Baltazar, **ofuscado**[21]—. Por eso la hice.

El médico hizo un gesto de impaciencia.

—Podrías hacer otra —dijo Úrsula, mirando a su marido. Y después, hacia el médico—: Usted no tiene **apuro**.[22]

—Se la prometí a mi mujer para esta tarde —dijo el médico.

—Lo siento mucho, doctor —dijo Baltazar—, pero no se puede vender una cosa que ya está vendida.

El médico **se encogió de hombros**.[23] Secándose el sudor del cuello con un pañuelo, contempló la jaula en

---

[17] **nudillos**—articulaciones, o coyunturas, de los huesos de los dedos.

[18] **acordes** (m.)—resonancias; tonos.

[19] **juntura**—articulación; punto de unión.

[20] **soldada**—sellada; unida por medio de un metal fundido.

[21] **ofuscado**—confundido; perplejo; sin entender.

[22] **apuro**—prisa.

[23] **se encogió de hombros**—hizo un movimiento con los hombros para indicar su indiferencia.

silencio, sin mover la mirada de un mismo punto indefinido, como se mira un barco que se va.

—¿Cuánto te dieron por ella?

Baltazar buscó a Úrsula sin responder.

—Sesenta pesos —dijo ella.

El médico siguió mirando la jaula.

—Es muy bonita —suspiró—. **Sumamente**[24] bonita. —Luego, moviéndose hacia la puerta, empezó a **abanicarse**[25] con energía, sonriente, y el recuerdo de aquel episodio desapareció para siempre de su memoria.

—Montiel es muy rico —dijo.

En verdad, José Montiel no era tan rico como parecía, pero había sido capaz de todo por llegar a serlo. A pocas cuadras de allí, en una casa atiborrada[26] de arneses[27] donde nunca se había sentido un olor que no se pudiera vender, **permanecía**[28] indiferente a la novedad de la jaula. Su esposa, torturada por la obsesión de la muerte, cerró puertas y ventanas después del almuerzo y yació dos horas con los ojos abiertos en la penumbra del cuarto, mientras José Montiel hacía la siesta. Así la sorprendió un **alboroto**[29] de muchas voces. Entonces abrió la puerta de la sala y vio un tumulto frente a la casa, y a Baltazar con la jaula en medio del tumulto, vestido de blanco y acabado de afeitar, con esa expresión de decoroso candor con que los pobres llegan a la casa de los ricos.

—Qué cosa tan maravillosa —exclamó la esposa de José Montiel, con una expresión radiante, conduciendo a Baltazar hacia el interior—. No había visto nada igual en mi vida —dijo, y agregó, indignada con la multitud

---

[24] **Sumamente**—extremadamente.

[25] **abanicarse**—agitar un abanico, o algo parecido, para darse aire.

[26] atiborrada—llena hasta los topes.

[27] arneses (m.)—aparejos de las caballerías; pertrechos.

[28] **permanecía**—seguía; quedaba.

[29] **alboroto**—tumulto; jaleo; escándalo.

que se agolpaba[30] en la puerta—: Pero llévesela para adentro que nos van a convertir la sala en una **gallera**.[31]

Baltazar no era un extraño en la casa de José Montiel. En distintas ocasiones, por su eficacia y buen cumplimiento, había sido llamado para hacer trabajos de carpintería menor. Pero nunca se sintió bien entre los ricos. **Solía**[32] pensar en ellos, en sus mujeres feas y conflictivas, en sus tremendas operaciones quirúrgicas,[33] y experimentaba siempre un sentimiento de **piedad**.[34] Cuando entraba en sus casas no podía moverse sin arrastrar los pies.

—¿Está Pepe? —preguntó.

Había puesto la jaula en la mesa del comedor.

—Está en la escuela —dijo la mujer de José Montiel—. Pero ya no debe **demorar**.[35] —Y agregó—: Montiel se está bañando.

En realidad José Montiel no había tenido tiempo de bañarse. Se estaba dando una urgente fricción de alcohol alcanforado[36] para salir a ver lo que pasaba. Era un hombre tan **prevenido**,[37] que dormía sin ventilador eléctrico para vigilar durante el sueño los rumores de la casa.

—Adelaida —gritó—. ¿Qué es lo que pasa?

—Ven a ver qué cosa tan maravillosa —gritó su mujer.

José Montiel —**corpulento**[38] y peludo, la toalla colgada en la **nuca**[39]— se asomó por la ventana del dormitorio.

---

[30] se agolpaba—se juntaba de pronto.

[31] **gallera**—plaza, o cuadrilátero, donde se celebran peleas de gallos.

[32] **Solía**—acostumbraba; tenía por costumbre.

[33] operaciones quirúrgicas—operaciones hechas por cirujanos, médicos especializados que operan a sus pacientes.

[34] **piedad**—compasión.

[35] **demorar**—tardar.

[36] alcanforado—con alcanfor, sustancia blanca, de penetrante olor aromático.

[37] **prevenido**—cauteloso; que mira bien lo que hace.

[38] **corpulento**—de cuerpo grande.

[39] **nuca**—la parte posterior del cuello, donde se une a la cabeza.

—¿Qué es eso?

—La jaula de Pepe —dijo Baltazar.

La mujer lo miró **perpleja**.[40]

—¿De quién?

—De Pepe —confirmó Baltazar. Y después dirigiéndose a José Montiel—: Pepe me la mandó a hacer.

Nada ocurrió en aquel instante, pero Baltazar se sintió como si le hubieran abierto la puerta del baño. José Montiel salió en calzoncillos del dormitorio.

—Pepe —gritó.

—No ha llegado —murmuró su esposa, inmóvil.

Pepe apareció en el vano[41] de la puerta. Tenía unos doce años y las mismas pestañas rizadas y el quieto patetismo[42] de su madre.

—Ven acá —le dijo José Montiel—. ¿Tú mandaste a hacer esto?

El niño bajó la cabeza. Agarrándolo por el cabello, José Montiel lo obligó a mirarlo a los ojos.

—Contesta.

El niño se mordió los labios sin responder.

—Montiel —susurró la esposa.

José Montiel soltó al niño y se volvió hacia Baltazar con una expresión **exaltada**.[43]

—Lo siento mucho, Baltazar —dijo—. Pero has debido consultarlo conmigo antes de proceder. Sólo a ti se te ocurre contratar con un menor. —A medida que hablaba, su rostro fue recobrando la serenidad. Levantó la jaula sin mirarla y se la dio a Baltazar.— Llévatela en seguida y trata de vendérsela a quien puedas —dijo—. Sobre todo, te ruego que no me discutas. —Le dio una palmadita en la espalda, y explicó—: El médico me ha prohibido coger rabia.

---

[40] **perpleja**—sin entender; desconcertada.

[41] vano (m.)—hueco.

[42] patetismo—cualidad de patético; condición que inspira lástima en los demás.

[43] **exaltada**—emocionada.

El niño había permanecido inmóvil, sin parpadear, hasta que Baltazar lo miró perplejo con la jaula en la mano. Entonces emitió un sonido gutural, como el **ronquido**[44] de un perro, y se lanzó al suelo dando gritos.

José Montiel lo miraba **impasible**,[45] mientras la madre trataba de **apaciguarlo**.[46]

—No lo levantes —dijo—. Déjalo que se rompa la cabeza contra el suelo y después le echas sal y limón para que rabie con gusto.

El niño chillaba sin lágrimas, mientras su madre lo sostenía por las muñecas.

—Déjalo —insistió José Montiel.

Baltazar observó al niño como hubiera observado la **agonía**[47] de un animal contagioso. Eran casi las cuatro. A esa hora, en su casa, Úrsula cantaba una canción muy antigua, mientras cortaba rebanadas de cebolla.

—Pepe —dijo Baltazar.

Se acercó al niño, sonriendo, y le **tendió**[48] la jaula. El niño **se incorporó**[49] de un salto, abrazó la jaula, que era casi tan grande como él, y se quedó mirando a Baltazar a través del tejido metálico, sin saber qué decir. No había derramado una lágrima.

—Baltazar —dijo Montiel, suavemente—. Ya te dije que te la lleves.

—Devuélvela —ordenó la mujer al niño.

—Quédate con ella —dijo Baltazar. Y luego, a José Montiel—: Al fin y al cabo, para eso la hice.

José Montiel lo persiguió hasta la sala.

---

[44] **ronquido**—sonido que emiten a veces los animales y los humanos al respirar, especialmente cuando están dormidos.

[45] **impasible**—sin alterarse o emocionarse.

[46] **apaciguarlo**—calmarlo.

[47] **agonía**—tránsito de la muerte; proceso de morir.

[48] **tendió**—extendió; ofreció.

[49] **se incorporó**—se levantó.

—No seas tonto, Baltazar —decía, cerrándole el paso—. Llévate tu **trasto**[50] para la casa y no hagas más tonterías. No pienso pagarte ni un centavo.

—No importa —dijo Baltazar—. La hice expresamente para regalársela a Pepe. No pensaba cobrar nada.

Cuando Baltazar se abrió paso a través de los curiosos que bloqueaban la puerta, José Montiel daba gritos en el centro de la sala. Estaba muy pálido y sus ojos empezaban a enrojecer.

—Estúpido —gritaba—. Llévate tu **cacharro**.[51] Lo último que faltaba es que **un cualquiera**[52] venga a dar órdenes en mi casa. ¡Carajo![53]

En el salón de billar recibieron a Baltazar con una ovación. Hasta ese momento, pensaba que había hecho una jaula mejor que las otras, que había tenido que regalársela al hijo de José Montiel para que no siguiera llorando, y que ninguna de esas cosas tenía nada de particular. Pero luego se dio cuenta de que todo eso tenía una cierta importancia para muchas personas, y se sintió un poco excitado.

—De manera que te dieron cincuenta pesos por la jaula.

—Sesenta —dijo Baltazar.

—Hay que hacer una raya en el cielo —dijo alguien—. Eres el único que ha logrado sacarle ese montón de plata a don Chepe Montiel. Esto hay que celebrarlo.

Le ofrecieron una cerveza, y Baltazar correspondió con una tanda para todos. Como era la primera vez que bebía, al anochecer estaba completamente borracho, y hablaba de un fabuloso proyecto de mil jaulas de a sesenta pesos, y después de un millón de jaulas hasta completar sesenta millones de pesos.

---

[50] **trasto**—objeto de poco valor; cacharro.

[51] **cacharro**—objeto de poco valor; trasto.

[52] **un cualquiera**—un don Nadie; persona de bajo rango social.

[53] ¡Carajo!—exclamación grosera, de molestia o enojo.

—Hay que hacer muchas cosas para vendérselas a los ricos antes que se mueran —decía, ciego de la borrachera—. Todos están enfermos y se van a morir. Cómo estarán de jodidos[54] que ya ni siquiera pueden coger rabia.

Durante dos horas el tocadiscos automático estuvo por su cuenta tocando sin parar. Todos brindaron por la salud de Baltazar, por su suerte y su fortuna, y por la muerte de los ricos, pero a la hora de la comida lo dejaron solo en el salón.

Úrsula lo había esperado hasta las ocho, con un plato de carne frita cubierto de rebanadas de cebolla. Alguien le dijo que su marido estaba en el salón de billar, loco de felicidad, brindando cerveza a todo el mundo, pero no lo creyó porque Baltazar no se había emborrachado jamás. Cuando se acostó, casi a la medianoche, Baltazar estaba en un salón iluminado, donde había mesitas de cuatro puestos con sillas alrededor, y una pista de baile al aire libre, por donde se paseaban los alcaravanes.[55] Tenía la cara embadurnada[56] de **colorete**,[57] y como no podía dar un paso más, pensaba que quería acostarse con dos mujeres en la misma cama. Había gastado tanto, que tuvo que dejar el reloj como garantía, con el **compromiso**[58] de pagar al día siguiente. Un momento después, despatarrado[59] por la calle, se dio cuenta de que le estaban quitando los zapatos, pero no quiso abandonar el sueño más feliz de su vida. Las mujeres que pasaron para la misa de cinco no se atrevieron a mirarlo, creyendo que estaba muerto.

---

[54] jodidos—palabra grosera por fregados; fritos; en mal estado.

[55] alcaravanes—aves de ojos grandes, cuello corto y pico largo, corvo y fino.

[56] embadurnada—embarrada; pintada.

[57] **colorete** (m.)—polvo de color rosa que se usa para dar ese color a las mejillas.

[58] **compromiso**—promesa.

[59] despatarrado—tumbado, o tendido, con las piernas abiertas.

PREGUNTAS

1. Describe la jaula que ha construido Baltazar. ¿Cómo es físicamente y qué efecto tiene sobre la gente del pueblo? ¿Comprende el artista los alcances de su capacidad artística?

2. ¿Por qué se niega Baltazar a vender la jaula al médico, como sugiere Úrsula, para después volver a hacer otra para el hijo de José Montiel?

3. ¿Por qué le resulta imposible a Baltazar contarle al pueblo la verdad sobre la negativa de Montiel de pagar la jaula?

4. ¿Por qué crees que se titula el cuento "La prodigiosa tarde de Baltazar" y no "La prodigiosa jaula de Baltazar"?

5. Muchas obras de Gabriel García Márquez y de Emilia Pardo Bazán se enfocan en personajes que son maltratados por otros. Compara el maltrato que recibe Baltazar en este cuento con el maltrato de Ildara en "Las medias rojas" de Emilia Pardo Bazán.

La viuda de Montiel

GABRIEL GARCÍA MÁRQUEZ

En "La viuda de Montiel" (1962), la presencia de José Montiel sigue surtiendo su efecto, aun después de muerto. Éste es el tercer cuento que versa sobre el papel que desempeña Montiel en la historia de este pueblo garciamarquesco sin nombre: el paciente afligido de "Un día de éstos" es probablemente el hombre fuerte, enviado para cumplir órdenes expresas de la dictadura, de liquidar la oposición. Con él, en el pueblo, se alió Montiel, quien pasó de ser hombre que "se había pasado la mitad de su vida en calzoncillos sentado a la puerta de su piladora de arroz", a desempeñar para el alcalde-teniente los servicios especiales que éste requería. Así se granjeó Montiel tanto la buena voluntad del hombre fuerte como una buena hacienda para sí mismo.

La abusada e inocente viuda nunca, hasta el día de su muerte, se dio cuenta de la realidad de su marido. Tampoco entendió jamás por qué el pueblo no asistió al entierro del que para ella fue "como un santo moderno".

Cuando murió don José Montiel, todo el mundo se sintió **vengado**,[1] menos su viuda; pero se necesitaron varias horas para que todo el mundo creyera que en verdad había muerto. Muchos lo seguían poniendo en duda después de ver el cadáver en cámara ardiente,[2] embutido[3] con almohadas y sábanas de lino dentro de una caja amarilla y abombada como un melón. Estaba muy bien afeitado, vestido de blanco y con botas de **charol**,[4] y tenía tan buen **semblante**[5] que nunca pareció tan vivo como entonces. Era el mismo don Chepe Montiel de los domingos, oyendo misa de ocho, sólo que en lugar de la fusta[6] tenía un crucifijo entre las manos. Fue preciso que atornillaran la tapa del **ataúd**[7] y que lo emparedaran en el aparatoso[8] mausoleo familiar, para que el pueblo entero se convenciera de que no se estaba haciendo el muerto.

Después del entierro, lo único que a todos pareció increíble, menos a su viuda, fue que José Montiel hubiera muerto de muerte natural. Mientras todo el mundo esperaba que lo **acribillaran**[9] por la espalda en una **emboscada**,[10] su viuda estaba segura de verlo morir de viejo en su cama, confesado y sin **agonía**,[11] como un santo moderno. Se equivocó apenas en algunos detalles. José Montiel murió en su hamaca, un miércoles a las dos

---

[1] **vengado**—desquitado; satisfecho por motivo de represalias contra un malhechor.

[2] cámara ardiente—sala donde reposa el cadáver de José Montiel, rodeado de velas encendidas.

[3] embutido—apretado; empaquetado; encajado.

[4] **charol** (m.)—especie de cuero que brilla.

[5] **semblante** (m.)—cara; expresión.

[6] fusta—látigo corto, delgado y flexible, usado para animar a los caballos.

[7] **ataúd**—féretro; caja de muerto.

[8] aparatoso—impresionante.

[9] **acribillaran**—llenaran de agujeros.

[10] **emboscada**—celada; trampa; escondite preparado para asaltar a alguien de sorpresa.

[11] **agonía**—proceso prolongado de morir; tránsito de la muerte.

de la tarde, a consecuencia de la rabieta[12] que el médico le había prohibido. Pero su esposa esperaba también que todo el pueblo asistiera al entierro y que la casa fuera pequeña para recibir tantas flores. Sin embargo sólo asistieron sus **copartidarios**[13] y las congregaciones religiosas, y no se recibieron más coronas[14] que las de la administración municipal. Su hijo —desde su puesto consular de Alemania— y sus dos hijas, desde París, mandaron telegramas de tres páginas. Se veía que los habían **redactado**[15] de pie, con la tinta multitudinaria de la oficina de correos, y que habían roto muchos formularios antes de encontrar 20 dólares de palabras. Ninguno prometía regresar. Aquella noche, a los 62 años, mientras lloraba contra la almohada en que recostó la cabeza el hombre que la había hecho feliz, la viuda de Montiel conoció por primera vez el sabor de un resentimiento. "Me encerraré para siempre", pensaba. "Para mí, es como si me hubieran metido en el mismo cajón de José Montiel. No quiero saber nada más de este mundo." Era sincera.

Aquella mujer frágil, **lacerada**[16] por la superstición, casada a los 20 años por voluntad de sus padres con el único **pretendiente**[17] que le permitieron ver a menos de 10 metros de distancia, no había estado nunca en contacto directo con la realidad. Tres días después de que sacaron de la casa el cadáver de su marido, comprendió a través de las lágrimas que debía reaccionar, pero no pudo encontrar el **rumbo**[18] de su nueva vida. Era necesario empezar por el principio.

---

[12] rabieta—ataque de rabia, de enojo.

[13] **copartidarios**—los que pertenecen al mismo partido político.

[14] coronas—arreglos de flores en forma redonda.

[15] **redactado**—escrito; compuesto.

[16] **lacerada**—herida.

[17] **pretendiente**—novio.

[18] **rumbo**—sentido; dirección.

Entre los innumerables secretos que José Montiel se había llevado a la tumba, se fue enredada la combinación de la **caja fuerte**.[19] El alcalde se ocupó del problema. Hizo poner la caja en el patio, apoyada al paredón, y dos agentes de la policía dispararon sus **fusiles**[20] contra la cerradura. Durante toda una mañana, la viuda oyó desde el dormitorio las descargas **cerradas**[21] y sucesivas, ordenadas a gritos por el alcalde. "Esto era lo último que faltaba", pensó. "Cinco años rogando a Dios que se acaben los tiros, y ahora tengo que agradecer que disparen dentro de mi casa." Aquel día hizo un esfuerzo de concentración, llamando a la muerte, pero nadie le respondió. Empezaba a dormirse cuando una tremenda explosión **sacudió**[22] los **cimientos**[23] de la casa. Habían tenido que dinamitar la caja fuerte.

La viuda de Montiel lanzó un suspiro. Octubre se eternizaba con sus lluvias **pantanosas**[24] y ella se sentía perdida, navegando sin rumbo en la desordenada y fabulosa hacienda de José Montiel. El señor Carmichael, antiguo y diligente servidor de la familia, se había encargado de la administración. Cuando por fin se enfrentó al hecho concreto de que su marido había muerto, la viuda de Montiel salió del dormitorio para ocuparse de la casa. La **despojó**[25] de todo ornamento, hizo **forrar**[26] los muebles en colores **luctuosos**,[27] y puso lazos fúnebres en los retratos del muerto que colgaban de las paredes. En dos meses de encierro había

---

[19] **caja fuerte**—caja metálica, con cierre seguro, donde se guardan cosas valiosas.

[20] **fusiles** (m.)—armas de fuego como las que usan los soldados.

[21] **descargas cerradas**—disparos de dos o más armas de fuego al unísono.

[22] **sacudió**—agitó; estremeció.

[23] **cimientos**—bases; armadura subterránea que sostiene una casa.

[24] **lluvias pantanosas**—lluvias fuertes y frecuentes, que dejan agua estancada.

[25] **despojó**—desnudó; dejó carente.

[26] **forrar**—cubrir.

[27] **luctuosos**—fúnebres; sombríos.

adquirido la costumbre de morderse las uñas. Un día —los ojos enrojecidos e hinchados de tanto llorar— se dio cuenta de que el señor Carmichael entraba a la casa con el paraguas abierto.

—Cierre ese paraguas, señor Carmichael —le dijo—. Después de todas las **desgracias**[28] que tenemos, sólo nos faltaba que usted entrara a la casa con el paraguas abierto.

El señor Carmichael puso el paraguas en el rincón. Era un negro viejo, de piel **lustrosa**,[29] vestido de blanco y con pequeñas aberturas hechas a navaja en los zapatos para aliviar la presión de los **callos**.[30]

—Es sólo mientras se seca.

Por primera vez desde que murió su esposo, la viuda abrió la ventana.

—Tantas desgracias, y además este invierno —murmuró, mordiéndose las uñas—. Parece que no va a **escampar**[31] nunca.

—No escampará ni hoy ni mañana —dijo el administrador—. Anoche no me dejaron dormir los callos.

Ella confiaba en las predicciones atmosféricas de los callos del señor Carmichael. Contempló la placita desolada, las casas silenciosas cuyas puertas no se abrieron para ver el entierro de José Montiel, y entonces se sintió desesperada con sus uñas, con sus tierras sin límites, y con los infinitos **compromisos**[32] que heredó de su esposo y que nunca lograría comprender.

—El mundo está mal hecho —sollozó.

Quienes la visitaron por esos días tuvieron motivos para pensar que había perdido el **juicio**.[33] Pero nunca

---

[28] **desgracias**—infortunios; adversidades.

[29] **lustrosa**—brillante.

[30] **callos**—pequeños endurecimientos de la piel, especialmente de los pies o de las manos, causados por roce o fricción.

[31] **escampar**—aclarar; disiparse las nubes.

[32] **compromisos**—obligaciones.

[33] **juicio**—cordura; cabeza.

fue más lúcida que entonces. Desde antes de que empezara la matanza política ella pasaba las **lúgubres**[34] mañanas de octubre frente a la ventana de su cuarto, **compadeciendo**[35] a los muertos y pensando que si Dios no hubiera descansado el domingo habría tenido tiempo de terminar el mundo.

—Ha debido aprovechar ese día para que no le quedaran tantas cosas mal hechas —decía—. Al fin y al cabo, le quedaba toda la eternidad para descansar.

La única diferencia, después de la muerte de su esposo, era que entonces tenía un motivo concreto para concebir pensamientos **sombríos**.[36]

Así, mientras la viuda de Montiel se consumía en la desesperación, el señor Carmichael trataba de impedir el **naufragio**.[37] Las cosas no marchaban bien. Libre de la amenaza de José Montiel, que monopolizaba el comercio local por el terror, el pueblo tomaba **represalias**.[38] En espera de clientes que no llegaron, la leche se cortó en los **cántaros**[39] amontonados en el patio, y se fermentó la miel en sus cueros, y el queso engordó gusanos en los oscuros armarios del depósito. En su mausoleo adornado con bombillas eléctricas y arcángeles en imitación de mármol, José Montiel pagaba seis años de asesinatos y tropelías.[40] Nadie en la historia del país se había enriquecido tanto en tan poco tiempo. Cuando llegó al pueblo el primer alcalde de la dictadura, José Montiel era un discreto partidario de todos los regímenes, que se había pasado la mitad de la vida en calzoncillos sentado a la puerta de su piladora de arroz. En un tiempo **disfrutó**[41] de una cierta

---

[34] **lúgubres**—tristes; oscuras; sombrías.

[35] **compadeciendo**—sintiendo compasión.

[36] **sombríos**—tristes; oscuros; lúgubres.

[37] **naufragio**—hundimiento; desastre.

[38] **represalias**—venganza.

[39] **cántaros**—contenedores para líquidos.

[40] tropelías—atropellos; abusos; agravios; ofensas.

[41] **disfrutó**—gozó.

reputación de afortunado y buen creyente, porque prometió en voz alta regalar al templo un San José de tamaño natural si se ganaba la lotería, y dos semanas después se ganó seis fracciones y cumplió su promesa. La primera vez que se le vio usar zapatos fue cuando llegó el nuevo alcalde, un sargento de la policía, zurdo[42] y montaraz,[43] que tenía órdenes expresas de liquidar la oposición. José Montiel empezó por ser su informador confidencial. Aquel comerciante modesto cuyo tranquilo humor de hombre gordo no despertaba la menor inquietud, **discriminó**[44] a sus adversarios políticos en ricos y pobres. A los pobres los acribilló la policía en la plaza pública. A los ricos les dieron un plazo de 24 horas para abandonar el pueblo. Planificando la masacre, José Montiel se encerraba días enteros con el alcalde en su oficina sofocante, mientras su esposa se compadecía de los muertos. Cuando el alcalde abandonaba la oficina, ella le cerraba el paso a su marido.

—Ese hombre es un criminal —le decía—. Aprovecha tus influencias en el gobierno para que se lleven a esa bestia que no va a dejar un ser humano en el pueblo.

Y José Montiel, tan **atareado**[45] en esos días, la apartaba sin mirarla, diciendo: "No seas pendeja."[46] En realidad, su negocio no era la muerte de los pobres, sino la expulsión de los ricos. Después de que el alcalde les perforaba las puertas a tiros y les ponía el plazo para abandonar el pueblo, José Montiel les compraba sus tierras y ganados por un precio que él mismo se encargaba de fijar.

---

[42] zurdo—torpe; desmañado; inepto.

[43] montaraz—salvaje; persona que no se somete a las normas convencionales.

[44] **discriminó**—dividió.

[45] **atareado**—ocupado.

[46] pendeja—palabra grosera y despectiva que significa, en este caso, estúpida.

—No seas tonto —le decía su mujer—. Te arruinarás ayudándolos para que no se mueran de hambre en otra parte, y ellos no te lo agradecerán nunca.

Y José Montiel, que ya ni siquiera tenía tiempo de sonreír, la apartaba de su camino, diciendo:

—Vete para tu cocina y no me friegues[47] tanto.

A ese ritmo, en menos de un año estaba liquidada la oposición, y José Montiel era el hombre más rico y poderoso del pueblo. Mandó a sus hijas para París, consiguió a su hijo un puesto consular en Alemania, y se dedicó a consolidar su imperio. Pero no alcanzó a disfrutar seis años de su desaforada[48] riqueza.

Después de que se cumplió el primer aniversario de su muerte, la viuda no oyó **crujir**[49] la escalera sino bajo el peso de una mala noticia. Alguien llegaba siempre al atardecer. "Otra vez los bandoleros",[50] decían. "Ayer cargaron con un lote de 50 novillos." Inmóvil en el mecedor, mordiéndose las uñas, la viuda de Montiel sólo se alimentaba de su resentimiento.

—Yo te lo decía, José Montiel —decía, hablando sola—. Éste es un pueblo desagradecido. Aún estás caliente en tu tumba y ya todo el mundo nos volteó la espalda.

Nadie volvió a la casa. El único ser humano que vio en aquellos meses interminables en que no dejó de llover, fue el perseverante señor Carmichael, que nunca entró a la casa con el paraguas cerrado. Las cosas no marchaban mejor. El señor Carmichael había escrito varias cartas al hijo de José Montiel. Le sugería la **conveniencia**[51] de que viniera a ponerse al frente de los negocios, y hasta se permitió hacer algunas consideraciones personales sobre la salud de la viuda.

---

[47] friegues—palabra grosera por jodas; molestes.

[48] desaforada—desmedida; extravagante.

[49] **crujir**—producir un sonido agudo, como el que se oye cuando un madero se raja.

[50] bandoleros—bandidos; salteadores de caminos.

[51] **conveniencia**—provecho; ventaja.

Siempre recibió respuestas evasivas. Por último, el hijo de José Montiel contestó francamente que no se atrevía a regresar por temor de que le dieran un tiro. Entonces el señor Carmichael subió al dormitorio de la viuda y se vio precisado[52] a confesarle que se estaba quedando en la ruina.

—Mejor —dijo ella—. Estoy **hasta la coronilla**[53] de quesos y de moscas. Si usted quiere, llévese lo que le haga falta y déjeme morir tranquila.

Su único contacto con el mundo, **a partir de**[54] entonces, fueron las cartas que escribía a sus hijas a fines de cada mes. "Éste es un pueblo **maldito**",[55] les decía. "Quédense allá para siempre y no se preocupen por mí. Yo soy feliz sabiendo que ustedes son felices." Sus hijas se turnaban para contestarle. Sus cartas eran siempre alegres, y se veía que habían sido escritas en lugares **tibios**[56] y bien iluminados y que las muchachas se veían repetidas en muchos espejos cuando se detenían a pensar. Tampoco ellas querían volver. "Esto es la civilización", decían. "Allá, en cambio, no es un buen **medio**[57] para nosotras. Es imposible vivir en un país tan salvaje donde asesinan a la gente por cuestiones políticas." Leyendo las cartas, la viuda de Montiel se sentía mejor y **aprobaba**[58] cada frase con la cabeza.

En cierta ocasión, sus hijas le hablaron de los mercados de carne de París. Le decían que mataban unos cerdos rosados y los colgaban enteros en la puerta adornados con coronas y **guirnaldas**[59] de flores. Al final, una letra diferente a la de sus hijas había agregado:

---

[52] precisado—forzado; obligado.

[53] **hasta la coronilla**—harta; incapaz de tolerar más.

[54] **a partir de**—desde.

[55] **maldito**—castigado por una maldición.

[56] **tibios**—con calor suficiente, pero no excesivo.

[57] **medio**—ambiente; atmósfera.

[58] **aprobaba**—asentía; daba el visto bueno.

[59] **guirnaldas**—flores decorativas tejidas con ramas en forma de corona.

"Imagínate, que el clavel más grande y más bonito se lo ponen al cerdo en el culo."[60] Leyendo aquella frase, por primera vez en dos años, la viuda de Montiel sonrió. Subió a su dormitorio sin apagar las luces de la casa, y antes de acostarse volteó el ventilador eléctrico contra la pared. Después extrajo de la gaveta de la mesa de noche unas tijeras, un cilindro de esparadrapo[61] y el rosario, y se vendó la uña del pulgar derecho, irritada por los **mordiscos**.[62] Luego empezó a rezar, pero al segundo misterio cambió el rosario a la mano izquierda, pues no sentía las cuentas[63] a través del esparadrapo. Por un momento oyó la trepidación[64] de los truenos remotos. Luego se quedó dormida con la cabeza doblada en el pecho. La mano con el rosario rodó por su costado, y entonces vio a la Mamá Grande[65] en el patio con una sábana blanca y un peine en el regazo,[66] destripando piojos[67] con los pulgares. Le preguntó:

—¿Cuándo me voy a morir?

La Mamá Grande levantó la cabeza.

—Cuando te empiece el cansancio del brazo.

---

[60] culo—palabra grosera por ano, recto.

[61] cilindro de esparadrapo—rollo de tela adhesiva.

[62] **mordiscos**—mordeduras; heridas hechas con los dientes.

[63] cuentas—bolitas de vidrio.

[64] trepidación—retumbo; ruido sordo; resonancia.

[65] la Mamá Grande—protagonista descomunal de otro cuento de García Márquez, "Los funerales de la Mamá Grande", en el que se relata su vida y muerte.

[66] regazo—falda; ángulo formado entre la cintura y las rodillas cuando uno se sienta.

[67] destripando piojos—matando esta especie de insectos, encontrados en el cuero cabelludo, con las uñas de los pulgares.

PREGUNTAS

1. Describe en tus propias palabras la historia de José Montiel. ¿Quién era, de joven? ¿Cuál era su condición económica? ¿Qué tuvo que hacer para llegar a ser el hombre más rico y poderoso del pueblo?

2. En todo el cuento notamos indicios de la ingenuidad fatal de la viuda de Montiel, y de su ceguera ante las deplorables actividades de su marido. Describe brevemente por lo menos tres indicios de esta ingenuidad.

3. El narrador nos dice que, a la muerte de José Montiel, cada uno de sus tres hijos envía un telegrama desde Europa. La escena de la redacción de estos mensajes delata el esfuerzo que a sus autores les cuesta cumplir con esta obligación. ¿Cómo interpretas tú este hecho? Trata por un lado tu concepto de la relación entre padre e hijos, y, por otro, el carácter de los hijos de Montiel. No debe olvidarse que el hijo con puesto consular en Alemania es el mismo hijo que llora sin lágrimas por la jaula en el cuento "La prodigiosa tarde de Baltazar".

4. Después de la muerte de José Montiel, el pueblo busca vengarse de su brutalidad. ¿Cómo lo logra?

5. En cartas desde Europa, las hijas le escriben a su madre diciendo, "Es imposible vivir en un país tan salvaje donde asesinan a la gente por cuestiones políticas". Explica la ironía de esto.

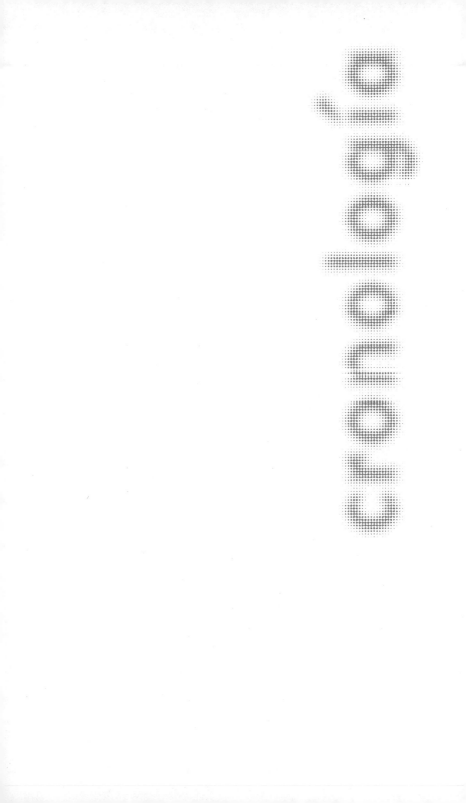

Del siglo VIII al siglo XIV

c. 756 Córdoba es el centro de la civilización musulmana en España hasta 1010. Llega a ser ejemplo de la convivencia de las tres grandes tradiciones: la musulmana, la cristiana y la judía. En Córdoba nacen Averroes (1126–1198) y Maimónides (1135–1204), filósofos que ejercen gran influencia en la Europa occidental. Averroes, musulmán, propaga las ideas de Platón y de Aristóteles, y Maimónides, judío, propone una explicación racional de la doctrina judía. Los dos influyen particularmente en Santo Tomás de Aquino (1225–1274).

711 Invasión de los moros a la Península Ibérica. Fin del reino visigodo y comienzo de al-Ándalus, nombre árabe de la España musulmana.

| 700 | 750 | 800 | 850 |

718 Empieza la Reconquista de España, que durará siete siglos. La Reconquista, sin embargo, será esporádica e intermitente.

La Mezquita de Córdoba. ▶

◀ 1099 (15-VII) La primera cruzada llega a Jerusalén. Gran matanza de los habitantes: musulmanes, cristianos, y judíos.

c. 1031 Emergen del califato que al comienzo abarca casi toda la Península Ibérica, las "taifas", pequeños reinos musulmanes independientes. Luchas facciosas, recíprocamente destructivas.

| 900 | 950 | 1000 | 1050 | 1100 |

c. 950 Versión persa de las *Mil y una noches*, colección de cuentos de origen hindú-iraní, que después, traducida al árabe, influye grandemente en el desarrollo de la narrativa del mundo occidental.

1094 Cae Valencia, tomada por Rodrigo Díaz de Vivar, *el Cid* (n. ¿1043?), en nombre del rey de Castilla y León.

La Plaza de España en Sevilla es una de las maravillas arquitectónicas de la ciudad. Diseñada para la Exposición Iberoamericana en 1929, la plaza refleja el aprecio que renace en el siglo XX por la herencia musulmana.

▼

c. 1010–1248 Sevilla llega a ser centro de la civilización musulmana en España.

1100	1150	1200

c. 1140 Año aproximado de la redacción anónima del poema épico "Cantar de mío Cid". El Cid se vuelve el héroe más celebrado de la Reconquista.

c. 1215 Se funda la Universidad de Salamanca, contemporánea de las universidades de París, de Bologna y de Oxford.

▼

Giovanni Boccaccio (1313–1375) ▶

1252 Se corona Alfonso X, *el Sabio*, rey de León y Castilla, y tío de don Juan Manuel. Alfonso X manda hacer las primeras tablas astronómicas, codifica la ley en "Las siete partidas", y anima a los sabios árabes, cristianos y judíos a conocer a fondo la cultura árabe y a colaborar para traducir al latín, obras científicas, filosóficas y teológicas escritas en árabe y en griego, y traídas por los árabes a la Península Ibérica. Toledo es renombrado en el mundo civilizado por su Escuela de Traductores.

1353 Giovanni Boccaccio termina en Italia el *Decamerón*, conjunto de cuentos que retratan la vida de Italia del siglo XIV. Llega a ser modelo para la prosa realista del mundo europeo.

| 1250 | 1300 | 1350 | 1400 |

1236 Fernando III, *el Santo*, abuelo de don Juan Manuel, establece los reinos de León y Castilla. Conquista a Córdoba.

1248 Granada se vuelve centro de la civilización musulmana en España. Domina hasta 1492.

Siglo XV

◄ La reina Isabel (1451–1504)

1456 La primera obra impresa: la *Biblia* de Gutenberg

1469 Se casan Isabel de Castilla y Fernando de Aragón, *los Reyes Católicos*. Se unen así los reinos más poderosos de España.

|1450|1460|1470|

1470 Se publica en Italia el *Cancionero*, de Francesco Petrarca (1304–1374); contiene sus sonetos al estilo italiano.

1478 *Los Reyes Católicos*, autorizados por bula papal, instituyen en España el Santo Oficio, la Inquisición, con Tomás de Torquemada como su Inquisidor General.

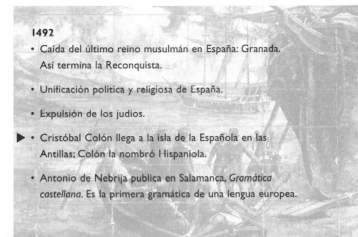

1492

- Caída del último reino musulmán en España: Granada. Así termina la Reconquista.

- Unificación política y religiosa de España.

- Expulsión de los judíos.

▶ • Cristóbal Colón llega a la isla de la Española en las Antillas; Colón la nombró Hispaniola.

- Antonio de Nebrija publica en Salamanca, *Gramática castellana*. Es la primera gramática de una lengua europea.

1482 Los musulmanes pierden Alhama, ciudad conquistada en nombre de *los Reyes Católicos* en febrero de este año, evento recordado en el famoso romance.

| 1480 | 1490 | 1500 |

c. 1480 Difusión oral de los romances fronterizos. El primer romancero, o cancionero de romances en forma escrita, aparece en Amberes en 1550.

Técnicas introducidas por los musulmanes hacen posible que azulejos decorativos como éste abunden en fachadas e interiores en España y en Hispanoamérica. ▶

Siglo XVI

▲ **1519** Hernán Cortés llega a México. Escribe sus *Cartas de relación* al Emperador Carlos V (1519–1526), inaugurando un nuevo género, la crónica de Indias. En 1526 se completa la conquista de México.

1502 Expulsados de España los moros no conversos.

1500	1510	1520

1508 Se publica en Zaragoza el libro de caballerías anónimo *Amadís de Gaula*, uno de los más populares del género. Se menciona en el *Quijote*.

1517 Martín Lutero, en Alemania, inicia la Reforma Protestante.

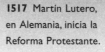

1518 Empieza en Cuba y Santo Domingo el tráfico de esclavos negros. Se terminará con la independencia de España de las colonias españolas.

◀ Hija de caciques, la Malinche, hábil en los idiomas maya, náhuatl, y español, llega a ser el brazo derecho de Cortés en la conquista del Imperio Azteca.

▲ La estatua de Chac Mool en Chichén Itzá, sitio arqueológico maya en el estado de Yucatán, México.

1533 Enrique VIII de Inglaterra abjura la religión católica y se divorcia de Catalina de Aragón, hija de *los Reyes Católicos*.

1530	1540	1550

1528 Empieza la expedición de Pánfilo de Narváez por el sureste y suroeste de lo que van a ser Estados Unidos y México. En ella participa Álvar Núñez Cabeza de Vaca, que después relata sus aventuras. La expedición dura 9 años.

1543 Copérnico (1473–1543) describe el movimiento de los planetas alrededor del sol.

Mayas de hoy día en Guatemala. ▼

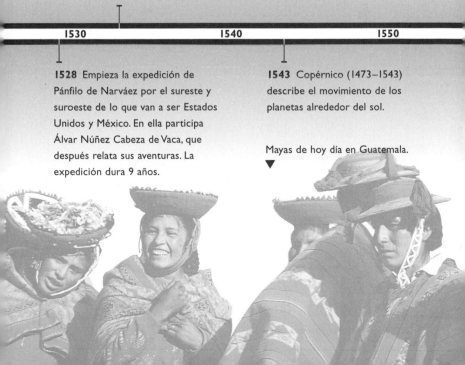

▲

Don Quixote y Sancho Panza siguen sus aventuras.

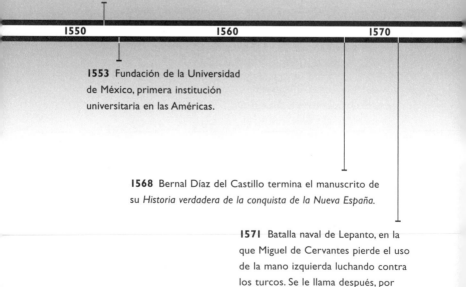

1552 Fray Bartolomé de las Casas publica en Sevilla
su *Brevísima relación de la destrucción de las Indias.*

| 1550 | 1560 | 1570 |

1553 Fundación de la Universidad
de México, primera institución
universitaria en las Américas.

1568 Bernal Díaz del Castillo termina el manuscrito de
su *Historia verdadera de la conquista de la Nueva España.*

1571 Batalla naval de Lepanto, en la
que Miguel de Cervantes pierde el uso
de la mano izquierda luchando contra
los turcos. Se le llama después, por
eso, *el Manco de Lepanto.*

◀ El rey Felipe II (1527–1598)

1600 *El sueño de una noche de verano* y *El mercader de Venecia*, de William Shakespeare, se presentan en Londres. *Julio César* probablemente existía un año antes y *Hamlet* un año después. En 1605, año de publicación del primer tomo del *Quijote*, se presentan por primera vez *King Lear* y *Macbeth*.

1573 Se inaugura la Universidad de San Marcos en Lima, Perú, la primera universidad de Sur América.

1598 Muere Felipe II de España. Empieza la decadencia del Imperio Español.

| 1580 | 1590 | 1600 |

1588 Derrota de la Armada Invencible. Pérdida del poderío marítimo de España.

Siglo XVII

1608 Se expulsa de España a los moriscos, cristianos conversos, originalmente musulmanes.

c. 1656 Diego Velázquez (1599–1660) pinta *Las Meninas,* cuadro cuyo ingenio reside no sólo en el manejo de espacio y luz sino en la perspectiva. En el cuadro, Velázquez está ante un lienzo; parece retratar al rey Felipe IV y a su esposa María Ana de Austria, quienes posan reflejados en el espejo del fondo. La infanta Margarita los observa acompañada por damas de honor, preceptores, enanos de la corte, y un mastín. Al fondo, un cortesano se detiene momentáneamente a la salida. El espectador, parado ante *Las meninas,* ocupa el puesto de los reyes, sujetos del cuadro que aparentemente pinta Velázquez.

1600 **1620** **1640**

1605 Se publica *El ingenioso hidalgo, don Quijote de la Mancha* de Cervantes.

1620 Llegada de los Peregrinos a Plymouth.

1648 Se firman los tratados de Westfalia en las ciudades alemanas de Münster y Osnabrück, poniendo fin a la guerra de los Treinta Años, la última de las guerras europeas generales entre católicos y protestantes. España cede territorios a los Países Bajos.

◀ Maria Teresa
(1638–1683).

1660 María Teresa, hija de Felipe IV de España, se casa con el Rey Sol de Francia, Luis XIV, de la Casa de los Borbones. Para 1700 sube al trono de España su nieto Felipe V, y entra en España la influencia política y cultural de Francia.

| 1660 | 1680 | 1700 |

c. 1660 Declina definitivamente el comercio español con las Américas. Se agotan el oro y la plata destinados al pago de la deuda externa de España. España entra en una desastrosa depresión económica.

1695 Se muere Sor Juana Inés de la Cruz, filósofa, poeta, y voz defensora de los derechos de la mujer; muere de la peste que arrasa a México en este año.

Siglo XVIII

◄ **Túpac Amaru** (c. 1741–1781) patriota peruano, encabeza, en 1780, una insurrección indígena contra los abusos del corregidor español, a quien manda ejecutar. Como descendiente del último inca soberano, proclama sus derechos al trono del Perú. Es derrotado y ejecutado, pero, antes de extinguirse, su rebelión se extiende hasta partes de lo que hoy son siete países sudamericanos. Es el primer movimiento por los derechos indígenas en las Américas.

1720	1740	1760

1759 Asciende al trono el rey Carlos III, máximo exponente del despotismo ilustrado en España. Reformista, decreta la libertad de comercio con las Américas, y, durante su reinado, hay notable progreso en los campos de la economía nacional, la industria, la enseñanza y las ciencias.

1776 Las colonias inglesas declaran su independencia de Inglaterra mediante la Declaración de la Independencia redactada por Tomás Jefferson.

◄ Napoleon Bonaparte
(1769–1821)

1789 Empieza la Revolución Francesa. En los países europeos e hispanoamericanos influyen sus ideales revolucionarias: libertad, igualdad y fraternidad. En 1001 Napoleon Bonaparte se proclama emperador de Francia.

1780	1790	1800

1789 Se ratifica la Constitución de los Estados Unidos de América.

c. 1780 Francisco Goya (1746–1828) se convierte en el más afamado pintor y crítico de la realidad española de su día. Como pintor de la corte, crea una abundante obra que incluye sus *Desastres de la guerra*, que captan el trauma de la invasión de España por Napoleón Bonaparte en 1808, y de la guerra de la Independencia española.

Siglo XIX

¡*Qué valor!* de Goya es parte de su serie de cuadros y grabados,
Desastres de la Guerra.

1800   1805

1808 Invasión de Napoleón
Bonaparte a España. Inicio de la
Guerra de la Independencia Española,
que culmina con la expulsión del
ejército francés en 1814. Napoleón es
derrotado en Waterloo en 1815.

1803 Francia cede a los
Estados Unidos el territorio
de Luisiana, antes prometido
a España.

Simón Bolívar (1783–1830) y su principal lugarteniente Antonio José de Sucre culminan la lucha por la independencia sudamericana de España en batallas en Junín y Ayacucho en 1824.

▼

| 1810 | 1815 | 1820 |

1810 Principio de las revoluciones por la independencia de Hispanoamerica. El 16 de septiembre, el sacerdote católico Miguel Hidalgo y Costilla, cura del pueblo mexicano de Dolores, inicia la guerra de independencia lanzando su grito, "¡Mexicanos, viva México!" En México, los insurgentes favorecen una monarquía. La independencia de las colonias españolas trae el fin de la esclavitud en cada uno de sus territorios liberados. Simón Bolívar se hace el "Libertador de América".

◄ **El padre Hidalgo** (1753–1811), conocido como el padre de la independencia mexicana, anima al pueblo a la lucha contra el dominio español, en este mural del pintor mexicano Juan O'Gorman.

◀ **Benito Juarez** (1806–1872), indígena zapoteca y primer presidente civil de México (1861), representa la lucha contra la invasión francesa a México. Su gobierno se exilia a Ciudad Juárez, en la frontera con Texas, cuando Napoleón III instala a su sobrino austriaco Maximiliano como emperador de México. En 1867, después de rendir su espada al ejército juarista, Maximiliano es fusilado, y Juárez entra otra vez en la capital.

1820	1830	1840

1821 Fin de la Inquisición en Europa y en las Américas.

1833 Se inicia en España la contienda intermitente entre la reina Isabel II, hija del fallecido rey Fernando VII, y don Carlos, hermano del mismo. Son las tres Guerras Carlistas, que terminan en 1876. Los partidarios de don Carlos—los carlistas—son conservadores, y los partidarios de Isabel son liberales. En 1868, las Cortes—el parlamento de España—destronan a la reina Isabel II. En 1874 se restaura la monarquía bajo el rey borbón Alfonso XII, hijo de Isabel II. En 1878, se establece una monarquía constitucional que dura hasta el establecimiento, en 1931, de la República.

◀ **Antonio López de Santa Ana** (1794–1876), General del ejército mexicano. Vanidoso y sin escrúpulos, sube a la presidencia de México nueve veces a partir de 1833.

1861 Estalla en Estados Unidos la Guerra Civil. Después de 4 años, el general Robert E. Lee rinde su ejército al general U.S. Grant, lo que prácticamente pone fin a la guerra.

1850	1860	1870

1846 Estalla la guerra entre México y los Estados Unidos. En el Tratado de Guadalupe Hidalgo, México pierde la mitad de su territorio, cediendo a los Estados Unidos lo que hoy son California, Nevada, Utah, Colorado, Arizona, y Nuevo México.

▼

1874 El compositor francés Georges Bizet estrena su gran ópera *Carmen*, cuyo trasfondo es la fábrica de tabacos de Sevilla; la obra no refleja tanto la realidad española de su tiempo como el concepto romántico que tiene Bizet de cómo se vive en España.

| 1870 | 1875 | 1880 | 1885 |

1876 Inicio del Porfiriato en México, o sea, la dictadura del caudillo Porfirio Díaz. Dura hasta el comienzo de la Revolución Méxicana en 1910. En este cuadro de David Alfaro Sigueiros, Díaz pisa la Constitución Mexicana.

1890	1895	1900

1898 Guerra entre España y los Estados Unidos. España cede a Estados Unidos sus últimas colonias: Puerto Rico, Cuba y las islas Filipinas. Estados Unidos ocupa militarmente a Cuba hasta 1903. Intervenciones militares estadounidenses hasta 1922.

1895 José Martí abandona su exilio en Nueva York para participar en la lucha por la independencia cubana. Se muere en una de las primeras escaramuzas.

Siglo XX

1904 Empieza la construcción del canal de Panamá. Se termina en 1914.

1910 Estalla la Revolución Mexicana, cuya etapa violenta dura hasta 1920. Arriba, una representación del pintor mexicano Diego Rivera.

| 1900 | 1905 | 1910 |

1905 Compositor Manuel de Falla estrena su ópera, *La vida breve.*

Pancho Villa (1878–1923) se levanta en armas contra el Porfiriato. Figura controvertida, forma su propio ejército personal contra el ejército federal de Victoriano Huerta durante la etapa violenta de la Revolución. ▶

◄ **c. 1920** El cantante argentino Carlos Gardel (1895–1935) exporta el tango de los arrabales bonairenses a Hollywood, y, tras su muerte en un accidente de aviación, se convierte en algo así como un santo para el pueblo argentino. Hasta hoy día los argentinos dicen de él, "Cada día canta mejor".

1914 Comienza la Primera Guerra Mundial. Termina en 1918.

| 1915 | 1920 | 1925 |

◄ **Emiliano Zapata** (1879–1919) guía a su ejército zapatista en la Revolución Mexicana, promoviendo un movimiento a favor de la reforma agraria en el sur del país. Los guerrilleros de Chiapas de hoy usan su nombre para representar sus demandas.

Francisco Franco (1892–1975)

La Guerra Civil Española En 1936, España se hunde en una sangrienta guerra civil. Estalla entre republicanos—los de izquierdas—y nacionalistas—los de derechas. En 1937, en un acto que se cree es un ensayo de poderío aéreo en preparación para la Segunda Guerra Mundial, los alemanes bombardean, en un día de mercado, el centro de la ciudad de Guernica, la cuna de la nación vasca. La masacre inspira el famoso cuadro *Guernica* de Pablo Picasso (*abajo*). Una de las víctimas de la Guerra Civil Española es el poeta y dramaturgo Federico García Lorca (*abajo a la derecha*). El caudillo Francisco Franco, nacionalista, gobierna a España desde el fin de la guerra en 1939 hasta su muerte en 1975.

1933 Llegan al poder en Alemania Adolfo Hitler y el nazismo.

| 1925 | 1930 | 1935 |

1936 Al estallar la Guerra Civil Española, el mundo entero ve con fascinación la confrontación entre ideologías. Se constituyen brigadas internacionales, formadas por extranjeros que van a España para demostrar la fuerza de sus convicciones políticas.

1940	1945

1939 Inicio de la Segunda Guerra Mundial. Dura hasta 1945.

Frederico Garcia Lorca (1898–1936)

◀ **1946** Juan Domingo Perón es elegido presidente de la Argentina. En 1949 revoca la Constitución Democrática Argentina de 1853. En 1953, se destierra a España.

1945   **1950**

1945 Estados Unidos echa bombas atómicas sobre Hiroshima y Nagasaki, poniendo fin a la Segunda Guerra Mundial.

◀ **Eva Perón** (1919–1952) era, y todavía es, una figura popular en la Argentina. Fue adorada por el pueblo argentino, especialmente por las clases populares de donde provenía.

Gabriela Mistral (1889–1957)

ESPAÑOLES E HISPANOAMERICANOS GANADORES DEL PREMIO NOBEL DE LITERATURA

José Echegaray 1904 (España)

Jacinto Benavente 1922 (España)

 Gabriela Mistral 1945 (Chile)

Juan Ramón Jiménez 1956 (España)

Miguel Ángel Asturias 1967 (Guatemala)

Pablo Neruda 1971 (Chile)

Vicente Aleixandre 1977 (España)

Gabriel García Márquez 1982 (Colombia)

Camilo José Cela 1989 (España)

Octavio Paz 1990 (México)

1956 El autor modernista español Juan Ramón Jiménez gana el premio Nobel.

1955	1960

1959 Fidel Castro derroca al dictador militar Fulgencio Batista en Cuba y establece una dictadura comunista que perdura hasta hoy.

◀ **Che Guevara** (1928–1967) fue comandante de la guerrilla en la lucha contra Batista en Cuba. Hoy, su imagen inspira sentimientos a favor de la lucha revolucionaria por la justicia social.

▲

Luis Buñuel, un cineasta español, es conocido por la calidad surrealista de sus películas. Algunas son *Un perro andaluz* (1928), *Los olvidados* (1950), *Nazarín* (1959), *El ángel exterminador* (1962) *(arriba)*, y *Belle de jour* (1967). Fue gran amigo de Salvador Dalí e hizo una película a base del cuento de Gabriel García Márquez, *En este pueblo no hay ladrones*, en la que Buñuel mismo aparece como cura del pueblo.

1960	1965

1962 Se publica *Los funerales de la Mamá Grande*, una colección de cuentos cortos de Gabriel García Márquez. A la vez, surge el movimiento literario, el Realismo Mágico. Autores como García Márquez, Julio Cortázar, y Carlos Fuentes mezclan retratos realísticos de sucesos y personajes con la fantasía y la mitología para crear un mundo rico e inquieto.

1967 Se publica *Cien años de soledad* de Gabriel García Márquez.

▲
1973 Un golpe militar en Chile derroca al presidente Salvador Allende. El caudillo Augusto Pinochet gobierna hasta 1989.

1970 ———————————————————————————— **1975**

1975 Muere Francisco Franco, y asciende al trono de España el rey Juan Carlos. Éste restaura elecciones democráticas, y se promulga una nueva constitución democrática en 1978.

◄ El rey Juan Carlos de España, con su esposa, la reina Sofía.

◀ **Augusto Pinochet**
(1915–) Militar y político, Pinochet usurpa el poder en Chile en 1973. Su dictadura de más de 16 años resulta en encarcelamiento, muerte y desaparición para miles de chilenos por razones políticas. En 1999, se hace internacionalmente un esfuerzo por procesar a Pinochet por violación de los derechos humanos, pero las cortes chilenas fallan que el general está incapaz de defenderse por motivos de salud.

1975   **1980**

Las Madres de Plaza de Mayo
Represiones políticas de supuestos subversivos en la Argentina en la década de los 70 también resultan en la muerte y la desaparición de miles de argentinos. Abajo, las Madres de Plaza de Mayo hasta hoy día dan vuelta a esta plaza céntrica de Buenos Aires cada jueves por la tarde, exigiendo información sobre sus hijos desaparecidos, y sobre nietos nacidos mientras sus padres estaban encarcelados. La época de represiones se conoce como la Guerra Sucia (1976–1981).

DELEG. **POLICIA FEDERAL**
NEUQUEN
JEFATURA **POLICIA FEDERAL**
1976 - 1978

▲
Una escena de la película *Mujeres al borde de un ataque de nervios*, dirigida por el cineasta español Pedro Almodóvar.

1989 Reunificación de Alemania. Inicio de la desintegración de la Unión Soviética, que se completa en 1991.

1985

1990

1985 Se publica *La casa de los espíritus* de Isabel Allende.

1990 Por referéndum popular el electorado chileno derrota al general Augusto Pinochet, y se restablece la democracia en Chile. Isabel Allende vuelve a su patria para recibir el premio Gabriela Mistral de manos del presidente Patricio Aylwin.

▲

1994 El tratado NAFTA une a México, los Estados Unidos y el Canadá bajo un acuerdo que favorece el libre comercio por medio de eliminar gradualmente las tarifas entre los tres países. Aquí, el presidente norteamericano Bill Clinton firma una parte del tratado, estableciendo un reglamento para proteger el medio ambiente.

1990	1992	1994

1992 Tienen lugar los Juegos Olímpicos en Barcelona, España.

◀ **1998** El papa Juan Pablo II visita a Cuba por primera vez. La visita demostró el empeño de Fidel Castro de abrir Cuba al resto del mundo.

| 1996 | 1998 | 2000 |

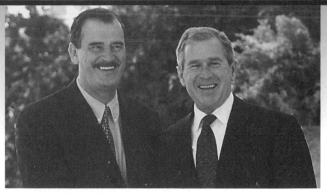

▲
2000 Vicente Fox es elegido presidente de México, terminando 71 años de hegemonía del PRI, el Partido Revolucionario Institucional. Aquí, Fox da la bienvenida, en su rancho en San Critóbal, México, al presidente norteamericano George W. Bush.

LA POESÍA

Romance del rey moro que perdió Alhama[1]

ANÓNIMO

El romance *es una forma de poesía popular que surgió en el Medioevo: popular porque tuvo su origen en el pueblo, sin llegarse a escribir hasta más tarde. Los* romances *llamados fronterizos, o moriscos, como éste, fueron compuestos por cristianos que adoptaron un punto de vista musulmán. Despertaron vivamente su imaginación las relaciones entre musulmanes y cristianos, y su propósito era conservar y transmitir las noticias de hechos tanto heroicos como humanos. El romance cobró una forma lírica particular para que los juglares, que iban de pueblo en pueblo recitándolos o cantándolos, pudieran recordarlos más fácilmente. En este* romance *(después de 1482) el rey moro llega a saber de la pérdida de Alhama a manos de los Reyes Católicos, Fernando e Isabel, con cuyo matrimonio, en 1469, se dio comienzo a la unidad de España.*

---

[1] Alhama—ciudad y fortaleza al suroeste de Granada, vital para los moros porque dominaba rutas claves desde Granada. En febrero de 1482, Alhama es atacada; un mes después, cae en manos de los Reyes Católicos.

Paseábase el rey moro[2]
por la ciudad de Granada[3]
desde la puerta de Elvira
hasta la de Vivarrambla.
   ¡Ay de mi Alhama!
Cartas le fueron venidas
que Alhama era ganada:
las cartas echó en el fuego,
y al mensajero matara.
   ¡Ay de mi Alhama!
Descabalga de una mula,
y en un caballo cabalga;
por el Zacatín[4] arriba
subido se había al Alhambra.[5]
   ¡Ay de mi Alhama!
Como en el Alhambra estuvo,
al mismo punto[6] mandaba
que se toquen sus trompetas,
sus añafiles[7] de plata.
   ¡Ay de mi Alhama!
Y que las cajas[8] de guerra
apriesa toquen al arma,[9]
porque lo oigan sus moros,
los de la Vega[10] y Granada.

---

[2] el rey moro—Abu l-Hasan Alí, el Muley Hacén, o Mulhacén, quien subió al trono de Granada en 1464 y tenía fama de decadente y disoluto; fue padre de Boabdil, el último rey de Granada.

[3] Granada—gran ciudad andaluza; último enclave del reino musulmán en la Península Ibérica, Granada se rindió el 2 de enero de 1492.

[4] Zacatín—una calle estrecha que lleva a la Alhambra.

[5] Alhambra—impresionante fortaleza de los sultanes granadinos, construida en los siglos XIII y XIV sobre una colina que domina Granada; además de un suntuoso palacio y mezquita, tenía capacidad para una guarnición de cuarenta mil hombres.

[6] al mismo punto—en seguida.

[7] añafiles—flautas de tipo árabe.

[8] cajas—tambores.

[9] al arma—a las armas; grito antiguo que dio lugar a la palabra "alarma".

[10] la Vega—la fértil Vega de Granada, centro de horticultura árabe al oeste de la ciudad; cruzada por el río Genil, fue sede de una extensa propiedad de los soberanos moros, y allí crearon sus ingenieros un intrincado sistema de riegos.

¡Ay de mi Alhama!
Los moros que el son oyeron
que al sangriento Marte[11] llama,
uno a uno y dos a dos
juntado se ha gran batalla.
¡Ay de mi Alhama!
Allí habló un moro viejo,
de esta manera hablara:
—¿Para qué nos llamas, rey,
para qué es esta llamada?
¡Ay de mi Alhama!
—Habéis de saber, amigos,
una nueva desdichada
que cristianos de braveza
ya nos han ganado Alhama.
¡Ay de mi Alhama!
Allí habló un alfaquí[12]
de barba crecida y cana:[13]
—¡Bien se te emplea, buen rey,
buen rey, bien se te empleara!
¡Ay de mi Alhama!
—¡Mataste los Abencerrajes,[14]
que eran la flor de Granada;
cogiste[15] los tornadizos[16]
de Córdoba[17] la nombrada![18]

---

[11] Marte—dios de la guerra en la mitología romana.

[12] alfaquí—maestro del Corán; académico árabe.

[13] cana—de pelos grises, por la gran edad que representaba.

[14] Abencerrajes—gran familia, enemiga del rey moro Abu I-Hasan.

[15] cogiste—acogiste; admitiste; recibiste; reuniste.

[16] tornadizos—renegados musulmanes; cristianos conversos al Islam, pero de dudosa lealtad.

[17] Córdoba—antigua capital del reino musulmán al-Ándalus; se sitúa al noroeste de Granada.

[18] nombrada—de gran renombre; afamada.

¡Ay de mi Alhama!

—Por eso mereces, rey,
una pena muy doblada;
que te pierdas tú y el reino,
y aquí se pierda Granada.

¡Ay de mi Alhama!

PREGUNTAS

1. Una de las características fundamentales de los *romances* antiguos es que tienen una métrica que facilita su recitación de memoria. La forma de un *romance* es la siguiente: consiste en versos octosílabos, en número indeterminado, con la misma rima asonante en los versos pares, quedando sueltos, o sin rima, los impares. Examina la estructura del "Romance del rey moro que perdió Alhama", y presenta ejemplos específicos extraídos del poema, de los varios elementos de esta definición formal de *romance*.

2. Otra característica fundamental de los *romances* antiguos es que el efecto, al leerlos, es musical. Comenta los recursos poéticos que notas en "Romance del rey moro que perdió Alhama", y presenta ejemplos extraídos del poema del lirismo logrado por estos recursos poéticos.

3. Otra característica fundamental de los *romances* antiguos es que suelen relatar un momento épico, dramático y conmovedor, y a veces lo logran con un diálogo entre dos o más personas. Apunta ejemplos específicos de estos dos fenómenos en este *romance*. ¿Qué efecto tienen?

4. Una cuarta característica de los *romances* es que suelen abrirse *in medias res*, es decir, empezada ya la acción de la narración, y tienden a acabarse de manera abrupta. Describe este fenómeno con relación a este romance.

5. Una última característica fundamental de los *romances* antiguos es que muchas veces presentan un diálogo que contribuye directamente al efecto dramático del hecho narrado. Da ejemplos de este fenómeno, extraídos del "Romance del rey moro que perdió Alhama", y comenta la manera en que aumentan el dramatismo de la pieza.

Romance del conde Arnaldos

ANÓNIMO

El romance antiguo se presenta en la literatura española bajo una variedad de tipos, entre ellos, el romance *lírico, o novelesco. Este tipo comparte las características de todo* romance: *es fragmentario, pues tiende a empezar* in medias res; *es episódico, y narra un momento dramático que cautiva la imaginación y tiene la forma que cobró el* romance *a fin de que el pueblo lo retuviera en la memoria al oírlo, y que lo siguiera transmitiendo a otros. Al contrario del romance fronterizo, o morisco, tiende a ser ficticio y no histórico. La figura del conde Arnaldos, aquí, es ficticia.*

¡Quién hubiese[1] tal **ventura**[2]
sobre las aguas del mar,
como hubo[3] el conde Arnaldos

---

[1] hubiese—tuviera.

[2] **ventura**—buena fortuna.

[3] hubo—tuvo.

la mañana de San Juan!
Con un falcón en la mano
la caza iba a cazar,
vio venir una **galera**[4]
que a tierra quiere llegar.
Las velas traía de seda,
la ejercia[5] de un cendal,[6]
marinero que la manda
diciendo viene un cantar
que la mar facía[7] en calma,
los vientos face[8] amainar,[9]
los peces que andan n'el[10] hondo[11]
arriba los face andar,
las aves que andan volando
n'el mástel[12] las faz[13] **posar**.[14]
Allí fabló[15] el conde Arnaldos,
bien oiréis lo que dirá:
—Por Dios te ruego, marinero,
dígasme[16] ora[17] ese cantar.—
Respondióle el marinero,
tal respuesta le fue a dar:
—Yo no digo esta canción
sino a quien conmigo va.

---

[4] **galera**—barco equipado con velas y remos que se usaba en los siglos X a XVII, d. de J.C., especialmente en el Mediterráneo.

[5] ejercia—forma antigua de "jarcia"; conjunto de aparejos, cuerdas y cabos para el manejo de las velas en un barco velero.

[6] cendal (m.)—tela fina y transparente de seda o de lino.

[7] facía—hacía.

[8] face—hace.

[9] amainar—disminuir.

[10] n'el—en el.

[11] hondo—fondo.

[12] mástel—mástil; palo de un barco velero.

[13] faz—hace.

[14] **posar**—aterrizar; parar.

[15] fabló—habló.

[16] dígasme—que me digas.

[17] ora—ahora.

PREGUNTAS

1. ¿Por qué se encuentra el conde Arnaldos al lado del mar, la mañana en que ve el barco?

2. ¿Qué efecto produce la canción del marinero sobre los elementos y sobre los animales del mar?

3. ¿Se niega el marinero a hacer lo que el conde Arnaldos le pide? ¿Cómo interpretas tú la respuesta que le da el marinero?

4. Los sucesos de este *romance* tienen lugar en la mañana de San Juan. Investiga las tradiciones que en el mundo hispánico se relacionan con este día muy especial, el 24 de junio, y discute una posible conexión entre los hechos insólitos narrados en el poema y el día en que éstos ocurren.

5 Primero, repasa las características fundamentales de un *romance*, que se detallan en las preguntas al fin del "Romance del rey moro que perdió Alhama". Luego, determina cuáles son los elementos que comparten el "Romance del conde Arnaldos" y el "Romance del rey moro que perdió Alhama". ¿Se diferencian en algún respecto? Cita detalles específicos de los dos poemas para justificar tu respuesta.

Federico García Lorca ▶

Romancero gitano

FEDERICO GARCÍA LORCA

Los romances antiguos tuvieron su origen en el siglo XII y
siguieron circulando por vía oral, aunque no llegaron a ponerse por
escrito hasta el siglo XVI. Como no existían imprentas en la Edad
Media—y como apenas había gente que supiera leer—, existía el
oficio de juglar, o poeta cantante que se ganaba la vida viajando
de pueblo en pueblo, recitando poemas para entretener e
informar. El romance reaparece de cuando en cuando en las
letras hispánicas, y en el siglo XX en el Romancero gitano
(1928) del poeta español Federico García Lorca (1898–1936).
En manos de Lorca, el romance guarda rigurosamente la forma
creada por la tradición medieval española.

    Poeta, con alma de músico, dramaturgo y conferenciante,
Lorca se crió en el seno de una acomodada familia andaluza. En
su pueblo natal de Fuente Vaqueros, cerca de la ciudad de
Granada, absorbió las tradiciones populares y el habla del pueblo.
A temprana edad se interesó en el romance por su carácter
narrativo, que era lo que le daba encanto.

En su "Romance sonámbulo", por ejemplo, intuía el poeta "una gran sensación de anécdota, un agudo ambiente dramático, y nadie sabe lo que pasa, ni aun yo, porque el misterio poético es también misterio para el poeta que lo comunica, pero que muchas veces lo ignora". Después de crear sus romances, Lorca, en el mejor sentido de la palabra, se hizo juglar, recitándolos apasionadamente, antes y después de su publicación, en reuniones tanto formales como informales. Se cuenta que el poeta ya los había leído tantas veces que, entre literatos y amigos, sus romances eran famosos antes de que salieran de la imprenta. La publicación de Romancero gitano tuvo una acogida inmediata, y la colección se cuenta entre los poemas más populares y de mayor venta en idioma español.

Romance de la luna, luna
A Conchita García Lorca

La luna vino a la fragua[1]
con su polisón[2] de nardos.[3]
El niño la mira mira.
El niño la está mirando.
En el aire **conmovido**[4]
mueve la luna sus brazos
y enseña, lúbrica[5] y pura,
sus **senos**[6] de duro **estaño**.[7]
Huye luna, luna, luna.
Si vinieran los gitanos,
harían con tu corazón
collares y anillos blancos.
Niño, déjame que baile.

---

[1] fragua—taller donde se encuentra un fogón con aire forzado en que se calientan los metales para poder trabajarlos.

[2] polisón (m.)—almohadilla que usaban las mujeres para elevar la falda por detrás.

[3] nardos—planta herbácea de flores blancas y olorosas, en espiga.

[4] **conmovido**—emocionado; afectado en los sentimientos.

[5] lúbrica—lasciva; seductora; tentadora; lujuriosa.

[6] **senos**—pechos.

[7] **estaño**—metal maleable de color blanco plateado.

Cuando vengan los gitanos,
te encontrarán sobre el yunque[8]
con los ojillos cerrados.
Huye luna, luna, luna,
que ya siento sus caballos.
Niño, déjame, no pises
mi blancor almidonado.[9]

El **jinete**[10] se acercaba
tocando el **tambor**[11] del llano.
Dentro de la fragua el niño,
tiene los ojos cerrados.
Por el **olivar**[12] venían,
bronce[13] y sueño, los gitanos.
Las cabezas levantadas
y los ojos entornados.[14]

¡Cómo canta la zumaya,[15]
ay cómo canta en el árbol!
Por el cielo va la luna
con un niño de la mano.

Dentro de la fragua lloran,
dando gritos, los gitanos.
El aire la vela,[16] vela.
El aire la está velando.

---

[8] yunque (m.)—bloque pesado de hierro sobre el cual el herrero golpea los metales calientes para darles forma.

[9] almidonado—endurecido con almidón, polvo blanco extraído de algunos vegetales.

[10] **jinete**—persona montada a caballo.

[11] **tambor**—instrumento de percusión, de cuero, que se toca con palitos o con las manos.

[12] **olivar**—grupo de olivos, árboles que dan olivas, aceitunas.

[13] bronce (m.)—aleación de cobre con estaño, y a veces otros metales; color de este metal.

[14] entornados—entreabiertos.

[15] zumaya—autillo; ave rapaz, nocturna, de plumaje grisáceo, parecida a la lechuza, o al búho.

[16] vela—mira; atiende, especialmente en duelo a un difunto.

Romance de la pena negra

A José Navarro Pardo

Las piquetas[17] de los gallos
cavan[18] buscando la **aurora**,[19]
cuando por el monte oscuro
baja Soledad Montoya.
Cobre amarillo, su carne,
huele a caballo y a sombra.
Yunques ahumados[20] sus pechos,
gimen[21] canciones redondas.
Soledad: ¿por quién preguntas
sin compaña[22] y a estas horas?
Pregunte por quien pregunte,
dime: ¿a ti qué se te importa?
Vengo a buscar lo que busco,
mi alegría y mi persona.
Soledad de mis **pesares**,[23]
caballo que **se desboca**,[24]
al fin encuentra la mar
y se lo tragan las olas.
No me recuerdes el mar,
que la pena negra, **brota**[25]
en las tierras de aceituna
bajo el **rumor**[26] de las hojas.
¡Soledad, qué pena tienes!
¡Qué pena tan lastimosa!

---

[17] piqueta(s)—herramienta parecida al pico.

[18] **cavan**—remueven la tierra, haciendo agujeros.

[19] **aurora**—alba; amanecer.

[20] ahumados—sometidos a la acción del humo.

[21] **gimen**—articulan con voz lastimera.

[22] compaña—compañía; acompañante.

[23] **pesares**—penas; infortunios.

[24] **se desboca**—galopa descontrolado.

[25] **brota**—sale a la superficie.

[26] **rumor**—ruido leve.

Lloras **zumo**[27] de limón
agrio[28] de espera y de boca.
¡Qué pena tan grande! Corro
mi casa como una loca,
mis dos trenzas por el suelo,
de la cocina a la **alcoba**.[29]
¡Qué pena! Me estoy poniendo
de azabache,[30] carne y ropa.
¡Ay mis camisas de hilo![31]
¡Ay mis muslos de **amapola**![32]
Soledad: lava tu cuerpo
con agua de las alondras,[33]
y deja tu corazón
en paz, Soledad Montoya.

* * *

Por abajo canta el río:
volante de cielo y hojas.
Con flores de calabaza,[34]
la nueva luz se corona.
¡Oh pena de los gitanos!
Pena limpia y siempre sola.
¡Oh pena de **cauce**[35] oculto
y **madrugada**[36] remota!

---

[27] **zumo**—jugo.

[28] **agrio**—amargo; desagradable al paladar.

[29] **alcoba**—dormitorio; recámara; habitación.

[30] azabache (m.)—variedad de lignito, duro y negro.

[31] hilo—lino.

[32] **amapola**—planta de flores rojas, por lo común, y semilla negruzca.

[33] alondra(s)—pájaro parduzco, con collar negro; su canto es agradable.

[34] calabaza—fruta de la calabacera, de variadas formas y colores; por lo común es grande, más o menos redonda y con muchas semillas.

[35] **cauce** (m.)—lecho de los ríos; conducto; curso; camino.

[36] **madrugada**—primera luz del día; amanecer.

La monja gitana

A José Moreno Villa

Silencio de **cal**[37] y **mirto**.[38]
Malvas[39] en las hierbas finas.
La monja **borda**[40] **alhelíes**[41]
sobre una tela pajiza.[42]
Vuelan en la **araña**[43] gris,
siete pájaros del **prisma**.[44]
La iglesia **gruñe**[45] a lo lejos
como un oso **panza**[46] arriba.
¡Qué bien borda! ¡Con qué gracia!
Sobre la tela pajiza,
ella quisiera bordar
flores de su fantasía.
¡Qué **girasol**![47] ¡Qué magnolia
de **lentejuelas**[48] y cintas!
¡Qué **azafranes**[49] y qué lunas,
en el mantel de la misa!
Cinco toronjas se endulzan

---

[37] **cal** (f.)—óxido de calcio, sustancia blanca y cáustica que, mezclada con arena, forma la argamasa o mortero.

[38] **mirto**—arrayán; arbusto de pequeñas flores blancas y fruto de color negro azulado.

[39] malva(s)—planta, muy usada en medicina, por el mucílago que contienen las hojas y las flores.

[40] **borda**—adorna una tela con aguja e hilos.

[41] **alhelí**(es) (m.)—planta ornamental, de flores blancas, rojas, amarillas y de otros colores.

[42] pajiza—del color de la paja; amarillenta.

[43] **araña**—candelabro que se cuelga del techo.

[44] **prisma** (m.)—cuerpo de cristal que produce la refracción y la descomposición de la luz.

[45] **gruñe**—emite sonidos inarticulados y roncos.

[46] **panza**—vientre; estómago.

[47] **girasol**—flor grande, amarilla, con semillas negruzcas, comestibles.

[48] **lentejuelas**—planchitas redondas de plata u otra materia brillante que se aseguran en la ropa con puntadas, como adorno.

[49] **azafrán** (plural, azafranes) (m.)—planta que produce una sustancia que se usa para condimentar la comida y para teñirla de amarillo.

en la cercana cocina.
Las cinco **llagas**[50] de Cristo
cortadas en Almería.[51]
Por los ojos de la monja
galopan dos caballistas.[52]
Un rumor último y **sordo**[53]
le despega la camisa,
y al mirar nubes y montes
en las yertas[54] lejanías,
se quiebra su corazón
de azúcar y yerbaluisa.[55]
¡Oh!, qué llanura **empinada**[56]
con veinte soles arriba.
¡Qué ríos puestos de pie
vislumbra[57] su fantasía!
Pero sigue con sus flores,
mientras que de pie, en la brisa,
la luz juega el **ajedrez**[58]
alto de la **celosía**.[59]

---

[50] **llagas**—heridas.

[51] Almería—ciudad situada en la costa mediterránea de España, a unas setenta millas de Granada.

[52] caballistas—jinetes.

[53] **sordo**—apagado; no estrepitoso.

[54] yertas—tiesas; rígidas.

[55] yerbaluisa—hierba luisa, o simplemente luisa; planta originaria del Perú, cuyas hojas se usan en infusiones tónicas, por su agradable olor de limón; la planta debe su nombre al hecho de que fue dedicada a la reina María Luisa, esposa de Carlos IV, de España.

[56] **empinada**—muy inclinada, como una cuesta.

[57] **vislumbra**—ve indistintamente, como a lo lejos.

[58] **ajedrez** (m.)—juego intelectual que se realiza moviendo piezas en diversos sentidos sobre un tablero de cuadros, igual al que se usa en damas chinas.

[59] **celosía**—enrejado de tablillas de madera, que se coloca en las ventanas para dejar paso a la luz y al aire; de origen moro, las celosías fueron creadas para tener a las mujeres musulmanas fuera de la vista pública.

Prendimiento[60] de Antoñito el Camborio en el camino de Sevilla

A Margarita Xirgu

Antonio Torres Heredia,
hijo y nieto de Camborios,
con una **vara**[61] de **mimbre**[62]
va a Sevilla a ver **los toros**.[63]
Moreno de verde luna
anda despacio y **garboso**.[64]
Sus empavonados[65] bucles[66]
le brillan entre los ojos.
A la mitad del camino
cortó limones redondos,
y los fue tirando al agua
hasta que la puso de oro.
Y a la mitad del camino,
bajo las ramas de un **olmo**,[67]
guardia civil caminera[68]
lo llevó codo con codo.[69]

*   *   *

El día se va despacio,
la tarde colgada a un hombro,

---

[60] **Prendimiento**—captura.

[61] **vara**—rama delgada y lisa; bastón corto.

[62] **mimbre** (m.)—tallo delgado y flexible de la mimbrera; se usa para hacer canastas.

[63] **los toros**—una corrida de toros.

[64] **garboso**—apuesto; elegante.

[65] empavonados—de color azulado oscuro lustroso.

[66] bucles (m.)—rizos de cabello.

[67] **olmo**—árbol forestal y ornamental, que da buena sombra.

[68] guardia civil caminera—policía nacional asignada a vigilar las vías públicas.

[69] codo con codo—con los brazos atados por detrás.

dando una larga torera[70]
sobre el mar y los arroyos.
Las aceitunas **aguardan**[71]
la noche de Capricornio,[72]
y una corta brisa, ecuestre,[73]
salta los montes de **plomo**.[74]
Antonio Torres Heredia,
hijo y nieto de Camborios,
viene sin vara de mimbre
entre los cinco tricornios.[75]

　　Antonio, ¿quién eres tú?
Si te llamaras Camborio,
hubieras hecho una fuente
de sangre, con cinco **chorros**.[76]
Ni tú eres hijo de nadie,
ni legítimo Camborio.
¡Se acabaron los gitanos
que iban por el monte solos!
Están los viejos cuchillos
tiritando[77] bajo el polvo.

＊　　＊　　＊

---

[70] dando una larga torera—reflejando por largo tiempo la luz de la tarde en la superficie del mar y de los arroyos, produciendo reflejos como los que produce la torera, o chaquetilla corta de seda, con bordados de oro, plata y lentejuelas que usan los toreros al hacer el paseíllo que inicia una corrida de toros.

[71] **aguardan**—esperan.

[72] noche de Capricornio—noche larga; Capricornio, el décimo signo zodiacal, abarca desde el 23 de diciembre hasta el 20 de enero, el período de las noches más largas en el hemisferio norte.

[73] ecuestre—montado a caballo.

[74] **plomo**—elemento químico metálico, de color gris.

[75] tricornios—miembros de la Guardia Civil; llevaban sombreros de tres picos.

[76] **chorros**(s)—cantidad de líquido que sale con fuerza, con impulso.

[77] **tiritando**—temblando de frío.

A las nueve de la noche
lo llevan al calabozo,[78]
mientras los guardias civiles
beben limonada todos.
Y a las nueve de la noche
le cierran el calabozo,
mientras el cielo **reluce**[79]
como la grupa[80] de un **potro**.[81]

Muerte de Antoñito el Camborio
A José Antonio Rubio Sacristán

Voces de muerte sonaron
cerca del Guadalquivir.[82]
Voces antiguas que **cercan**[83]
voz de **clavel**[84] **varonil**.[85]
Les clavó[86] sobre las botas
mordiscos de jabalí.[87]
En la lucha daba saltos
jabonados de **delfín**.[88]
Bañó con sangre enemiga
su corbata **carmesí**,[89]
pero eran cuatro **puñales**[90]

---

[78] calabozo—cárcel; prisión.

[79] **reluce**—brilla.

[80] grupa—anca; parte trasera del lomo de un caballo.

[81] **potro**—caballo joven, de unos 4 años de edad.

[82] Guadalquivir—río de Andalucía que atraviesa la ciudad de Sevilla.

[83] **cercan**—rodean; acorralan.

[84] **clavel** (m.)—flor vistosa, roja y blanca; en la tradición hispánica, es la flor varonil.

[85] **varonil**—propio de varón, de hombre.

[86] clavó—hincó; fijó; infligió.

[87] jabalí (m.)—mamífero feroz de cabeza grande y hocico alargado, con dos colmillos salientes.

[88] **delfín** (m.)—mamífero acuático, veloz nadador, capaz de dar tremendos saltos fuera del agua.

[89] **carmesí**—rojo; del color de la sangre.

[90] **puñales** (m.)—cuchillos; dagas.

y tuvo que sucumbir.
Cuando las estrellas clavan
rejones[91] al agua gris,
cuando los erales[92] sueñan
verónicas[93] de alhelí,
voces de muerte sonaron
cerca del Guadalquivir.

*   *   *

Antonio Torres Heredia,
Camborio de dura **crin**,[94]
moreno de verde luna,
voz de clavel varonil:
¿Quién te ha quitado la vida
cerca del Guadalquivir?
Mis cuatro primos Heredias
hijos de Benamejí.[95]
Lo que en otros no envidiaban,
ya lo envidiaban en mí.
Zapatos color corinto,[96]
medallones de **marfil**,[97]
y este cutis **amasado**[98]
con aceituna y jazmín.
¡Ay Antoñito el Camborio,

---

[91] **rejones** (m.)—palos puntiagudos usados a veces en el toreo.

[92] erales (m.)—bovinos de más de un año de edad, pero menos de dos.

[93] verónicas—en el toreo, pase con el capote, de mucha gracia, en que el torero sujeta el capote con las dos manos.

[94] **crin** (f.)—pelo largo que crece en la parte superior del pescuezo de un caballo.

[95] Benamejí—pueblo andaluz, situado sobre el río Genil, en el sur de la provincia de Córdoba.

[96] corinto—color rojo oscuro, tirando a violáceo, como el de las pasas; recibe su nombre de la ciudad de Corinto, en Grecia.

[97] **marfil** (m.)—dentina, sustancia dura de los dientes de los mamíferos; se obtiene principalmente de los colmillos de los elefantes.

[98] **amasado**—mezclado.

digno[99] de una Emperatriz!
Acuérdate de la Virgen
porque te vas a morir.
¡Ay Federico García,
llama a la Guardia Civil!
Ya mi talle se ha quebrado
como **caña**[100] de maíz.

*   *   *

Tres golpes de sangre tuvo
y se murió de perfil.
Viva moneda que nunca
se volverá a repetir.
Un ángel marchoso[101] pone
su cabeza en un cojín.
Otros de **rubor**[102] cansado,
encendieron un candil.[103]
Y cuando los cuatro primos
llegan a Benamejí,
voces de muerte **cesaron**[104]
cerca del Guadalquivir.

---

[99] **digno**—merecedor.

[100] **caña**—tallo.

[101] marchoso—garboso; animado.

[102] **rubor**—color rojo en la cara, debido a afluencia de sangre; vergüenza.

[103] candil (m.)—lámpara con mecha sumergida en aceite.

[104] **cesaron**—dejaron de sonar.

Romance sonámbulo[105]

A Gloria Giner
y a Fernando de los Ríos

Verde que te quiero verde.
Verde viento. Verdes ramas.
El barco sobre la mar
y el caballo en la montaña.
Con la sombra en la cintura
ella sueña en su **baranda**,[106]
verde carne, pelo verde,
con ojos de fría plata.
Verde que te quiero verde.
Bajo la luna gitana,
las cosas la están mirando
y ella no puede mirarlas.

*   *   *

Verde que te quiero verde.
Grandes estrellas de **escarcha**,[107]
vienen con el pez de sombra
que abre el camino del **alba**.[108]
La **higuera**[109] **frota**[110] su viento
con la **lija**[111] de sus ramas,
y el monte, gato garduño,[112]

---

[105] **sonámbulo**—el que deambula durante el sueño; es decir, que camina dormido.

[106] **baranda**—borde superior de una balaustrada, la cual se forma de una serie de pequeños pilares o columnitas.

[107] **escarcha**—leve capa blanca de cristales de hielo que se forma sobre la superficie de la tierra en noches frías.

[108] **alba**—aurora; amanecer.

[109] **higuera**—árbol cuyo fruto es el higo.

[110] **frota**—restriega; fricciona.

[111] **lija**—papel granulado por un lado, que se usa para alisar o pulir una superficie.

[112] garduño—que hurta, o roba, con maña.

eriza[113] sus **pitas**[114] **agrias**.[115]
¿Pero quién vendrá? ¿Y por dónde . . . ?
Ella sigue en su baranda,
verde carne, pelo verde,
soñando en la mar amarga.

* * *

Compadre,[116] quiero cambiar
mi caballo por su casa,
mi **montura**[117] por su espejo,
mi cuchillo por su **manta**.[118]
Compadre, vengo sangrando,
desde los puertos de Cabra.[119]
Si yo pudiera, **mocito**,[120]
este trato se cerraba.
Pero yo ya no soy yo.
Ni mi casa es ya mi casa.
Compadre, quiero morir
decentemente en mi cama.
De acero, si puede ser,
con las sábanas de holanda.[121]
¿No veis la herida que tengo
desde el pecho a la garganta?
Trescientas rosas morenas
lleva tu **pechera**[122] blanca.

---

[113] **eriza**—estira; levanta.

[114] pitas—espinas.

[115] **agrias**—de sabor desagradable; amargas.

[116] **Compadre**—padrino del hijo de uno o padre del ahijado; pero en ciertos lugares, es tratamiento familiar de los hombres entre sí, y entonces no significa más que amigo o compañero.

[117] **montura**—silla de montar.

[118] **manta**—cobija; frazada; colcha.

[119] Cabra—ciudad de España en la parte sur de la provincia de Córdoba.

[120] **mocito**—jovencito.

[121] holanda—tela muy fina.

[122] pechera—parte superior delantera de la camisa.

Tu sangre **rezuma**[123] y huele
alrededor de tu **faja**.[124]
Pero yo ya no soy yo.
Ni mi casa es ya mi casa.
Dejadme subir al menos
hasta las altas barandas,
¡dejadme subir!, dejadme
hasta las verdes barandas.
Barandales de la luna
por donde **retumba**[125] el agua.

*   *   *

Ya suben los dos compadres
hacia las altas barandas.
Dejando un **rastro**[126] de sangre.
Dejando un rastro de lágrimas.
Temblaban en los tejados
farolillos[127] de **hojalata**.[128]
Mil **panderos**[129] de cristal,
herían[130] la madrugada.

*   *   *

Verde que te quiero verde,
verde viento, verdes ramas.
Los dos compadres subieron.
El largo viento, dejaba

---

[123] **rezuma**—sale poco a poco.

[124] **faja**—banda de tela que se pone a la cintura, como cinturón.

[125] **retumba**—resuena.

[126] **rastro**—señal; marca dejada por el paso de algo o alguien.

[127] farolillos—faroles, o linternas, de papel o de celofán, que se ponen como adornos en fiestas.

[128] **hojalata**—estaño; metal maleable.

[129] **pandero(s)**—instrumento de percusión formado por una piel sujeta a un aro, con cascabeles.

[130] **herían**—penetraban; lastimaban.

en la boca un raro gusto
de **hiel**,[131] de menta y de **albahaca**.[132]
¡Compadre! ¿Dónde está, dime?
¿Dónde está tu niña amarga?
¡Cuántas veces te esperó!
¡Cuántas veces te esperara,
cara fresca, negro pelo,
en esta verde baranda!

*   *   *

Sobre el **rostro**[133] del aljibe,[134]
se mecía[135] la gitana.
Verde carne, pelo verde,
con ojos de fría plata.
Un carámbano[136] de luna
la **sostiene**[137] sobre el agua.
La noche se puso íntima
como una pequeña plaza.
Guardias civiles borrachos
en la puerta golpeaban.
Verde que te quiero verde.
Verde viento. Verdes ramas.
El barco sobre la mar.
Y el caballo en la montaña.

---

[131] **hiel** (f.)—bilis; amargura.

[132] **albahaca**—hierba aromática; se usa como condimento.

[133] **rostro**—cara.

[134] aljibe (m.)—cisterna.

[135] **se mecía**—se movía de un lado a otro rítmicamente.

[136] carámbano—trozo de hielo alargado y puntiagudo formado por el goteo del agua.

[137] **sostiene**—mantiene en alto, sin dejar que se caiga.

PREGUNTAS

1. ¿Por qué crees tú que le habrían atraído la forma y la tradición del *romance* a Lorca, para elaborar los poemas de este poemario? Analiza por lo menos dos de estos seis *romances* en cuanto al fondo y a la forma. ¿Por qué conviene la forma del *romance* para los temas que expresa el poeta en ellos?

2. La luna es uno de los símbolos más recurrentes en la obra lorquiana. ¿Qué simboliza la luna en cada una de las composiciones que has leído? Cita ejemplos.

3. Los protagonistas del *Romancero gitano* son gitanos. ¿Qué representa esta cultura para Lorca y qué metáforas utiliza para expresarlo? Cita ejemplos de los poemas.

4. Al proponerse crear el *Romancero gitano*, Lorca escribió a un amigo: "Quiero hacer este verano una obra serena y quieta . . . haré una obra popular y andalucísima . . . " Andalucía ciertamente es una de los protagonistas de esta obra. Analiza por lo menos dos de los *romances* que has leído, en lo que se refiere a la flora, a la fauna, y a los demás elementos naturales andaluces. ¿Qué implicaciones extraes de su presencia dentro de la obra?

Garcilaso de la Vega ▶

Soneto XXIII

GARCILASO DE LA VEGA

*El poeta renacentista Garcilaso de la Vega (1501 ó 1503–1536),
influenciado por los poetas italianos del siglo XV, particularmente
Petrarca, introdujo nuevas formas poéticas en España. Entre éstas,
se destaca en particular el soneto al estilo italiano.*

    *Garcilaso, toledano de nacimiento, es descendiente de una
familia prominente desde el Medioevo en las letras castellanas. El
poeta, de alma sincera y exquisita—ha sido descrito como "dulce
en los sentimientos de amor, vehementísimo en los de amistad,
noble en las palabras, cortesano en las acciones"—, es el primero
en incorporar a las letras castellanas la música y el clima
espiritual de la poesía italiana, por un lado, y por otro, el fruto de
su estudio de los poetas latinos Virgilio y Horacio. Su vida se
desenvolvió entre la creación poética y la guerra, y murió joven
sirviendo como maestre de campo bajo el emperador Carlos V.*

    *Garcilaso escribió tres églogas, dos elegías, una epístola, cinco
canciones, ocho canciones breves, y 38 sonetos al estilo italiano. La
mayoría de sus poemas reflejan su pasión amorosa por doña
Isabel Freyre, dama portuguesa que murió sin corresponder al
amor secreto del poeta. Muchos de estos poemas figuran entre los
más bellos y perdurables de la lírica hispánica.*

En el *"Soneto XXIII"* *(1543)*, *Garcilaso nos recuerda que la* *belleza humana es efímera. Es el tema de* Carpe diem, *frase de* *Horacio que significa "Recoge (los placeres del) día", pues la* *vida es breve.*

En tanto que[1] de rosa y **azucena**[2]
se muestra la color en vuestro gesto[3]
y que vuestro mirar ardiente, **honesto**,[4]
enciende el corazón, y lo **refrena**;[5]

y en tanto que el cabello, que en la vena
del oro[6] se escogió, con vuelo presto,[7]
por el hermoso cuello blanco, enhiesto,[8]
el viento mueve, **esparce**[9] y desordena;

coged de vuestra alegre primavera
el dulce fruto, antes que el tiempo airado[10]
cubra de nieve la hermosa **cumbre**.[11]

Marchitará[12] la rosa el viento helado,
todo lo mudará[13] la edad ligera,[14]
por no hacer mudanza en su costumbre.

---

[1] **En tanto que**—mientras.

[2] **azucena**—planta liliácea, de flores blancas en racimo.

[3] gesto—rostro; cara.

[4] **honesto**—casto; puro.

[5] **refrena**—detiene; sosiega.

[6] en la vena del oro—del color del oro; dorado; rubio.

[7] presto—rápido.

[8] enhiesto—erguido; alzado.

[9] **esparce**—dispersa.

[10] airado—iracundo; enojado.

[11] **cumbre** (f.)—cima; parte más alta.

[12] **Marchitará**—secará.

[13] mudará—cambiará.

[14] edad ligera—tiempo veloz.

PREGUNTAS

1. El tema universal de este soneto se conoce como *Carpe diem*. Traza una relación entre este tema y los sentimientos expresados en el soneto. Presenta detalles específicos del texto, y defiende su conexión con el tema.

2. Para ser soneto al estilo italiano, este poema debe tener una forma muy específica. Descubre tú cuál es la forma de un *soneto* al estilo italiano, anotando primero el número de versos por estrofa. Para que sea soneto, debe tener un número fijo de versos por estrofa. Este número es invariable. ¿Sabes cómo se llaman los dos tipos de estrofas que has notado?

3. Habla ahora de la rima que encuentras. ¿Hay rima en este poema? Si hay rima, ¿es rima asonante o rima consonante? Di cómo lo sabes tú, extrayendo ejemplos del poema. En un *soneto al estilo italiano,* los cuartetos pueden rimar de distintas maneras. Muchas veces vemos rima abrazada, así: ABBA ABBA; o rima encadenada, así: ABAB ABAB, pero hay otros modos de buscar la repetición regular de una misma terminación. En los tercetos, por igual, vemos varias maneras de rimar, ya sea CDC CDC, o CCD CCD, u otras. ¿Cuál esquema de rima ves tú aquí en los cuartetos de este poema? ¿Cuál ves en los tercetos?

4. Para ser *soneto al estilo italiano,* debe tener un número específico de sílabas por verso. La métrica, o ritmo, de un poema en castellano tiene como unidad básica la sílaba y no el pie, como en la poesía en inglés. ¿Cuántas sílabas hay por verso en un *soneto al estilo italiano*? Basa tu respuesta en el cómputo que hagas del *soneto al estilo italiano* de Garcilaso.

5. Fijándote principalmente en el desarrollo de la idea, o el tema, de este poema, ¿en qué parte del poema encuentras el planteamiento del tema? ¿en qué parte el desarrollo del mismo? ¿en qué parte su resolución?

Ahora recuerda lo que has descubierto, porque en estos elementos consiste todo *soneto al estilo italiano.*

Luis de Argote y Góngora ▶

Soneto CLXVI

LUIS DE ARGOTE Y GÓNGORA

*El poeta cordobés Luis de Argote y Góngora (1561–1627) no llegó
nunca a publicar ningún elemento de su abundante obra, pero todas
sus poesías se conocían en vida del poeta, pues pasaban de mano en
mano en copias manuscritas. Góngora vivía en la corte de Felipe III, a
quien sirvió de capellán real hasta el año anterior a su muerte.
Usaba su apellido materno por razones estéticas—le parecía más
lírico, y le encantaba por ser esdrújulo—aunque también se puede
suponer cierta complacencia por parte de parientes maternos
pudientes e influyentes. Su obra suscitó una ruidosa polémica. La
polémica surge por la extremada dedicación al culteranismo de su
obra. El culteranismo es un estilo que se caracteriza por sus
latinismos, alusiones oscuras, extremadas hipérboles y complicadas
metáforas. El culteranismo se conoce también como gongorismo, por
ser Luis de Góngora su máximo exponente.*

*Góngora utilizó recursos estilísticos muy peculiares: primero,
repetía muchos "cultismos", palabras cultas provenientes del latín o
del griego, que no gozaban de uso general, y lo hacía a pesar del
hecho de que ya existían en el idioma palabras corrientes del
mismo significado; segundo, queriendo imitar la sintaxis del latín, se
valía del hipérbaton, pues su afán era elevar el español a la misma
dignidad poética de que gozaba el latín de Virgilio y de Horacio; y*

por fin, el jovial poeta se recreaba en un juego complicadísimo de metáforas. Su intento era crear un lenguaje poético distinto del normal, y nunca se propuso escribir para la generalidad de las personas. Decía: "Deseo hacer algo; no para los muchos", y defendía la oscuridad de su obra como algo útil y aun deleitable.

La poesía de Góngora creó inmediatamente escuela. Entre los que practicaban el gongorismo se destaca la poeta mexicana Sor Juana Inés de la Cruz. Pero a la vez, el culteranismo creó enemigos, entre los cuales sobresale el gran satirizador de Góngora, Francisco de Quevedo.

A pesar de la polémica, una buena parte de los poemas de Góngora se consideran de los más bellos de toda la poesía española. Entre sus sonetos amorosos mejor ejecutados se halla el muy conocido "Mientras por competir con tu cabello". En él, el poeta evoca, mediante una descripción del objeto amoroso, el tema de Carpe diem, frase de Horacio que significa "Recoge (los placeres del) día", pues el tiempo es implacable, y al fin lo arrasa todo.

Mientras por competir con tu cabello,
oro **bruñido**[1] al Sol **relumbra**[2] en vano,
mientras con **menosprecio**[3] en medio el llano
mira tu blanca frente el lilio bello;

mientras a cada labio, por cogello,[4]
siguen más ojos que al **clavel**[5] temprano,
y mientras triunfa con desdén **lozano**[6]
del luciente[7] cristal tu gentil[8] cuello;

---

[1] **bruñido**—pulido; abrillantado.

[2] **relumbra**—refleja la luz.

[3] **menosprecio**—desdén.

[4] cogello—cogerlo.

[5] **clavel** (m.)—planta herbácea ornamental, de flores muy vistosas.

[6] **lozano**—juvenil; saludable; arrogante.

[7] luciente—brillante.

[8] gentil—hermoso.

goza[9] cuello, cabello, labio y frente,
antes que los que fué en tu edad dorada
oro, lilio, clavel, cristal luciente,

no sólo en plata o víola[10] troncada[11]
se vuelva, **mas**[12] tú y ello juntamente
en tierra, en humo, en polvo, en sombra,
    en nada.

---

[9] **goza**—saca jugo; aprovecha; date gusto.

[10] víola—víola—violeta; del color de esta flor; morado.

[11] troncada—transformada.

[12] **mas**—pero.

PREGUNTAS

1. Resume en tus propias palabras la idea central del poema.

2. Repasa las características necesarias para que un poema sea un soneto al estilo italiano, y describe en detalle cómo este poema cumple con todas ellas. Justifica tus afirmaciones con ejemplos específicos del texto. Di por qué la forma de soneto se acopla bien con la idea central del poema.

3. ¿Cuáles son algunos de los recursos poéticos que emplea Góngora para evocar lo efímero de la belleza y de la juventud? Di cómo estos recursos le sirven para la expresión poética.

4. Compara y contrasta la idea elaborada en este soneto con la del "Soneto XXIII" ("En tanto que de rosa y azucena"), de Garcilaso de la Vega. Justifica tus afirmaciones con ejemplos de los dos textos.

Francisco de Quevedo y Villegas ▶

Un soneto,
dos versiones

FRANCISCO DE QUEVEDO Y VILLEGAS

*Poeta y prosista barroco del Siglo de Oro, cultivador de todos los
géneros literarios, Francisco de Quevedo (1580–1645) nació en
Madrid de una familia hidalga, y vivió su vida entre altibajos
políticos: servicio como secretario del rey, y misiones de gran
importancia política y diplomática, alternaban con períodos de
ignominia que llevaban a veces al destierro y a la prisión. Quevedo
se destaca por la sutileza de su lenguaje denso e intricado, y su
léxico rico y expresivo. Figura central en la vida literaria y social de
su tiempo, Quevedo respetó la obra de sus amigos Cervantes y
Lope de Vega, pero fue rival mordaz de Luis de Góngora. Al poeta
culterano Quevedo dirigió algunas de sus sátiras más brutales.*

Su novela maestra, El Buscón, *es del género picaresco. Su
poesía, concisa y profundamente lírica, en gran parte satírica,
refleja una añoranza por la pasada grandeza de España bajo el
Emperador Carlos V, en el siglo XVI. Ve con amargura y desengaño
las instituciones, las costumbres, la política y la vida de su época.*

En su soneto titulado "*Salmo XVII*", escrito antes de 1613, de actitud meditativa ante el paso del tiempo, el poeta presiente en todas las cosas a su alrededor el implacable acercamiento de su propia muerte. El tiempo no detiene su paso para nadie. El poeta no advierte más que recuerdos de su muerte.

En la segunda versión, publicada después de muerto Quevedo, las imágenes se han vuelto más impersonales, y el poema ahora encierra una nostalgia por la prepotente España de antaño, que ahora caduca. La segunda versión goza de una gran difusión por el mundo de las letras.

Salmo XVII

Miré los muros de la patria mía,
si un tiempo fuertes, ya **desmoronados**,[1]
de larga edad y de vejez cansados,
dando obediencia al tiempo en muerte fría.

Salíme al campo y vi que el sol bebía
los arroyos del hielo desatados,[2]
y del **monte**[3] quejosos los ganados,
porque en sus sombras dio licencia[4] al día.

Entré en mi casa y vi que, de cansada,
se entregaba a los años por **despojos**.[5]
Hallé mi **espada**[6] de la misma suerte;

mi vestidura, de servir gastada;
y no hallé cosa en que poner los ojos
donde no viese imagen de mi muerte.

---

[1] **desmoronados**—derruidos; deshechos.

[2] desatados—liberados.

[3] **monte** (m.)—terreno no cultivado.

[4] dio licencia—despidió; dio permiso para irse.

[5] **despojos**—ruinas a consecuencia del paso del tiempo; restos.

[6] **espada**—estoque; arma filosa y puntiaguda.

Enseña cómo todas las cosas avisan de la muerte

Miré los muros de la patria mía,
si un tiempo fuertes, ya desmoronados,
de la carrera de la edad[7] cansados
por quien **caduca**[8] ya su **valentía**.[9]

Salíme al campo; vi que el sol bebía
los arroyos del hielo desatados,
y del monte quejosos los ganados
que con sombras **hurtó**[10] su luz al día.

Entré en mi casa; vi que, amancillada,[11]
de anciana[12] habitación era despojos;
mi báculo,[13] más corvo[14] y menos fuerte.

Vencida[15] de la edad sentí mi espada,
y no hallé cosa en que poner los ojos
que no fuese recuerdo de la muerte.

---

[7] carrera de la edad—paso del tiempo.

[8] **caduca**—envejece; decae; se debilita.

[9] **valentía**—valor; fuerza; vigor.

[10] **hurtó**—robó.

[11] amancillada—afeada; deslustrada; manchada

[12] anciana—antigua.

[13] báculo—bastón.

[14] corvo—combado; curvo.

[15] vencida—derrotada.

PREGUNTAS

1. Comenta, utilizando ejemplos específicos del texto, cómo se sirve Quevedo de la estructura del soneto y de recursos poéticos, para exponer su tema central y para crear el tono que busca. ¿Cuál es su tema central? ¿Cuál es el tono del poema?

2. Describe el efecto casi cinematográfico que logra el poeta al enfocar el ojo del lector primero sobre imágenes de su patria desmoronada—los campos de su hogar—, después sobre su casa en despojos, hasta parar por fin en imágenes de su ya gastada persona.

3. Analiza las diferencias específicas que existen entre las dos versiones de este poema. ¿Cómo cambia la idea central en la versión póstuma? ¿Cómo cambia el tono?

4. Compara y contrasta la idea elaborada en este soneto con la del "Soneto XXIII" ("En tanto que de rosa y azucena"), de Garcilaso de la Vega. Justifica tus afirmaciones con ejemplos de los dos textos.

5. Compara y contrasta la idea elaborada en este soneto con la del "Soneto CLXVI" ("Mientras por competir con tu cabello"), de Luis de Góngora. Justifica tus afirmaciones con ejemplos de los dos textos.

José María Heredia

En una tempestad[1]

JOSÉ MARÍA HEREDIA

*Cuando todavía era niño, el poeta cubano José María Heredia
(1803–1839) ya traducía obras clásicas del latín, y se hizo
heredero de la tradición neoclásica, erudita y didáctica, a pesar de
ser el suyo el primer nombre del romanticismo hispanoamericano.
Se puede afirmar que Heredia representa la fusión de estas dos
importantes tendencias de la primera mitad del siglo XIX: el
neoclasicismo, que se define como la imitación de las literaturas
clásicas griega y romana, y el romanticismo, del que Heredia es
precursor, que se define como una reacción emocionada contra el
neoclasicismo. Los románticos abrazaron la subjetividad: cobra una
viva importancia el yo del poeta, y la razón cede lugar a la
fantasía y al sentimiento, buscados muchas veces en hechos
heroicos de la Edad Media, o en la exaltación de los pueblos
autóctonos del continente americano.*

*Heredia vivió escaso tiempo de su edad adulta en Cuba. Vivió
en México y en los Estados Unidos, o cursando estudios, o exiliado
por conspirar contra el dominio español. Como lo haría más tarde
su compatriota José Martí, escribió sus mejores poesías en el*

---

[1] **tempestad**—tormenta; huracán; ciclón.

destierro. *Publicadas sus poesías por primera vez en Nueva York antes de que el poeta cumpliera los 23 años de edad, Heredia fue creador también de una amplia labor en prosa: periodismo, traducción, teatro, crítica y narrativa. Murió en México.*

En su poesía, se entonan la dolorosa angustia y la dulce melancolía del romántico. Entre sus ideales se enumeran la paz, la libertad, la justicia, el orden racional del universo, y el progreso de la humanidad. Heredia sintió una constante nostalgia por Cuba, sentimiento que le llevó a idealizar a su patria, y por ello su poesía refleja temas de lejanía y de ausencia. La vívida amenaza de una tormenta violenta en la bahía de Matanzas, se funde con el tumulto y aislamiento que Heredia siente en su alma, en el poema "En una tempestad". Este poema es, por un lado, un señalado ejemplo de la tendencia romántica de ver la imagen de los estados de ánimo del poeta en las mudanzas de la naturaleza, y por otro, del afán neoclásico de respetar las formas antiguas imperantes en el siglo XVIII.

Huracán, huracán, venir te siento,
y en tu soplo abrasado[2]
respiro entusiasmado
del señor de los aires el aliento.

En las alas del viento suspendido
vedle[3] rodar por el espacio inmenso,
silencioso, tremendo, irresistible,
en su curso veloz. La tierra en calma
siniestra, misteriosa,
contempla con **pavor**[4] su faz[5] terrible.
¿Al toro no miráis? El suelo escarban[6]
 de insoportable ardor sus pies heridos:

---

[2] abrasado—caliente; encendido.

[3] vedle—véanle.

[4] **pavor**—terror.

[5] faz—cara; superficie.

[6] escarban—remueven; cavan.

la frente poderosa levantando,
y en la hinchada nariz fuego aspirando,
llama la tempestad con sus **bramidos**.[7]

¡Qué nubes! ¡qué furor! El sol temblando
vela[8] en triste vapor su faz gloriosa,
y su disco nublado sólo **vierte**[9]
luz fúnebre y sombría,
que no es noche ni día . . .
¡Pavoroso color, velo de muerte!
Los pajarillos tiemblan y se esconden
al acercarse el huracán bramando,
y en los lejanos montes **retumbando**[10]
le oyen los bosques, y a su voz responden.

Llega ya . . . ¿No le veis? ¡Cuál[11] desenvuelve
su manto aterrador y majestuoso! . . .
¡Gigante de los aires, te saludo! . . .
En **fiera**[12] confusión el viento agita
las orlas[13] de su parda[14] vestidura . . .
¡Ved! . . . ¡En el horizonte
los brazos rapidísimos enarca,
y con ellos **abarca**[15]
cuanto alcanzo a mirar de monte a monte!

---

[7] **bramidos**—rugidos; voces como las que da el toro cuando siente miedo o dolor.

[8] **vela**—oculta; tapa.

[9] **vierte**—derrama.

[10] **retumbando**—resonando; haciendo eco.

[11] cuál—cómo.

[12] **fiera**—feroz.

[13] orlas—bolitas decorativas de ciertas vestiduras.

[14] parda—oscura.

[15] **abarca**—encierra; incluye.

¡Obscuridad universal! . . . ¡Su soplo
levanta en **torbellinos**[16]
el polvo de los campos agitado! . . .
En las nubes retumba **despeñado**[17]
el carro **del Señor**,[18] y de sus ruedas
brota[19] el **rayo**[20] veloz, se precipita,
hiere[21] y **aterra**[22] al suelo,
y su lívida luz inunda al cielo.

¿Qué rumor? ¿Es la lluvia? . . . Desatada
cae a torrentes, obscurece al mundo,
y todo es confusión, horror profundo.
Cielo, nubes, colinas, caro bosque,
¿dó estáis?[23] . . . os busco en vano.
Desparecisteis . . . La tormenta umbría[24]
en los aires revuelve un océano
que todo lo **sepulta** . . .[25]
Al fin, mundo fatal, nos separamos.
El huracán y yo solos estamos.

¡Sublime tempestad! ¡Cómo en tu **seno**,[26]
de tu solemne inspiración **henchido**,[27]
al mundo **vil**[28] y miserable olvido,
y alzo la frente, de delicia lleno!

---

[16] **torbellinos**—revuelos; remolinos; vientos que giran en redondo.

[17] **despeñado**—precipitado; arrojado al abismo.

[18] **el Señor**—Dios.

[19] **brota**—sale.

[20] **rayo**—relámpago.

[21] **hiere**—lastima.

[22] **aterra**—asusta; infunde terror.

[23] dó estáis?—¿dónde están?

[24] umbría—sombreada; oscura.

[25] **sepulta**—entierra.

[26] **seno**—pecho; corazón; centro.

[27] **henchido**—inflado.

[28] **vil**—despreciable; bajo; indigno.

¿Dó está el alma cobarde
que teme tu **rugir**?[29] . . . Yo en ti me elevo
al trono del Señor; oigo en las nubes
el eco de su voz; siento a la tierra
escucharle y temblar. Ferviente lloro
desciende por mis pálidas mejillas,
y su alta majestad **trémulo**[30] adoro.

[29] **rugir**—bramar; clamar como el toro.
[30] **trémulo**—tembloroso.

PREGUNTAS

1. Describe en tus propias palabras lo que al poeta le inquieta de la tempestad. ¿Qué otra emoción siente al contemplarla? ¿Cuál es el tono del poema? Defiende tus observaciones con ejemplos extraídos del texto.

2. La tempestad es un móvil del que se vale el poeta para evocar una realidad humana. Comenta la actitud del poeta ante la tempestad, y por consiguiente su actitud ante la realidad humana.

3. Analiza cómo el poeta desarrolla una relación íntima entre él y la tempestad. Comenta por lo menos tres de las imágenes de Heredia mediante las que evoca una analogía entre su estado de ánimo y la tempestad.

4. ¿Cuál es la estructura métrica de este poema? ¿Hay regularidades en cuanto al número de versos por estrofa, al cómputo silábico o a la rima? Identifica este tipo de poema, y analiza el efecto que surte esta estructura en la expresión poética.

José de Espronceda ▶

Canción del pirata

JOSÉ DE ESPRONCEDA

A José de Espronceda (1808–1842) se le considera el mejor representante de la poesía lírica romántica de España. Se le ha llamado "el Byron español". Extremadamente romántico por naturaleza y en su comportamiento, Espronceda fue un ardiente revolucionario, un combatiente republicano, un amante de la libertad y el protagonista de una vida caracterizada por algo así como un frenesí romántico: fue arrestado y desterrado a los quince años por conspiración contra el gobierno de España, se fugó a París con una mujer casada antes de cumplir los 20 años, y, estando en Francia al estallar la revolución de julio de 1830, participó en las barricadas inmortalizadas por Víctor Hugo en Los miserables. Murió a los 34 años de edad.

    La poesía de Espronceda no ha sido universalmente elogiada. Sus críticos le acusan de "tener poco colegio", y su propio maestro dijo de él: "Es como una plaza de toros muy grande, pero con mucha canalla adentro". Otros han afirmado que en él se concentran los aciertos y los errores del romanticismo. Su "Canción del pirata" es un poema lírico que posee el ímpetu, el desahogo y la pasión altiva de la mejor lírica romántica universal. Los sueños de pirata de Espronceda expresan, con una violenta exaltación de su ánimo, una intolerancia absoluta ante las restricciones de la *sociedad y de la vida, y desprecio por el orden establecido. El poema ensalza la anarquía de la vida del pirata, quien se ríe de los peligros y de sus enemigos. En una especie de delirio furioso, el pirata, héroe romántico, crea su propia ley. "Canción del pirata" ha tenido una perdurable acogida por la sonoridad y la musicalidad de sus versos, y por la vehemencia del sueño de libertad y gloria de su creador.*

Con diez cañones por banda,[1]
viento en popa[2] a toda vela,
no corta el mar, sino vuela
un velero bergantín:[3]
bajel[4] pirata que llaman,
por su bravura, el Temido,[5]
en todo mar conocido
del uno al otro confín.[6]
La luna en el mar riela,[7]
en la **lona**[8] **gime**[9] el viento,
y alza en blando movimiento
olas de plata y azul;
y ve el capitán pirata,
cantando alegre en la popa,
Asia a un lado, al otro Europa,
allá a su frente Estambul.
        —Navega, velero mío,
            sin temor;

---

[1] banda—costado; lado.

[2] popa—parte posterior de un barco.

[3] bergantín (m.)—barco con velas en dos palos o mástiles.

[4] bajel (m.)—nave; buque; barco.

[5] Temido—que causa miedo.

[6] confín (m.)—límite.

[7] riela—produce reflejos.

[8] **lona**—tela gruesa de que se fabrican las velas.

[9] **gime**—suena.

que ni enemigo **navío**,[10]
ni **tormenta**,[11] ni bonanza[12]
    tu **rumbo**[13] a **torcer**[14] alcanza,
    ni a **sujetar**[15] tu valor.
        Veinte presas[16]
        hemos hecho
        a despecho[17]
        del inglés,
        y han rendido[18]
        sus pendones[19]
        cien naciones
        a mis pies.
Que es mi barco mi tesoro,
que es mi Dios la libertad,
mi ley la fuerza y el viento,
mi única patria la mar.
    Allá muevan feroz guerra
        ciegos reyes
por un palmo[20] más de tierra:
que yo tengo aquí por mío
cuanto abarca el mar bravío,[21]
a quien nadie impuso leyes.
        Y no hay playa,
        sea cualquiera,
        ni bandera

---

[10] **navío**—barco; buque.
[11] **tormenta**—tempestad; mal tiempo, con lluvias y vientos fuertes.
[12] bonanza—buen tiempo.
[13] **rumbo**—ruta; dirección.
[14] **torcer**—desviar; alterar.
[15] **sujetar**—detener; vencer.
[16] presas—barcos capturados.
[17] a despecho—a pesar.
[18] rendido—entregado.
[19] pendones—banderas.
[20] palmo—pequeño pedazo.
[21] bravío—indómito; salvaje.

de esplendor,
que no sienta
mi derecho,
y dé pecho
a mi valor.
Que es mi barco mi tesoro . . .
  A la voz de «¡Barco viene!»
    es de ver
cómo **vira**[22] y se previene
a todo trapo[23] a escapar;
que yo soy el rey del mar,
y mi furia es de temer.
    En las presas
    yo divido
    lo cogido
    por igual;
    sólo quiero
    por riqueza
    la belleza
    sin rival.
Que es mi barco mi tesoro . . .
  ¡Sentenciado estoy a muerte!
    Yo me río;
no me abandone la suerte
y al mismo que me condena,
colgaré de alguna entena,[24]
quizá en su propio navío.
    Y si caigo,
    ¿qué es la vida?
    por perdida
    ya la di,

---

[22] **vira**—da vuelta; tuerce; cambia de rumbo.
[23] a todo trapo—a toda vela; con todas las velas puestas.
[24] entena—palo.

cuando el **yugo**[25]
del esclavo,
como un bravo,
sacudí.[26]
Que es mi barco mi tesoro . . .
Son mi música mejor
aquilones:[27]
el **estrépito**[28] y temblor
de los cables sacudidos,
del negro mar los bramidos
y el rugir de mis cañones.
Y del trueno
al son[29] violento
y del viento
al rebramar,
yo me duermo
sosegado,[30]
arrullado
por el mar.
Que es mi barco mi tesoro,
que es mi Dios la libertad;
mi ley la fuerza y el viento;
mi única patria la mar.

---

[25] **yugo**—aparato de madera al que van sujetos los bueyes; símbolo de la servidumbre.

[26] sacudí—me quité.

[27] aquilones (m.)—vientos procedentes del norte.

[28] **estrépito**—gran ruido.

[29] son (m.)—sonido agradable.

[30] **sosegado**—tranquilo.

PREGUNTAS

1. Describe en tus propias palabras la experiencia de ser pirata que se canta en este poema.

2. ¿En qué respecto se puede afirmar que este poema pertenece a la escuela romántica?

3. Explica la relación que se establece entre la experiencia de ser pirata que evoca el poeta y la fórmula métrica de que se vale para evocarla. Por ejemplo, ¿qué función cumple el hecho de que, en los tetrasílabos, versos de cuatro sílabas, particularmente en la última estrofa de tetrasílabos, se alternan sílabas tónicas, las impares, con sílabas atónicas, las pares? ¿Qué función cumple el rematar cada cuarteto octosílabo con un verso agudo? ¿Qué función cumplen encabalgamientos como, por ejemplo, "cómo vira y se previene/a todo trapo a escapar", o "y dé pecho/a mi valor"?

Gustavo Adolfo Béquer ▶

Poemas de Gustavo Adolfo Bécquer

GUSTAVO ADOLFO BÉCQUER

El sevillano Gustavo Adolfo Bécquer (1836–1870) es el último de los poetas románticos en las letras hispánicas. Caracterizado por una íntima y dulce delicadeza y profunda melancolía, Bécquer toma sólo lo más esencial del romanticismo, la unión entre obra poética y poeta. Bécquer es el principal precursor del modernismo, nuevo rumbo que él mismo tomaba sin darse cuenta, y el rumbo que iba a seguir la poesía hispánica moderna a partir de Darío.

Huérfano de padre y madre a los nueve años de edad, Bécquer vivió una vida breve y dolorosa. Tuvo un matrimonio infeliz y, al parecer, un amor o ideal o no correspondido. Quienes lo conocían lo describían como modesto, tímido, melancólico, imaginativo, paciente, sufrido, resignado, amable, bondadoso y compasivo. El único constante en su vida fue su hermano Valeriano, pintor. Bécquer, hijo y hermano de pintores, asocia la poesía con las demás artes, en cuanto color, luz, forma, textura y sonido. Murió de una enfermedad que había padecido durante años. Un amigo dijo de él: "Alma tan grande como la suya no cabía en cuerpo humano".

La fama de Bécquer se basa en sus dos colecciones, no publicadas en vida del escritor: de prosa, Leyendas; y de poesía, un pequeño tomo, Rimas: 76 poemas, todos ellos sencillos, profundos, diáfanos y etéreos. Las rimas parecen haber sido escritas por separado, sin plan, y se pueden considerar un solo poema, con fondo autobiográfico. Sus Rimas abarcan temas de arte poética, de amor, de desengaño, de dolor, de desesperanza y de soledad.

Rima IV

No digáis que **agotado**[1] su **tesoro**,[2]
de asuntos falta,[3] **enmudeció**[4] la **lira**.[5]
Podrá no haber poetas, pero siempre
habrá poesía.

Mientras las ondas[6] de la luz al beso
palpiten[7] encendidas;
mientras el sol las desgarradas[8] nubes
de fuego y oro vista;

mientras el aire en su **regazo**[9] lleve
perfumes y armonías
mientras haya en el mundo primavera,
¡habrá poesía!

---

[1] **agotado**—consumido del todo; usado completamente.

[2] **tesoro**—caudal; riqueza.

[3] de asuntos falta—falta de asuntos; carente de temas.

[4] **enmudeció**—calló; dejó de cantar.

[5] **lira**—instrumento de cuerdas parecido al arpa.

[6] ondas—olas.

[7] palpiten—latan; den señales de vida.

[8] desgarradas—dispersas; esparcidas.

[9] **regazo**—espacio comprendido entre la cintura y las rodillas de una persona sentada.

Mientras la ciencia a descubrir no alcance
las **fuentes**[10] de la vida,
y en el mar o en el cielo haya un **abismo**[11]
que el **cálculo**[12] resista;

mientras la Humanidad, siempre avanzando,
no sepa a dó[13] camina;
mientras haya un misterio para el hombre,
¡habrá poesía!

Mientras sintamos que se alegra el alma
sin que los labios rían;
mientras se llore sin que el llanto **acuda**[14]
a **nublar**[15] la pupila;

mientras el corazón y la cabeza
batallando[16] prosigan;[17]
mientras haya esperanzas y recuerdos,
¡habrá poesía!

Mientras haya unos ojos que reflejen
los ojos que los miran;
mientras responda el labio suspirando
al labio que suspira;

---

[10] **fuentes** (f.)—orígenes.

[11] **abismo**—profundidad.

[12] **cálculo**—acción de medir científicamente.

[13] dó—dónde.

[14] **acuda**—venga; llegue.

[15] **nublar**—oscurecer; privar de luz; turbar.

[16] **batallando**—luchando.

[17] prosigan—continúen.

mientras sentirse puedan en un beso
dos almas confundidas;[18]
mientras exista una mujer hermosa,
¡habrá poesía!

Rima XI

Yo soy **ardiente**,[19] yo soy morena,
yo soy el símbolo de la pasión;
de **ansia**[20] de **goces**[21] mi alma está llena.
—¿A mí me buscas? —No es a ti; no.

—Mi frente es pálida; mis trenzas de oro:
puedo **brindarte**[22] **dichas**[23] sin fin;
yo de ternura guardo un tesoro.
—¿A mí me llamas? —No; no es a ti.

—Yo soy un sueño, un imposible,
vano[24] **fantasma**[25] de niebla y luz;
soy **incorpórea**,[26] soy **intangible**;[27]
no puedo amarte. —¡Oh, ven; ven tú!

---

[18] confundidas—aunadas; unidas para formar una sola entidad.

[19] **ardiente**—apasionada; fervorosa.

[20] **ansia**—deseo vehemente.

[21] **goces** (m.)—placeres.

[22] **brindarte**—ofrecerte.

[23] **dichas**—felicidades; alegrías.

[24] **vano**—inútil.

[25] **fantasma** (m.)—imagen irreal.

[26] **incorpórea**—sin cuerpo físico.

[27] **intangible**—intocable; incorpórea.

Rima LIII

Volverán las oscuras **golondrinas**[28]
en tu balcón sus nidos a colgar,
y otra vez con el ala a sus **cristales**,[29]
    jugando llamarán;

pero aquellas que el vuelo refrenaban[30]
tu hermosura y mi **dicha**[31] a contemplar;
aquellas que aprendieron nuestros nombres,
    ésas . . . ¡no volverán!

Volverán las **tupidas**[32] **madreselvas**[33]
de tu jardín las **tapias**[34] a **escalar**,[35]
y otra vez a la tarde, aun más hermosas,
    sus flores se abrirán;

pero aquellas cuajadas[36] de **rocío**,[37]
cuyas gotas mirábamos temblar
y caer, como lágrimas del día . . .
    ésas . . . ¡no volverán!

---

[28] **golondrinas(s)**—pájaro de alas largas, cola ahorquillada y plumaje dorsal oscuro; cada año vuelve al mismo sitio a colgar su nido.

[29] **cristales** (m.)—vidrios de las ventanas.

[30] refrenaban—aminoraban; detenían.

[31] **dicha**—felicidad; alegría.

[32] **tupidas**—numerosas; apretadas; aglomeradas.

[33] **madreselvas**—plantas arbustivas, trepadoras, de flores olorosas.

[34] **tapia**—muro bajo construido de piedras o ladrillos.

[35] **escalar**—trepar; subir.

[36] cuajadas—cubiertas.

[37] **rocío**—humedad en el aire que se condensa durante la noche.

Volverán del amor en tus oídos
las palabras ardientes a sonar;
tu corazón de su profundo sueño
    tal vez despertará;

pero **mudo**[38] y **absorto**[39] y de rodillas,
como se adora a Dios ante su altar,
como yo te he querido . . . **desengáñate**:[40]
    ¡así no te querrán!

---

[38] **mudo**—callado; sin decir palabra.

[39] **absorto**—embelesado; hipnotizado; extasiado.

[40] **desengáñate**—no te hagas ilusiones; vuelve a la realidad; no te mientas.

PREGUNTAS

1. ¿Cuáles son los temas que Bécquer desarrolla en estos poemas? ¿Qué recursos técnicos utiliza para expresarlos? Justifica tus observaciones con detalles concretos extraídos de los textos.

2. Determina tú la métrica de la Rima IV. Da ejemplos específicos de los aspectos formales que encuentras. Esta forma métrica, ¿tiene un nombre? ¿Cuál es? Defiende la idea de que estas preferencias técnicas del poeta informan el tema del poema.

3. Compara la idea expuesta en la Rima XI con la que encierra la redondilla de Sor Juana Inés de la Cruz: "Hombres necios que acusáis" ¿Qué afirma Bécquer sobre el amor en este poema?

4. Discute el empleo de anáfora e hipérbaton en la Rima LIII. ¿Qué efecto tiene cada uno de estos recursos técnicos sobre la expresión poética?

José Martí ▶

Poemas de
José Martí

JOSÉ MARTÍ

*El gran patriota y literato cubano José Martí (1853–1895) llevó
una vida consagrada al servicio de la libertad. Hijo de españoles,
Martí nació en La Habana. A los diecisiete años, fue condenado
por conspirador a prisión, y después desterrado a España. Cursó
estudios de derecho, y de filosofía y letras. Pasó el resto de su
corta vida entre varios países americanos, estableciendo su
principal residencia en la ciudad de Nueva York. Martí prosiguió
una obra periodística y consular, y sus dones como orador son
legendarios. Entre tanto, se dedicaba a organizar la causa
política que le cobró la vida. Martí murió en Dos Ríos, Cuba, a
los pocos días de empezar la Guerra de Independencia que
había ayudado a organizar.*

    *En su obra, Martí se destaca por su expresión poética sencilla,
íntima y espontánea. Se le considera un poeta romántico, pero a
la vez un precursor del modernismo. Como prefacio a una publicación
póstuma de su colección* Versos libres, *escritos en 1882, el poeta
escribió: "Tajos son éstos de mis propias entrañas . . . como las*

lágrimas salen de los ojos y la sangre sale a borbotones de la herida. Van escritos, no en tinta de la academia, sino en mi propia sangre." Esta colección contiene el poema "Dos patrias".

Martí publicó, en 1891, sus Versos sencillos, 46 poemas etéreos y sinceros. Las circunstancias de su composición: se le había quebrantado la salud por complicaciones tanto en el plano personal como en el político: la separación definitiva de su esposa el año anterior; y su temor angustiado de que Cuba cayera bajo el yugo de un Estados Unidos deseoso de la anexión. En busca de la sencillez abogada por el transcendentalista Ralph Waldo Emerson, a quien admiraba, escribió los versillos febrilmente, en las montañas Catskills durante una estancia mandada por el médico. El resultado es una obra poética cuyos móviles son universales: el amor y la amistad, el deber y el honor, la naturaleza y la inocencia, la patria y el exilio, y la muerte.

I

Yo soy un hombre sincero
de donde crece la palma;
y antes de morirme, quiero
echar mis versos del alma.

Yo vengo de todas partes,
y hacia todas partes voy:
arte soy entre las artes;
en los montes, monte soy.

Yo sé de nombres extraños
de las yerbas y las flores,
y de mortales **engaños**,[1]
y de sublimes dolores.

---

[1] **engaños**—mentiras; trampas.

Yo he visto en la noche oscura
llover sobre mi cabeza
los rayos de lumbre pura
de la divina belleza.

Alas nacer vi en los hombros
de las mujeres hermosas,
y salir de los **escombros**[2]
volando, las mariposas.

He visto vivir a un hombre
con un **puñal**[3] al costado
sin decir jamás el nombre
de aquella que lo ha matado.

Rápida como un reflejo,
dos veces vi el alma, dos:
cuando murió el pobre viejo,
cuando ella me dijo adiós.

Temblé una vez —en la **reja**,[4]
a la entrada de la **viña**[5]—,
cuando la bárbara abeja
picó en la frente a mi niña.

Gocé[6] una vez, de tal suerte[7]
que gocé cual[8] nunca: cuando
la sentencia de mi muerte
leyó el alcaide[9] llorando.

---

[2] **escombros**—ruinas de un edificio derrumbado, caído abajo.

[3] **puñal** (m.)—cuchillo; daga.

[4] **reja**—barrotes sobre una ventana de calle, típicamente de hierro forjado.

[5] **viña**—viñedo; terreno plantado de vides, plantas que dan uvas.

[6] **Gocé**—fui feliz.

[7] **de tal suerte**—de tal manera; de tal forma.

[8] **cual**—como.

[9] alcaide—carcelero; el que vigila los presos dentro de una prisión.

Oigo un suspiro a través
de las tierras y la mar,
y no es un suspiro: es
que mi hijo va a despertar.

Si dicen que del joyero
tome la joya mejor,
tomo a un amigo sincero
y pongo a un lado el amor.

Yo he visto el águila herida
volar al azul sereno,
y morir en su guarida[10]
la **víbora**[11] del veneno.

Yo sé bien que cuando el mundo
cede, **lívido**,[12] al descanso,
sobre el silencio profundo
murmura el arroyo **manso**.[13]

Yo he puesto la mano osada,[14]
de horror y júbilo[15] yerta,[16]
sobre la estrella apagada
que cayó frente a mi puerta.

Oculto[17] en mi pecho bravo
la pena que me lo hiere:
el hijo de un pueblo esclavo
vive por él, calla y muere.

---

[10] guarida—nido; madriguera, escondite de ciertos animales.

[11] **víbora**—serpiente venenosa.

[12] **lívido**—pálido.

[13] **manso**—sumiso; apacible; pacífico.

[14] osada—atrevida; valerosa.

[15] júbilo—gran alegría; regocijo.

[16] yerta—rígida.

[17] **Oculto**—escondo; no dejo ver.

Todo es hermoso y constante,
todo es música y razón,
y todo, como el diamante,
antes que luz es carbón.

Yo sé que el **necio**[18] se entierra
con gran **lujo**[19] y con gran llanto,
y que no hay fruta en la tierra
como la del **camposanto**.[20]

Callo, y entiendo, y me quito
la **pompa**[21] del rimador;
cuelgo de un árbol **marchito**[22]
mi muceta[23] de **doctor**.[24]

Dos patrias

Dos patrias tengo yo: Cuba y la noche.
¿O son una las dos? . . . No bien retira
su majestad el sol, con largos **velos**[25]
y un **clavel**[26] en la mano, silenciosa
Cuba cual **viuda**[27] triste me aparece.
¡Yo sé cuál es ese clavel sangriento
que en la mano le tiembla! Está vacío
mi pecho, destrozado está y vacío

---

[18] **necio**—tonto; estúpido.

[19] **lujo**—adorno; ostentación; pompa.

[20] **camposanto**—cementerio.

[21] **pompa**—gala; ostentación.

[22] **marchito**—seco; muerto.

[23] muceta—esclavina, o capa, abotonada que usan los titulados universitarios en ocasiones solemnes.

[24] **doctor**—título académico conferido al que ha cursado estudios superiores en cualquier campo.

[25] **velos**—pedazos de tela delgada que se usan para taparse la cara.

[26] **clavel** (m.)—flor vistosa y popular.

[27] **viuda**—mujer casada cuyo marido ha muerto.

en donde estaba el corazón. Ya es hora
de empezar a morir. La noche es buena
para decir adiós. La luz **estorba**[28]
y la palabra humana. El universo
habla mejor que el hombre.

                    Cual[29] bandera
que invita a batallar,[30] la llama roja
de la vela flamea.[31] Las ventanas
abro, ya estrecho[32] en mí. **Muda**,[33] rompiendo
las hojas del clavel, como una nube
que enturbia[34] el cielo, Cuba, viuda, pasa . . .

---

[28] **estorba**—molesta; sirve de obstáculo.

[29] **Cual**—como.

[30] **batallar**—pelear.

[31] flamea—llamea; está en movimiento la llama, impulsada por el aire.

[32] estrecho—encogido; apretado.

[33] **Muda**—callada; en silencio.

[34] enturbia—anubla; oscurece.

PREGUNTAS

1. ¿Cuáles son los conceptos contenidos en Versos *sencillos*, I? Justifica tu respuesta con detalles concretos del texto. ¿Crees apropiado el título Versos *sencillos*? ¿Por qué? ¿Por qué no?

2. ¿En qué sentido son, para Martí, una sola patria Cuba y la noche?

3. Comenta el concepto de patria en el sentido que quiere darle Martí aquí, e investiga y describe las razones por las que, en la vida del poeta, el concepto de patria hubiera ocupado un puesto especial.

4. ¿Qué regularidades distingues en la forma de estos dos poemas? ¿Qué esquema de rima sigue cada cual? ¿Cuántas sílabas hay por verso? ¿Por qué crees que Martí optó por estas estructuras formales? ¿Cómo se presta la estructura formal de cada uno a la expresión poética de los dos poemas?

Rubén Darío ▶

Poemas de Rubén Darío

RUBÉN DARÍO

*Hacia fines del siglo XIX, llegan a Hispanoamérica los nuevos
movimientos literarios franceses—entre ellos, el simbolismo, el
parnasianismo y el impresionismo—, claves para la renovación de
la poesía en lengua española. Así nace un poderoso movimiento
renovador en la literatura hispanoamericana: el modernismo. El
líder indiscutible del modernismo es el poeta nicaragüense Rubén
Darío (1867–1916). Desde muy joven, Rubén Darío leía poetas
franceses. El modernismo fue, al principio, una literatura de
escape, de aire enrarecido, y su afán era lograr la experiencia
estética, con conciencia sensual de color y sonido.*

Las obras más renombradas de Darío son Azul *(1888),* Prosas
profanas *(1896) y* Cantos de vida y esperanza *(1905), colección
esta última que contiene los tres poemas siguientes. Mientras que*
Azul *y* Prosas profanas *representan el auge de las tendencias
modernistas del escritor, ya para el momento de la creación de*
Cantos de vida y esperanza *se habían apaciguado en gran medida
los bríos preciocistas de su arte poética. A pesar de considerar al autor
de* Azul *y* Prosas profanas *"el maestro incomparable de la forma y*

de la sensación", Antonio Machado ha dicho que Darío "más tarde nos reveló la hondura de su alma en Cantos de vida y esperanza". *Es un Darío más templado el que nos brinda "Canción de otoño en primavera", una expresión lírica del tema de* carpe diem, y "Lo fatal", *que evoca la angustia del poeta ante las grandes interrogantes de la vida. De sus inquietudes de carácter político, nace "A Roosevelt", poema que se inspira en la figura, temible para Hispanoamérica, del entonces presidente de Estados Unidos, Theodore Roosevelt.*

A Roosevelt[1]

Es con voz de la Biblia, o verso de Walt Whitman,[2]
que habría de llegar hasta ti, **Cazador**,[3]
primitivo y moderno, sencillo y complicado,
con un algo de Wáshington y cuatro de Nemrod.[4]
Eres los Estados Unidos,
eres el futuro invasor
de la América **ingenua**[5] que tiene sangre **indígena**,[6]
que aún reza a Jesucristo y aún habla en español.

Eres **soberbio**[7] y fuerte ejemplar de tu raza;
eres culto, eres hábil; te opones a Tolstoy.[8]
Y domando caballos, o asesinando tigres,
eres un Alejandro-Nabucodonosor.[9]

---

[1] Roosevelt—Theodore Roosevelt (1858–1919), presidente de EE.UU., a comienzos del siglo XX, que practicó una política imperialista e intervencionista para con Hispanoamérica.

[2] Walt Whitman (1819–1892)—poeta lírico norteamericano.

[3] **Cazador**—referencia a Roosevelt: a Roosevelt le gustaba mucho la caza, especialmente de animales grandes.

[4] Nemrod—personaje de la Biblia, gran cazador también.

[5] **ingenua**—inocente; de poca experiencia en el mundo.

[6] **indígena**—nativa; aborigen.

[7] **soberbio**—arrogante; altanero; orgulloso.

[8] Tolstoy—Liev Nikoláievich Tostói (1828–1910), escritor ruso, autor de Guerra y paz (1866).

[9] Alejandro-Nabucodonosor—combinación de Alejandro Magno de Macedonia (356–323 a. de J.C.), conquistador de Egipto y del Cercano Oriente, y de Nabucodonosor (?–562 a. de J.C.), monarca de Babilonia, conquistador de Jerusalén en 586 a. de J.C.

(Eres un profesor de Energía
como dicen los locos de hoy.)

Crees que la vida es **incendio**,[10]
que el progreso es erupción,
que en donde pones la **bala**[11]
el **porvenir**[12] pones.
                              No.

Los Estados Unidos son potentes y grandes.
Cuando ellos **se estremecen**[13] hay un hondo temblor
que pasa por las vértebras enormes de los Andes.
Si clamáis, se oye como el rugir del león.
Ya Hugo[14] a Grant[15] lo dijo: Las estrellas son vuestras.
(Apenas brilla, alzándose, el argentino sol
y la estrella chilena se levanta . . .) Sois ricos.
Juntáis al culto de Hércules[16] el culto de Mammón;[17]
y alumbrando el camino de la fácil conquista,
la Libertad levanta su antorcha en Nueva York.

Mas[18] la América nuestra, que tenía poetas
desde los viejos tiempos de Netzahualcoyotl,[19]
que ha guardado las huellas de los pies del gran
        Baco,[20]

---

[10] **incendio**—fuego que empieza por accidente y que se descontrola.

[11] **bala**—proyectil disparado por arma de fuego.

[12] **porvenir** (m.)—futuro.

[13] **se estremecen**—tiemblan.

[14] Hugo—Víctor Hugo (1802–1885), poeta, dramaturgo, y novelista romántico francés, autor de *Los miserables* (1862).

[15] Grant—Ulysses S. Grant (1822–1885), generalísimo de los ejércitos de la Unión en la Guerra Civil Norteamericana, posteriormente presidente de los Estados Unidos desde 1869 hasta 1877.

[16] Hércules—héroe de la mitología griega, famoso por su fuerza física.

[17] Mammón—símbolo de la avaricia.

[18] **Mas**—pero.

[19] Netzahualcoyotl—Nezahualcóyotl (1402–1472), rey chichimeca de Texcoco en México desde 1431, reconocido también como gran poeta.

[20] Baco—dios del vino entre los romanos de la Antigüedad.

que el alfabeto pánico[21] en un tiempo aprendió;
que consultó los astros, que conoció la Atlántida[22]
cuyo nombre nos llega resonando en Platón,[23]
que desde los remotos momentos de su vida
vive de luz, de fuego, de perfume, de amor,
la América del grande Moctezuma,[24] del Inca,[25]
la América fragante de Cristóbal Colón,[26]
la América católica, la América española,
la América en que dijo el noble Guatemoc:[27]
«Yo no estoy en un lecho de rosas»; esa América
que tiembla de huracanes y que vive de amor,
hombres de ojos sajones[28] y alma bárbara, vive.
Y sueña. Y ama, y vibra, y es la hija del Sol.
Tened cuidado. ¡Vive la América española!
Hay mil cachorros[29] sueltos del León Español.[30]
Se necesitaría, Roosevelt, ser, por Dios mismo,
el Riflero terrible y el fuerte Cazador,
para poder tenernos en vuestras férreas[31] **garras**.[32]

Y, pues contáis con todo, falta una cosa: ¡Dios!

---

[21] pánico—relativo a Pan, dios pastoril griego en la Antigüedad, mitad hombre y mitad macho cabrío; asusta tanto a los hombres como a los animales con su flauta, lo cual dio lugar a la expresión "miedo pánico"; según una tradición, Pan inventó un alfabeto, que las Musas enseñaron a Baco.

[22] Atlántida—ciudad fabulosa que existía en una isla del Océano Atlántico, según la creencia de los antiguos griegos.

[23] Platón—filósofo griego de la Antigüedad, que menciona la Atlántida en algunas de sus obras, imaginándola como una sociedad ideal.

[24] Moctezuma—rey de los aztecas cuando el conquistador español Hernán Cortés llegó a México en 1519.

[25] Inca—pueblo amerindio instalado en el valle de Cuzco, en Perú, fundador de un gran imperio, a cuya cabeza estaba el emperador, El Inca.

[26] Cristóbal Colón—navegante que, al servicio de Castilla, llegó con tres naves a las islas del Caribe en octubre de 1492.

[27] Guatemoc—último emperador de los aztecas; sobrino de Moctezuma; normalmente su nombre se escribe Cuauhtémoc.

[28] sajones—relativo a los primitivos pobladores de Inglaterra.

[29] cachorros—hijos; descendientes.

[30] León Español—España; referencia al león como símbolo de España.

[31] férreas—duras; de hierro.

[32] **garras**—uñas largas de ciertos animales salvajes.

Canción de otoño en primavera

A G. Martínez Sierra.

Juventud, divino tesoro,
¡ya te vas para no volver!
Cuando quiero llorar, no lloro . . .
y a veces lloro sin querer.

Plural ha sido la **celeste**[33]
historia de mi corazón.
Era una dulce niña, en este
mundo de duelo[34] y aflicción.

Miraba como el **alba**[35] pura;
sonreía como una flor.
Era su cabellera obscura
hecha de noche y de dolor.

Yo era tímido como un niño.
Ella, naturalmente, fue,
para mi amor hecho de armiño,[36]
Herodías[37] y Salomé . . . [38]

---

[33] **celeste**—perteneciente al cielo.

[34] duelo—pena; dolor.

[35] **alba**—amanecer; salida del sol; aurora.

[36] armiño—mamífero, de pelaje blanco en invierno, cuya piel es muy apreciada.

[37] Herodías—princesa judía, nieta de Herodes el Grande, madre de Salomé; según la tradición, instigó la muerte de Juan Bautista.

[38] Salomé—hija de Herodías; según la Biblia, obtuvo de Herodes Antipas la cabeza de Juan Bautista.

Juventud, divino tesoro,
¡ya te vas para no volver . . . !
Cuando quiero llorar, no lloro,
y a veces lloro sin querer . . .

La otra fue más sensitiva,
y más consoladora y más
halagadora[39] y expresiva,
cual[40] no pensé encontrar jamás.

Pues a su continua ternura
una pasión violenta unía.
En un peplo[41] de **gasa**[42] pura
una bacante[43] se envolvía . . .

En sus brazos tomó mi ensueño
y lo arrulló como a un bebé . . .
Y le mató, triste y pequeño,
falto de luz, falto de fe . . .

Juventud, divino tesoro,
¡te fuiste para no volver!
Cuando quiero llorar, no lloro,
y a veces lloro sin querer . . .

Otra juzgó que era mi boca
el **estuche**[44] de su pasión
y que me **roería**,[45] loca,
con sus dientes el corazón

---

[39] halagadora—amorosa; mimosa; aduladora.

[40] **cual**—como.

[41] peplo—túnica sin mangas que se ataba al hombro con un broche, usada especialmente por las mujeres.

[42] **gasa**—tele ligera y transparente, generalmente de seda.

[43] bacante—entusiasta de Baco, dios griego del vino, en la Antigüedad.

[44] **estuche**—funda; contenedor.

[45] **roería**—consumiría poco a poco con los dientes, como lo hacen las ratas.

poniendo en un amor de exceso
la mira de su voluntad,
mientras eran abrazo y beso
síntesis de la eternidad:

y de nuestra carne ligera
imaginar siempre un Edén,[46]
sin pensar que la Primavera
y la carne acaban también . . .

Juventud, divino tesoro,
¡ya te vas para no volver!
Cuando quiero llorar, no lloro,
¡y a veces lloro sin querer!

¡Y las demás!, en tantos climas,
en tantas tierras, siempre son,
si no pretexto de mis rimas,
fantasmas de mi corazón.

En vano busqué a la princesa
que estaba triste de esperar.
La vida es dura. Amarga y pesa.
¡Ya no hay princesa que cantar!

Mas a pesar del tiempo **terco**,[47]
mi sed de amor no tiene fin;
con el cabello gris me acerco
a los rosales del jardín . . .

Juventud, divino tesoro,
¡ya te vas para no volver! . . .
Cuando quiero llorar, no lloro,
y a veces lloro sin querer . . .

¡Mas es mía el Alba de oro!

---

[46] Edén—Paraíso.

[47] **terco**—obstinado.

Lo fatal

A René Pérez.

    Dichoso[48] el árbol que es apenas sensitivo,
y más la piedra dura, porque ésta ya no siente,
pues no hay dolor más grande que el dolor de ser vivo,
ni mayor **pesadumbre**[49] que la vida consciente.

    Ser, y no saber nada, y ser sin **rumbo**[50] cierto,
y el **temor**[51] de haber sido y un futuro terror . . .
Y el **espanto**[52] seguro de estar mañana muerto,
y sufrir por la vida y por la sombra y por

    lo que no conocemos y apenas sospechamos,
y la carne que **tienta**[53] con sus frescos **racimos**[54]
y la **tumba**[55] que **aguarda**[56] con sus **fúnebres**[57] ramos.
¡y no saber adónde vamos,
ni de dónde venimos . . . !

---

[48] **Dichoso**—feliz.

[49] **pesadumbre**—tristeza.

[50] **rumbo**—camino; dirección.

[51] **temor**—miedo.

[52] **espanto**—susto; miedo súbito.

[53] **tienta**—atrae.

[54] **racimos**—conjunto de uvas todavía unidas al tallo.

[55] **tumba**—sepultura.

[56] **aguarda**—espera.

[57] **fúnebres**—sombríos.

PREGUNTAS

1. Resume la actitud del poeta frente a los Estados Unidos, expresada en "A Roosevelt."

2. ¿Qué tema universal se halla expresado en "Canción de otoño en primavera"? Justifica tu respuesta con citas del texto.

3. ¿Cuál es la idea central de "Lo fatal"? Compara y contrasta el estado de ánimo que se evoca en este poema con el que se evoca en el poema "Salmo XVII", de Francisco de Quevedo.

4. Escoge uno de los tres poemas de Darío, y analiza su estructura formal: ¿qué regularidades métricas distingues? Trata en tu análisis tanto la rima como el cómputo silábico. Nombra por lo menos tres recursos técnicos de los que se vale el poeta, y describe, uno por uno, su efecto sobre la expresión poética.

Sor Juana Inés de la Cruz ▶

Poemas de Sor Juana Inés de la Cruz

SOR JUANA INÉS DE LA CRUZ

Decir que Sor Juana Inés de la Cruz, criolla nacida a mediados del siglo XVII en lo que es hoy México, es la máxima exponente de las letras coloniales hispanoamericanas, es, por una parte, una reconocida verdad y, por otra, poca alabanza. La producción literaria colonial tiene un valor apenas relativo. Su tiempo sufrió el doble contagio barroco: por un lado, el culteranismo—tendencia poética que quiere lograr un complejo léxico ornamental e inventar metáforas complicadas, afán que abre paso al exceso—; y, por otro, el conceptismo, que, queriendo lograr lo opuesto y renovar no ya las palabras sino las ideas, se distingue poco del primero, en la práctica. El culteranismo, también conocido como gongorismo, con toda su complejidad de sintaxis latinizada—sus retruécanos, sus inversiones y sus juegos de palabras—atrajo a Sor Juana, monja del Convento de San Jerónimo en la ciudad de México, y favorita en la corte de los Virreyes de México. Precoz, Juana de Asbaje y Ramírez se había caracterizado desde la infancia por una aguda e incesante ansia de saber.

Como Góngora, Sor Juana ha gozado alternativamente del favor y del olvido durante los 300 años desde su muerte. Tal vez sólo en el siglo XX han logrado un aprecio objetivo los valores estéticos de su obra. Sin embargo, jamás perdieron su popularidad el soneto y la redondilla que se dan a continuación. En ellos se aprecian la ingeniosa agudeza técnica y la lucidez de percepción de este espíritu independiente que dedicó su vida, más que al mundo, a las letras y al saber.

Quéjase de la suerte: insinúa[1] su aversión a los vicios y justifica su divertimiento[2] a las Musas[3]

¿En perseguirme, mundo, qué interesas?[4]
¿En qué te ofendo, cuando sólo intento
poner bellezas en mi entendimiento
y no mi entendimiento en las bellezas?

Yo no estimo[5] tesoros ni riquezas,
y así, siempre me causa más contento
poner riquezas en mi entendimiento
que no mi entendimiento en las riquezas.

Yo no estimo hermosura que vencida[6]
es despojo[7] civil[8] de las edades[9]
ni riqueza me agrada fementida,[10]

---

[1] **insinúa**—da a entender.

[2] divertimiento—diversión; entretenimiento.

[3] **Musas**—en la mitología griega, las nueve hijas de Zeus, protectoras de las artes.

[4] ¿qué interesas?—¿qué interés tienes?

[5] **estimo**—aprecio.

[6] vencida—pasada su juventud.

[7] **despojo**—residuo; resto; ruina.

[8] civil—inevitable y natural, no violento.

[9] **edades**—eras; épocas; el paso del tiempo.

[10] fementida—mentirosa.

teniendo por mejor en mis verdades
consumir vanidades de la vida
que consumir la vida en vanidades.

Sátira filosófica: arguye de inconsecuencia[11] el gusto y la censura de los hombres, que en las mujeres acusan lo que causan

Hombres **necios**[12] que acusáis
a la mujer sin razón,
sin ver que sois la ocasión
de lo mismo que culpáis.

Si con **ansia**[13] sin igual
solicitáis[14] su **desdén**,[15]
¿por qué queréis que obren[16] bien
si las incitáis al mal?

Combatís su resistencia
y luego con gravedad
decís que fue **liviandad**[17]
lo que hizo la diligencia.

---

[11] **inconsecuencia**—falta de lógica.

[12] **necios**—tontos; tercos; obstinados.

[13] **ansia**—deseo vehemente.

[14] **solicitáis**—pedís.

[15] **desdén** (m.)—menosprecio; falta de estima.

[16] **obren**—actúen; se porten.

[17] **liviandad**—inconstancia; deshonestidad.

Parecer quiere el **denuedo**[18]
de vuestro parecer loco
al niño que pone el **coco**[19]
y luego le tiene miedo.

Queréis con presunción necia
hallar a la que buscáis,
para **pretendida**,[20] Tais,[21]
y en la posesión, Lucrecia.[22]

¿Qué **humor**[23] puede ser más raro
que el que, falto de consejo,
él mismo **empaña**[24] el espejo
y siente que no esté claro?

Con el favor y el desdén
tenéis condición igual,
quejándoos, si os tratan mal,
burlándoos, si os quieren bien.

Opinión ninguna gana,
pues la que más se recata,[25]
si no os admite, es ingrata,
y si os **admite**,[26] es liviana.

---

[18] **denuedo**—insistencia.

[19] **coco**—figura fea para asustar a los niños y lograr su obediencia.

[20] **pretendida**—solicitada; buscada.

[21] Tais—conocida cortesana griega del siglo IV a. de J.C.

[22] Lucrecia—heroína romana ultrajada por el rey Tarquino, famosa por su virtud y valentía; avergonzada y humillada, se suicidó.

[23] **humor**—modo de pensar o de sentir; estado de ánimo.

[24] **empaña**—oscurece; ensucia.

[25] se recata—cuida su honor; es virtuosa.

[26] **admite**—acepta.

Siempre tan necios andáis
que con desigual nivel
a una culpáis por cruel
y a otra por fácil culpáis.

¿Pues cómo ha de estar **templada**[27]
la que vuestro amor pretende,
si la que es ingrata ofende
y la que es fácil **enfada**?[28]

Mas entre el enfado y pena
que vuestro gusto refiere,[29]
bien haya[30] la que no os quiere
y queja enhorabuena.[31]

Dan vuestras amantes penas
a sus libertades alas
y después de hacerlas malas
las queréis hallar muy buenas.

¿Cuál mayor culpa ha tenido
en una pasión **errada**:[32]
la que cae de rogada[33]
o el que ruega de caído?[34]

---

[27] **templada**—ecuánime; moderada; valiente.

[28] **enfada**—causa enojo.

[29] refiere—ocasiona; trae consigo.

[30] bien haya—es preferible.

[31] enhorabuena—con gusto; a tu antojo.

[32] **errada**—equivocada; descaminada.

[33] rogada—solicitada con insistencia.

[34] caído—en mala postura moral; pecador.

¿O cuál es más de culpar,
aunque cualquiera mal haga:
la que peca por la paga
o el que paga por pecar?

¿Pues para qué os espantáis
de la culpa que tenéis?
Queredlas **cual**[35] las hacéis
o hacedlas cual las buscáis.

Dejad de solicitar
y después con más razón
acusaréis la **afición**[36]
de la que os fuere[37] a rogar.

Bien con muchas armas[38] fundo[39]
que **lidia**[40] vuestra arrogancia,
pues en promesa e instancia[41]
juntáis diablo, **carne**[42] y **mundo**.[43]

---

[35] **cual**—como.

[36] **afición**—gusto; deseo.

[37] fuere—vaya.

[38] armas—argumentos.

[39] fundo—baso; fundamento.

[40] **lidia**—combate.

[41] instancia—solicitación.

[42] **carne**—lo físico, en contradistinción de lo espiritual.

[43] **mundo**—materialismo; falta de espiritualidad.

PREGUNTAS

1. El soneto "En perseguirme, Mundo, ¿qué interesas?" demuestra características del estilo barroco cultivado por Sor Juana en su obra. Justifica esta afirmación, señalando ejemplos específicos del texto. Compara y contrasta el barroquismo de este soneto de Sor Juana con el del Soneto CLXVI de Luis de Góngora.

2. Explica algunas de las contradicciones o inconsecuencias que señala Sor Juana en el trato del hombre a la mujer, en su poema en redondillas, "Hombres necios que acusáis . . . " Opina sobre la validez hoy en día de los conceptos expresados en la sátira de Sor Juana.

3. Para escribir "Hombres necios que acusáis . . . ", Sor Juana empleó la forma poética denominada redondilla. Vuelve sobre el poema y determina la estructura formal de esta forma poética. ¿Se puede decir que la forma de redondilla, al pretender satirizar la relación entre el hombre y la mujer, le sirvió como forma mejor que otra? ¿El soneto, tal vez? ¿O el verso libre? ¿Por qué?

Poemas de
Alfonsina Storni

ALFONSINA STORNI

*La poeta argentina Alfonsina Storni (1892–1938) nació en la
Suiza italiana pero vivió su niñez a partir de los cuatro años en
las provincias argentinas de San Juan y Santa Fe. Pasó
posteriormente a Buenos Aires a vivir, y se dedicó al periodismo,
escribiendo para* La Nación *bajo el seudónimo "Tao-Lao". En
libros como* La inquietud del rosal *(1916),* El dulce daño *(1918),*
Irremediablemente *(1919),* Languidez *(1920) y* Ocre *(1925), el
tono de su poesía es amargo y burlón. Son los versos de una
mujer que se siente humillada, vencida, torturada.*

De El dulce daño *es el poema "Tú me quieres blanca", uno de
sus más conocidos y populares, en el que reacciona con indignación
ante las expectativas de castidad y pureza en la mujer, expectativas
impuestas por el hombre, sin que éstas sean recíprocas. "Peso
ancestral" viene de la colección* Irremediablemente, *que también
contiene los célebres versos de Storni: "Hombre pequeñito, hombre
pequeñito,/suelta a tu canario que quiere volar . . . /yo soy el
canario, hombre pequeñito, déjame saltar". En obras posteriores,*

como El mundo de siete pozos *(1934), publicado después de dos viajes a Europa, Storni rompe con su obra anterior, y emprende un nuevo tipo de estilo poético, de versos libres, lleno de simbolismo. Un día de octubre de 1938, ante la certeza de su cercana muerte a causa de la enfermedad que padecía, la poeta escribió un poema titulado "Voy a dormir", lo envió al diario* La Nación, *y se lanzó al mar. Este poema perdura en la entrañable canción popular argentina, "Alfonsina y el mar".*

Tú me quieres blanca

Tú me quieres **alba**,[1]
me quieres de espumas,
me quieres de **nácar**.[2]
Que sea **azucena**[3]
sobre todas, **casta**.[4]
De perfume **tenue**.[5]
Corola[6] cerrada.

Ni un rayo de luna
filtrado me haya.
Ni una **margarita**[7]
se diga mi hermana.
Tú me quieres **nívea**,[8]
tú me quieres blanca,
tú me quieres alba.

---

[1] **alba**—blanca, puramente blanca.
[2] **nácar** (m.)—parte interna de la concha de mar.
[3] **azucena**—flor blanca.
[4] **casta**—pura; virgen.
[5] **tenue**—ligero; liviano; suave; apenas perceptible.
[6] **Corola**—parte de una flor formada por el conjunto de los pétalos.
[7] **margarita**—perla; flor de pétalos blancos y centro amarillo.
[8] **nívea**—como la nieve.

Tú que hubiste[9] todas
las copas[10] a mano,
de frutos y mieles
los labios morados.
Tú que en el banquete,[11]
cubierto de pámpanos[12]
dejaste las carnes[13]
festejando[14] a Baco.[15]
Tú que en los jardines
negros del Engaño[16]
vestido de rojo
corriste al Estrago.[17]

Tú que el esqueleto
conservas intacto
no sé todavía
por cuáles milagros,
me pretendes[18] blanca
(Dios te lo perdone),
me pretendes casta
(Dios te lo perdone),
¡me pretendes alba!

---

[9] hubiste—tuviste.

[10] copas—tragos de vino o de otra bebida; simbólicamente, los placeres de la carne.

[11] banquete—simbólicamente, la buena vida; la vida carnal.

[12] pámpanos—sarmiento de la vid, la planta que da uvas.

[13] las carnes—el cuerpo.

[14] festejando—brindando.

[15] Baco—entre los antiguos griegos, el dios del vino, y, por extensión, del hedonismo.

[16] Engaño—mentira; alusión al Diablo.

[17] Estrago—destrucción; condena.

[18] pretendes—pides que sea.

Huye[19] hacia los bosques;
vete a la montaña;
límpiate la boca;
vive en las cabañas;[20]
toca con las manos
la tierra mojada;
alimenta[21] el cuerpo
con raíz amarga;
bebe de las rocas;
duerme sobre **escarcha**;[22]
renueva **tejidos**[23]
con salitre[24] y agua;
habla con los pájaros
y lévate[25] **al alba**.[26]
Y cuando las carnes
te sean tornadas,[27]
y cuando hayas puesto
en ellas el alma
que por las **alcobas**[28]
se quedó **enredada**,[29]
entonces, buen hombre,
preténdeme[30] blanca,
preténdeme nívea,
preténdeme casta.

---

[19] **Huye**—corre; aléjate.
[20] cabañas—casas humildes del campo.
[21] **alimenta**—nutre.
[22] **escarcha**—humedad helada, que deja una capa blanca sobre la tierra.
[23] **tejidos**—carnes.
[24] salitre—sustancia salina.
[25] lévate—levántate.
[26] **al alba**—a la primera luz del día.
[27] tornadas—recobradas.
[28] **alcobas**—dormitorios; recámaras; habitaciones.
[29] **enredada**—enlazada; atada; atascada.
[30] **preténdeme**—búscame; pídeme.

Peso ancestral

Tú me dijiste: no lloró mi padre;
tú me dijiste: no lloró mi abuelo;
no han llorado los hombres de mi **raza**,[31]
eran de **acero**.[32]

Así diciendo te brotó[33] una lágrima
y me cayó en la boca . . . ; más veneno[34]
yo no he bebido nunca en otro vaso
así pequeño.

Débil mujer, pobre mujer que entiende,
dolor de siglos conocí al beberlo.
Oh, el alma mía **soportar**[35] no puede
todo su peso.

---

[31] **raza**—estirpe; linaje.

[32] **acero**—hierro templado.

[33] brotó—saltó.

[34] **veneno**—ponzoña; sustancia dañina.

[35] **soportar**—aguantar; tolerar.

PREGUNTAS

1. ¿Cuál es el tono de "Tú me quieres blanca"? ¿Qué idea se expresa en este poema? Justifica tus observaciones con citas directas del texto.

2. Busca y enumera las muchas imágenes con que la poeta sugiere el color blanco en "Tú me quieres blanca". ¿Qué otras connotaciones, además de las del color blanco, se desprenden de estas imágenes?

3. Se ha dicho de Storni que posee un dominio de la técnica del verso. ¿Qué estructuras técnicas distingues en estos poemas? ¿De qué manera sirven estas estructuras a la poeta para expresar su pensamiento?

4. ¿Cuál es el tono de "Peso ancestral"? Compara y contrasta el tono de este poema con el tono de la redondilla "Hombres necios que acusáis . . ." de Sor Juana Inés de la Cruz. ¿En qué se asemejan las ideas expuestas en los dos poemas? ¿En qué se diferencian?

Julia de Burgos ▶

A Julia de Burgos

JULIA DE BURGOS

*La importancia de la obra poética de Julia de Burgos estriba en
varios hechos: entre ellos, el que, sin representar ninguno de los
movimientos literarios de su tiempo, sirve de enlace entre los
vanguardistas de los años 30—quienes buscaban innovar en la
técnica—, y los existencialistas de los años 50. Es una de las
primeras voces puertorriqueñas que desde Estados Unidos—
desde la misma comunidad neoyorquina—, atestiguan la vida
estadounidense del inmigrante de su isla. Viajó a Nueva York por
primera vez en 1940, y vivió allí después, en diversas etapas, y
también en Washington, D.C. Murió en Nueva York.*

*La obra de Julia de Burgos trata el dolor, el amor, la
naturaleza y la muerte sobre un plano lírico particularmente
personal. Su tema más constante es Julia de Burgos, y su obra se
centra en su esencia afrocaribeña y en sus preocupaciones
feministas y sociopolíticas. Su poesía deslumbra por la tersura de
su lenguaje, aportando metáforas emotivas que la poeta logra
mediante una depurada técnica lírica.*

Ya las gentes murmuran que soy tu enemiga
porque dicen que en verso doy al mundo tu yo.

Mienten, Julia de Burgos. Mienten, Julia de Burgos.
La que se alza[1] en mis versos no es tu voz: es mi voz
porque tú eres ropaje[2] y la esencia soy yo;
y el más profundo abismo **se tiende**[3] entre las dos.

Tú eres fría muñeca de mentira social,
y yo, **viril**[4] **destello**[5] de la humana verdad.

Tú, miel de cortesanas[6] hipocresías; yo no;
que en todos mis poemas desnudo el corazón.

Tú eres como tu mundo, egoísta; yo no;
que todo **me lo juego**[7] a ser lo que soy yo.

Tú eres sólo la grave señora señorona;[8]
yo no, yo soy la vida, la fuerza, la mujer.

Tú eres de tu marido, de tu amo; yo no;
yo de nadie, o de todos, porque a todos, a todos
en mi limpio sentir y en mi pensar me doy.

Tú te rizas el pelo y te pintas; yo no;
a mí me riza el viento; a mí me pinta el sol.

---

[1] se alza—se hace oír.

[2] ropaje (m.)—vestidura.

[3] **se tiende**—se extiende.

[4] **viril**—propio de los hombres; vigoroso; fuerte.

[5] **destello**—relumbre; refulgencia momentánea.

[6] cortesanas—propias de la corte o de la alta sociedad.

[7] **me lo juego**—lo arriesgo; lo expongo.

[8] señorona—señora de dignidad, de importancia.

Tú eres dama casera, resignada, **sumisa**,[9]
atada a los prejuicios de los hombres; yo no;
que yo soy **Rocinante**[10] corriendo **desbocado**[11]
olfateando[12] horizontes de justicia de Dios.

Tú en ti misma no mandas; a ti todos te mandan;
en ti mandan tu esposo, tus padres, tus parientes,
el cura, la **modista**,[13] el teatro, el casino,
el auto, las **alhajas**,[14] el banquete, el champán,
el cielo, el infierno, y **el qué dirán**[15] social.

En mí no, que en mí manda mi solo corazón,
mi solo pensamiento; quien manda en mí soy yo.

Tú, flor de aristocracia; y yo, la flor del **pueblo**.[16]
Tú en ti lo tienes todo y a todos se lo debes,
mientras que yo, mi nada a nadie se la debo.

Tú, **clavada**[17] al estático dividendo ancestral,
y yo, un uno en la **cifra**[18] del divisor social,
somos el **duelo**[19] a muerte que se acerca fatal.[20]

---

[9] **sumisa**—obediente.

[10] **Rocinante**—nombre que don Quijote dio a su caballo.

[11] **desbocado**—a rienda suelta; sin gobierno; descontrolado.

[12] **olfateando**—percibiendo con la nariz.

[13] **modista**—persona que diseña y crea ropa a la medida para mujeres.

[14] **alhajas**—joyas.

[15] **el qué dirán**—murmuraciones; censura de los demás.

[16] **pueblo**—las clases populares; lo contrario de la aristocracia.

[17] **clavada**—adherida; pegada.

[18] **cifra**—número.

[19] **duelo**—combate entre dos enemigos.

[20] **fatal**—inevitable.

Cuando las multitudes corran alborotadas[21]
dejando atrás **cenizas**[22] de injusticias quemadas,
y cuando con la tea[23] de las siete virtudes,
tras los siete pecados, corran las multitudes,
contra ti, y contra todo lo injusto y lo inhumano,
yo iré en medio de ellas con la tea en la mano.

---

[21] alborotadas—entusiasmadas; exaltadas.

[22] **cenizas**—polvo que queda de algo que se ha quemado.

[23] tea—antorcha.

PREGUNTAS

1. Resume y define la diferencia entre "tú, Julia de Burgos", a quien canta la voz poética, y el "yo" del poema. ¿Crees tú que pudieran coexistir este tú y este yo de la poeta, los dos rostros de su modo de ser? ¿Cómo?

2. Describe, defendiendo tus afirmaciones con citas específicas del texto, la métrica y la rima de este poema. Trata la manera en que cada una de tus observaciones le sirve a la poeta para evocar una imagen de sí misma.

3. ¿Cuál es el tono de este poema? Compara y contrasta su tono y su idea central con los del soneto de Sor Juana Inés de la Cruz, "En perseguirme, Mundo, ¿qué interesas?"

Autorretrato[1]

ROSARIO CASTELLANOS

Se ha dicho que la obra de Rosario Castellanos (1925–1974) está imbuida de un sentido claro de lo que significaba, en su época, ser mujer y ser mexicana. Rosario Castellanos se crió en una familia económicamente privilegiada de terratenientes en el estado de Chiapas, en el sur de México. Poeta, novelista, cuentista, dramaturga, crítica, conferencista y periodista, Castellanos murió mientras servía a su nación como embajadora de México en Israel. Es reconocida como figura clave que abrió paso para otras creadoras feministas en el terreno de las letras.

El afán de su obra poética de los años 60 y 70 fue desengañar al lector en cuanto a la mitología de la mujer moderna. Sus obras parodian la sabiduría sociológica y psicológica, poniendo en tela de juicio los usos y creencias del día que típicamente se tenían por normales o por simple sentido común. Ni las figuras de las mitologías antiguas, ni las perogrulladas de los medios de comunicación, ni Castellanos misma se escapan de ser el blanco de sus sátiras. Su "Autorretrato" (1972) es producto de su último período de producción poética, cuando ya triunfaba su voz, tanto por el prestigio de su actividad polémica como por su obra literaria.

---

[1] Autorretrato—imagen de una persona, realizada por la persona misma.

Yo soy una señora: tratamiento
arduo[2] de conseguir, en mi caso, y más útil
para alternar[3] con los demás que un título
extendido a mi nombre en cualquier **academia**.[4]

Así, pues, luzco[5] mi trofeo y repito:
yo soy una señora. Gorda o flaca
según las posiciones de los **astros**,[6]
los ciclos glandulares
y otros fenómenos que no comprendo.

Rubia, si elijo una peluca rubia.
O morena, según la alternativa.
(En realidad, mi pelo **encanece**,[7] encanece.)

Soy más o menos fea. Eso depende mucho
de la mano que aplica el maquillaje.

Mi apariencia ha cambiado a lo largo del tiempo
—aunque no tanto como dice Weininger[8]
que cambia la apariencia del **genio**[9]—. Soy mediocre.
Lo cual, por una parte, me exime[10] de enemigos
y, por la otra, me da la devoción
de algún admirador y la amistad
de esos hombres que hablan por teléfono
y envían largas cartas de felicitación.

---

[2] **arduo**—difícil.

[3] alternar—tener contacto social.

[4] **academia**—institución científica o cultural, cuyos miembros gozan de gran prestigio en el mundo intelectual; también universidad.

[5] luzco—ostento; exhibo.

[6] **astros**—cuerpos celestiales; estrellas y planetas.

[7] **encanece**—se pone canoso, blanco.

[8] Weininger—Otto Weininger (1880–1903), filósofo austríaco, autor de un libro notoriamente misógino y antisemítico, *El sexo y el carácter*.

[9] **genio**—viveza extraordinaria del intelecto.

[10] exime—perdona; dispensa; exonera.

Que beben lentamente whisky sobre las rocas
y charlan de política y de literatura.

Amigas . . . hmmm . . . a veces, raras veces
y en muy pequeñas dosis.
En general, **rehúyo**[11] los espejos.
Me dirían lo de siempre: que me visto muy mal
y que hago el ridículo
cuando pretendo[12] coquetear con alguien.

Soy madre de Gabriel: ya usted sabe, ese niño
que un día se erigirá en[13] juez inapelable[14]
y que acaso, además, **ejerza**[15] de **verdugo**.[16]
Mientras tanto lo amo.

Escribo. Este poema. Y otros. Y otros.
Hablo desde una **cátedra**.[17]
Colaboro en revistas de mi especialidad
y un día a la semana publico en un periódico.

Vivo enfrente del Bosque.[18] Pero casi
nunca vuelvo los ojos para mirarlo. Y nunca
atravieso la calle que me separa de él
y paseo y respiro y **acaricio**[19]
la **corteza**[20] rugosa[21] de los árboles.

---

[11] **rehúyo**—evito.

[12] pretendo—intento; me esfuerzo por.

[13] se erigirá en—llegará a ser.

[14] inapelable—supremo; se aplica al juez cuyos fallos son definitivos.

[15] **ejerza**—desempeñe el cargo.

[16] **verdugo**—empleado público que ejecuta la pena de muerte.

[17] **cátedra**—puesto que ocupa un profesor universitario.

[18] Bosque—Bosque de Chapultepec, gran parque histórico en la ciudad de México, muy popular como sitio de recreo.

[19] **acaricio**—toco con suavidad y cariño.

[20] **corteza**—cáscara de los árboles.

[21] rugosa—de superficie desigual; tosca.

Sé que es obligatorio escuchar música
pero la eludo con frecuencia. Sé
que es bueno ver pintura
pero no voy jamás a las exposiciones
ni al **estreno**[22] teatral ni al cine-club.

Prefiero estar aquí, como ahora, leyendo
y, si apago la luz, pensando un rato
en musarañas[23] y otros **menesteres**.[24]

Sufro más bien por hábito, por herencia, por no
diferenciarme más de mis congéneres[25]
que por causas concretas.

Sería feliz si yo supiera cómo.
Es decir, si me hubieran enseñado los **gestos**,[26]
los parlamentos,[27] las decoraciones.

En cambio me enseñaron a llorar. Pero el llanto
es en mí un mecanismo descompuesto
y no lloro en la cámara mortuoria[28]
ni en la ocasión sublime ni frente a la catástrofe.

Lloro cuando se quema el arroz o cuando pierdo
el último recibo del impuesto predial.[29]

---

[22] **estreno**—primera representación pública de una obra.

[23] pensando en musarañas—dejando vagar la mente, sin poner atención en nada.

[24] **menesteres** (m.)—deberes; necesidades.

[25] congéneres (m.)—del mismo género o especie.

[26] **gestos**—expresiones de la cara.

[27] parlamentos—modos de hablar.

[28] cámara mortuoria—sala funeraria.

[29] impuesto predial—suma de dinero que el gobierno cobra a los dueños de un predio, es decir, una propiedad inmueble.

PREGUNTAS

1. Comenta tú el lenguaje de que se vale la poeta para evocar, en "Autorretrato", un estado de ánimo. ¿Crees tú que el lenguaje prosaico, aquel lenguaje de la conversación que ha notado el premio Nobel mexicano Octavio Paz en casi todos los poetas contemporáneos, puede considerarse lenguaje poético? ¿Cómo?

2. ¿Qué aspectos formales presenta el poema "Autorretrato"? ¿Se puede hablar aquí de rima? ¿de métrica? ¿Qué recursos poéticos puedes distinguir? Defiende la conexión entre estos fenómenos y la temática del poema.

3. Compara y contrasta, en cuanto fondo y forma, el poema "Autorretrato" de Rosario Castellanos, con "A Julia de Burgos": primero, describe y comenta sus respectivas ideas centrales y su tono, y, segundo, aporta ejemplos de la técnica de cada poeta para lograr la expresión poética que quiere.

Antonio Machado ▶

Poemas de Antonio Machado

ANTONIO MACHADO

Antonio Machado (1875–1939), hombre de marcada reserva y mesura, no obstante creó en su lírica una respuesta animada, individual y universal, a su contacto con el mundo. Machado rehuyó todo ismo, criticando severamente las dos grandes expresiones del Siglo de Oro; el conceptismo y el culteranismo. El ingrediente más marcado de la poesía de Machado es la sustancia perdurable de la vida misma: el paisaje de Soria, donde vivió la felicidad matrimonial cercenada por la muerte temprana de su joven esposa, o el paisaje de su natal Andalucía. Cobran vida lírica viejos recuerdos de la luz, la soledad de los campos, o el sencillo acto de caminar. Llamado el gran poeta de la Generación del 98, Machado, inquieto como sus coetáneos ante el destino nacional, personifica el paisaje yuxtaponiendo lo visual y lo histórico.

Al contrario del modernismo que rige su época, y a pesar de su gran amistad con Rubén Darío, Machado dice: "... yo aprendí a seguir camino bien distinto. Pensaba que el elemento poético no era la palabra por su valor fónico, ni el color, ni la línea, ni un complejo de sensaciones, sino una honda palpitación del espíritu."

Soledades, II

He andado muchos caminos,
he abierto muchas **veredas**,[1]
he navegado en cien mares
y **atracado**[2] en cien riberas.

En todas partes he visto
caravanas de tristeza,
soberbios[3] y melancólicos
borrachos de sombra negra,

y pedantones al paño[4]
que miran, callan y piensan
que saben, porque no beben
el vino de las tabernas.

Mala gente que camina
y va **apestando**[5] la tierra . . .

Y en todas partes he visto
gentes que danzan o juegan
cuando pueden, y **laboran**[6]
sus cuatro palmos[7] de tierra.

---

[1] **veredas**—senderos.

[2] atracado—arrimado al muelle, en un puerto.

[3] **soberbios**—arrogantes; altaneros; orgullosos.

[4] pedantones al paño—grandes pedantes, personas que hacen ostentación de su erudición, pero medio a escondidas.

[5] **apestando**—echando mal olor; plagando.

[6] **laboran**—cultivan.

[7] palmos—pedazos pequeños.

Nunca, si llegan a un sitio,
preguntan adónde llegan.
Cuando caminan, **cabalgan**[8]
a **lomos**[9] de mula vieja,

y no conocen la prisa
ni aun en los días de fiesta.
Donde hay vino, beben vino;
donde no hay vino, agua fresca.

Son buenas gentes que viven,
laboran, pasan y sueñan,
y en un día como tantos
descansan bajo la tierra.

Galerías, XXV

La primavera besaba
suavemente la **arboleda**,[10]
y el verde nuevo **brotaba**[11]
como una verde **humareda**.[12]

Las nubes iban pasando
sobre el campo juvenil . . .
Yo vi en las hojas temblando
las frescas lluvias de abril.

---

[8] **cabalgan**—montan a caballo.

[9] **lomos**—espaldas de los animales.

[10] **arboleda**—conjunto de árboles.

[11] **brotaba**— salía de la tierra.

[12] **humareda**—nube de humo.

[13] **almendro**—árbol cuyo fruto es la almendra, una especie de nuez.

Bajo ese **almendro**[13] florido,
todo **cargado**[14] de flor
—recordé—, yo he **maldecido**[15]
mi juventud sin amor.

Hoy, en mitad de la vida,
me he parado a meditar . . .
¡Juventud nunca vivida,
quién te volviera a soñar!

Proverbios y cantares, XXIX

Caminante, son tus **huellas**[16]
el camino, y nada más;
caminante, no hay camino:
se hace camino al andar.
Al andar se hace camino,
y al volver la vista atrás
se ve la **senda**[17] que nunca
se ha de volver a pisar.
Caminante, no hay camino,
sino **estelas**[18] en la mar.[19]

---

[14] **cargado**—cubierto.

[15] **maldecido**—pronunciado una maldición; renegado.

[16] **huellas**—marcas que dejan las cosas cuando éstas tocan una superficie; especialmente las impresiones que dejan las manos o los pies.

[17] **senda**—sendero; vereda; camino angosto de tierra.

[18] **estelas**—agitación del agua causada por las embarcaciones al pasar, dejando atrás esa señal de su paso, que pronto desaparece.

[19] la mar—normalmente de género masculino hoy, pero todavía conserva su antiguo género femenino en la poesía y en ciertas frases hechas (por ejemplo: "Tengo la mar de cosas que hacer.").

1. "He andado muchos caminos" es parte de una colección de 19 poemas a los que el poeta puso por título "Soledades". ¿En qué sentido corresponde este poema a su título? Explica por qué lo afirmas, defendiendo tu punto de vista con detalles del texto.

2. Analiza el desarrollo de la analogía planteada en "La primavera besaba" la primavera y la juventud. En la segunda estrofa, el poeta se vale del recurso técnico que se denomina hipálage, al referirse al "campo juvenil". Explica por qué esta frase se puede llamar hipálage, y cómo le sirve al poeta en la evocación de un recuerdo.

3. ¿De qué es metáfora el acto de caminar en el poema "Caminante, son tus huellas"? ¿Qué vienen a representar el camino y el caminar en este poema? Justifica tu respuesta, escogiendo y comentando citas claves tomadas del texto. Compara y contrasta el acto de caminar en este poema con el mismo acto en "Soledades, II" ("He andado muchos caminos").

4. ¿Por qué se puede afirmar que el poema "Caminante, son tus huellas" es un romance, forma tradicional de la poesía hispánica? Demuestra las características del romance con ejemplos específicos tomados del poema. ¿Por qué crees que Machado escogió esta forma para expresar su tema aquí?

5. Antonio Machado escribía en un tiempo en que los poetas modernistas se esforzaban por renovar la poesía con innovaciones métricas y metafóricas, afán que llevó a algunos de sus coetáneos a abrazar una opulencia de lenguaje y de recursos retóricos. A base de los tres poemas que has llegado a conocer aquí, contrasta el léxico y las imágenes de Machado, con los valores que abrazaba el modernismo. Para ilustrar tus observaciones, cita ejemplos específicos de poemas que conoces, que tienen carácter modernista.

Pablo Neruda ▶

Poemas de Pablo Neruda

PABLO NERUDA

El poeta chileno Pablo Neruda (1904–1973), más que ningún otro, logró popularizar el género de la poesía entre la juventud del siglo XX. Se han vendido más de un millón de ejemplares de Veinte poemas de amor y una canción desesperada *(1924), una colección de poemas de tema amoroso, entre los que se halla "Poema 15". Al recibir el Premio Nobel de Literatura en 1971, Neruda definió la poesía como ". . . una acción pasajera o solemne en que entran por parejas medidas la soledad y la solidaridad, el sentimiento y la acción." La naturaleza de Chile sirve de abundante fuente para su expresión poética: el atormentado mar de su país oceánico, la batalla del oleaje en el litoral chileno, sus paisajes de uvas y bosques, de vientos y de estrellas y, a partir de* Residencia en la tierra, *la pureza incorruptible de la piedra de los peñascos de sus costas.*

*Neruda labra su obra en sucesivas facetas. Luego de su primera etapa, en la cual anda en busca de un amor ideal, sufre una crisis existencial por el aislamiento desolado de sus residencias como diplomático fuera de Chile (*Residencia en la tierra, I 1933, y Residencia en la tierra II, 1935). En "Walking around", el poeta deambula por su mundo, hastiado de los objetos de un mundo hostil y repelente. A partir de 1936, Neruda se dedica a su compromiso sociopolítico de izquierda. Nacido en la lluviosa ciudad de Parral, en la parte sur de Chile, el poeta se crió en el eje mismo de los cambios socioeconómicos acarreados por la industrialización, que convirtió a Parral en un centro comercial e industrial. Su padre era trabajador ferrocarrilero y maderero.

En las dos últimas décadas de su vida, Neruda se reencuentra con su inherente e irreprimible serenidad, con la "dicha de compartir cantando". No renuncia del todo, sin embargo, al "derecho a cantar opinando". El equilibrio de esta etapa se fundamenta en el amor de su vida, su esposa Matilde Urrutia. El poeta ahora vuelve los ojos hacia lo cotidiano, lo elemental; de esta etapa es representativa su "Oda a la alcachofa", de Odas elementales (1954–1957). Éste es un Neruda de frente a las maravillas del mundo material, sintiendo la unidad de un universo lleno de cosas y seres interrelacionados entre sí. Ha dicho: "Mi vida es una vida hecha de todas las vidas". Sus últimas obras tienden hacia temas de amor y de fantasía, e incluyen sus Cien sonetos de amor (1959), escritos para Matilde. Sus memorias, Confieso que he vivido, se publicaron póstumamente, en 1974.

Poema 15

Me gustas cuando callas porque estás como ausente,
y me oyes desde lejos, y mi voz no te toca.
Parece que los ojos se te hubieran volado
y parece que un beso te cerrara la boca.

Como todas las cosas están llenas de mi alma
emerges[1] de las cosas, llena del alma mía.
Mariposa de sueño, te pareces a mi alma,
y te pareces a la palabra melancolía.

---

[1] emerges—sales.

Me gustas cuando callas y estás como distante.
Y estás como quejándote, mariposa en arrullo.[2]
Y me oyes desde lejos y mi voz no te alcanza:
Déjame que me calle con el silencio tuyo.

Déjame que te hable también con tu silencio
claro como una lámpara, simple como un anillo.
Eres como la noche, callada y **constelada**.[3]
Tu silencio es de estrella, tan lejano y sencillo.

Me gustas cuando callas porque estás como ausente.
Distante y dolorosa como si hubieras muerto.
Una palabra entonces, una sonrisa bastan.
Y estoy alegre, alegre de que no sea cierto.

Walking around

Sucede que me canso de ser hombre.
Sucede que entro en las **sastrerías**[4] y en los cines
marchito,[5] impenetrable como un cisne de **fieltro**[6]
navegando en un agua de origen y ceniza.

El olor de las **peluquerías**[7] me hace llorar a gritos.
Sólo quiero un descanso de piedras o de lana,
sólo quiero no ver establecimientos ni jardines,
ni mercaderías, ni anteojos, ni ascensores.

---

[2] en arrullo—emitiendo voces suaves parecidas a las de la paloma o el palomo.

[3] **constelada**—poblada de constelaciones, de estrellas.

[4] **sastrerías**—locales donde los sastres hacen trajes y vestidos a la medida del cliente.

[5] **marchito**—seco; enflaquecido; reducido.

[6] **fieltro**—paño prensado; tela gruesa que se utiliza para hacer sombreros.

[7] **peluquerías**—locales donde los peluqueros, o barberos, les cortan el pelo o la barba a los clientes.

Sucede que me canso de mis pies y mis uñas
y mi pelo y mi sombra.
Sucede que me canso de ser hombre.

Sin embargo sería delicioso
asustar a un notario con un lirio[8] cortado
o dar muerte a una monja con un golpe de oreja.
Sería bello
ir por las calles con un cuchillo verde
y dando gritos hasta morir de frío.

No quiero seguir siendo raíz en las **tinieblas,**[9]
vacilante, extendido, tiritando[10] de sueño,
hacia abajo, en las tripas mojadas de la tierra,
absorbiendo y pensando, comiendo cada día.

No quiero para mí tantas desgracias.
No quiero continuar de raíz y de tumba,
de subterráneo solo, de **bodega**[11] con muertos,
aterido,[12] muriéndome de pena.

Por eso el día lunes arde como el petróleo
cuando me ve llegar con mi cara de cárcel,
y aúlla en su transcurso como una rueda herida,
y da pasos de sangre caliente hacia la noche.
Y me empuja a ciertos rincones, a ciertas casas húmedas,
a hospitales donde los huesos salen por la ventana,
a ciertas zapaterías con olor a vinagre,
a calles espantosas como **grietas.**[13]

---

[8] lirio—planta herbácea con tallos gruesos y muchas flores.

[9] **tinieblas**—oscuridad profunda.

[10] tiritando—temblando.

[11] **bodega**—tienda; almacén pequeño de comestibles.

[12] aterido—helado de frío.

[13] **grietas**—rajaduras; rupturas en la superficie de alguna cosa.

Hay pájaros de color de **azufre**[14] y horribles intestinos
colgando de las puertas de las casas que odio,
hay dentaduras olvidadas en una cafetera,
hay espejos
que debieran haber llorado de vergüenza y espanto,
hay paraguas en todas partes, y **venenos**,[15] y ombligos.

Yo paseo con calma, con ojos, con zapatos,
con furia, con olvido,
paso, cruzo oficinas y tiendas de ortopedia,
y patios donde hay ropas colgadas de un alambre:
calzoncillos, toallas y camisas que lloran
lentas lágrimas sucias.

Oda a la alcachofa

La alcachofa
de tierno corazón
se vistió de guerrero,
erecta, construyó
una pequeña cúpula,
se mantuvo
impermeable[16]
bajo
sus **escamas**,[17]
a su lado
los vegetales locos
se encresparon,[18]

---

[14] **azufre**—elemento químico amarillo, combustible, que arde con llama azul, produciendo un olor acre característico.

[15] **venenos**—sustancias que dañan o matan al que las consume; ponzoñas.

[16] **impermeable**—que no deja pasar el agua.

[17] **escamas**—referencia a las hojas de la alcachofa, que se parecen a las escamas, o láminas que cubren el cuerpo de los peces.

[18] encresparon—agitaron; erizaron.

se hicieron
zarcillos,[19] espadañas,[20]
bulbos conmovedores,
en el subsuelo
durmió la zanahoria
de bigotes rojos,
la viña
resecó los **sarmientos**[21]
por donde sube el vino,
la col
se dedicó
a probarse las faldas,
el orégano
a perfumar el mundo,
y la dulce
alcachofa
allí en el huerto,
vestida de guerrero,
bruñida[22]
como una granada,[23]
orgullosa;
y un día
una con otra
en grandes cestos
de **mimbre**,[24] caminó
por el mercado
a realizar su sueño:
la milicia.
En hileras

---

[19] zarcillos—tallos fibrosos de las plantas trepadoras.

[20] espadañas—nombre común de varias plantas, cuyos tallos se usan para fabricar canastas.

[21] **sarmientos**—tallos largos y gruesos de la vid, planta que da uvas.

[22] **bruñida**—pulida; con brillo.

[23] granada—fruto comestible del granado, de color rojizo, que contiene muchas semillas.

[24] **mimbre**—mimbrera, árbol con ramas flexibles que se emplean en la fabricación de canastas.

nunca fue tan marcial
como en la feria,
los hombres
entre las legumbres
con sus camisas blancas
eran
mariscales[25]
de las alcachofas,
las filas apretadas,
las voces de comando,
y la detonación
de una caja que cae;
pero
entonces
viene
María
con su cesto,
escoge
una alcachofa,
no le teme,
la examina, la observa
contra la luz como si fuera un huevo,
la compra,
la confunde
en su bolsa
con un par de zapatos,
con un **repollo**[26] y una
botella
de vinagre
hasta
que entrando a la cocina
la sumerge en la olla.

---

[25] mariscales—oficiales militares del más alto rango.

[26] **repollo**—col; vegetal que consiste en muchas hojas sobrepuestas, parecido a la lechuga, pero que se puede cocinar.

        Así termina
en paz
esta carrera
del vegetal armado
que se llama alcachofa,
luego
escama por escama,
desvestimos
la delicia
y comemos
la pacífica **pasta**[27]
de su corazón verde.

---

[27] **pasta**—la parte blanda de la alcachofa.

PREGUNTAS

1. ¿Qué forma métrica tiene "Poema 15"? ¿Hay un esquema de rima y de ritmo? ¿Qué efecto tiene esto y cómo se enlaza esta estructura con el sentimiento que Neruda evoca?

2. ¿Qué problema se expone en "Walking around"? ¿Qué estructura métrica informa este poema? ¿En qué sentido le conviene al poeta esta forma en su afán de expresar un estado de ánimo?

3. ¿Cuáles son los atributos específicamente marciales, o sea, propios de la vida militar, que Neruda superpone a la simple alcachofa de mercado en "Oda a la alcochofa"?

4. Analiza la estructura métrica de "Oda a la alcochofa". La oda, ¿tiene regularidades métricas o de rima? Describe brevemente la estructura de esta oda y el efecto que produce en la expresión poética.

5. Compara y contrasta, en cuanto forma y fondo, "Walking around" de Pablo Neruda con "He andado muchos caminos" de Antonio Machado. Describe y comenta tanto las ideas centrales como el tono de los dos poemas, y extrae ejemplos de las técnicas empleadas en cada caso para lograr la expresión poética.

Nicolás Guillén ▶

Poemas de Nicolás Guillén

NICOLÁS GUILLÉN

Nacido en Camagüey, de linaje español y africano, el poeta cubano Nicolás Guillén (1902–1989) cursó estudios de derecho, pero temprano se sintió atraído por el periodismo. Como poeta se hizo vocero de la fusión espiritual de lo blanco y lo negro en las Antillas. Ejemplo de la expresión lírica de esta fusión es su poema, "Balada de los dos abuelos". Guillén llegó a ser intérprete poético del arte de los dialectos, de los viejos ritmos, de los cantos carnavalescos y de los estados de ánimo de los afroantillanos. Su maestría en cuanto a estos componentes lo llevó en su obra a temas básicos de la vida cotidiana y de la sensualidad, del amor y de la muerte, y también a la enérgica protesta política y social, atenta a elementos que oprimían a los pobres y humildes. Fue comunista y fidelista.

El poeta cobró su voz auténtica de negritud después de una visita que le hizo el poeta afroamericano Langston Hughes en enero de 1930. Publicó su primer libro de poemas, Motivos de son, en ese mismo año. Característico de la obra de Guillén es su lenguaje: acentos, timbres, compases, intensidades y duraciones del habla del pueblo; y la creación de "jitanjáforas", recurso estilístico que consiste en el uso de una palabra, muchas veces onomatopéyica, sin significado, pero de un gran poder evocador. En "Sensemayá: canto para matar a una culebra", poema de vivo lirismo que se publicó por vez primera en West Indies, Ltd., en 1934, experimentamos una inocencia y una espontaneidad ingenuas. "Sensemayá" representa una de las poquísimas ocasiones en que Guillén quedó satisfecho con la primera versión de un poema. Confeccionado en el transcurso de una sola noche, contiene poderosas jitanjáforas.

Balada de los dos abuelos

Sombras que sólo yo veo,
me escoltan[1] mis dos abuelos.
Lanza[2] con punta de hueso,
tambor de cuero y madera:
mi abuelo negro.
Gorguera[3] en el cuello ancho,
gris armadura guerrera:
mi abuelo blanco.

África de **selvas**[4] húmedas
y de gordos gongos[5] sordos . . .
—¡Me muero!
(Dice mi abuelo negro.)
Aguaprieta[6] de **caimanes**,[7]
verdes mañanas de **cocos** . . . [8]

---

[1] escoltan—acompañan.

[2] **Lanza**—palo puntiagudo; arma arrojadiza.

[3] Gorguera—cuello grande y blanco, de lino doblado en pliegues, usado por los hombres españoles de los siglos XVI y XVII.

[4] **selvas**—bosques tropicales.

[5] gongos— gongs; batintines, o campanas en forma de plato o caldero, suspendidos, que se golpean con una bola cubierta de lana, fija en el extremo de un palito; sinónimo de "batintín" es "tantán".

[6] Aguaprieta—agua pantanosa.

[7] **caimanes**—reptiles parecidos a cocodrilos.

[8] **cocos**—frutos del cocotero, que tiene dentro un líquido dulce y sabroso.

—¡Me canso!
(Dice mi abuelo blanco.)

Oh velas de amargo viento,
galeón[9] **ardiendo**[10] en oro . . .
—¡Me muero!
(Dice mi abuelo negro.)
¡Oh costas de cuello virgen
engañadas de abalorios[11]. . . !
—¡Me canso!
(Dice mi abuelo blanco.)
¡Oh puro sol repujado,[12]
preso en el aro[13] del trópico;
oh luna redonda y limpia
sobre el sueño de los monos!

¡Qué de barcos,[14] qué de barcos!
¡Qué de negros, qué de negros!
¡Qué largo fulgor[15] de cañas!
¡Qué látigo[16] el del negrero![17]
Piedra de llanto y de sangre,
venas y ojos entreabiertos,
y **madrugadas**[18] vacías
y atardeceres de ingenio,[19]
y una gran voz, fuerte voz,
despedazando[20] el silencio.

---

[9] galeón—barco español grande, de velas, con 3 o 4 mástiles.

[10] ardiendo—quemándose.

[11] abalorios—bolitas de vidrio.

[12] repujado—grabado; adornado.

[13] aro—círculo.

[14] ¡Qué de barcos!—¡Cuántos barcos! ¡Qué cantidad de barcos!

[15] fulgor—brillo.

[16] látigo—correa usada para azotar, para pegar, como castigo.

[17] negrero—comerciante en esclavos africanos.

[18] **madrugadas**—albas; auroras; amaneceres.

[19] ingenio—fábrica de azúcar.

[20] **despedazando**—deshaciendo.

¡Qué de barcos, qué de barcos,
qué de negros!

Sombras que sólo yo veo,
me escoltan mis dos abuelos.

Don Federico me grita
y Taita[21] Facundo calla;
los dos en la noche sueñan
y andan, andan.
Yo los junto.
                    —¡Federico!
¡Facundo! Los dos se abrazan.
Los dos suspiran. Los dos
las fuertes cabezas **alzan;**[22]
los dos del mismo tamaño,
bajo las estrellas altas;
los dos del mismo tamaño,
ansia[23] negra y ansia blanca,
los dos del mismo tamaño,
gritan, sueñan, lloran, cantan.
Sueñan, lloran, cantan.
Lloran, cantan.
¡Cantan!

---

[21] Taita (m.)—abuelito.
[22] **alzan**—levantan.
[23] **ansia**—angustia; dolor espiritual.

Sensemayá

Canto para matar a una culebra[24]

   ¡Mayombe-bombe-mayombé![25]
¡Mayombe-bombe-mayombé!
¡Mayombe-bombe-mayombé!

   La **culebra**[26] tiene los ojos de vidrio;
la culebra viene, y se enreda[27] en un palo;
con sus ojos de vidrio en un palo,
con sus ojos de vidrio.
La culebra camina sin patas;
la culebra se esconde en la yerba;
caminando se esconde en la yerba,
¡caminando sin patas!

   ¡Mayombe-bombe-mayombé!
¡Mayombe-bombe-mayombé!
¡Mayombe-bombe-mayombé!

   Tú le das con el **hacha**,[28] y se muere:
¡dale ya![29]
¡No le des con el pie, que te muerde,
no le des con el pie, que se va!

---

[24] En Cuba, "matar la culebra" es una expresión que significa "matar el tiempo".

[25] Sensemayá—mayombe—bombe—mayombé—palabras que reflejan el ritmo de los idiomas que trajeron de África los esclavos.

[26] **culebra**—tipo de serpiente.

[27] se enreda—se enrolla; se enrosca.

[28] **hacha**—herramienta cortante, algo parecida al machete.

[29] ¡dale ya!—¡pégale ahora!

Sensemayá, la culebra,
sensemayá.
Sensemayá, con sus ojos,
sensemayá.
Sensemayá, con su lengua,
sensemayá.
Sensemayá, con su boca,
sensemayá!

¡La culebra muerta no puede comer;
la culebra muerta no puede **silbar**:[30]
no puede caminar,
no puede correr!
¡La culebra muerta no puede mirar;
la culebra muerta no puede beber,
no puede respirar,
no puede morder!

¡Mayombe—bombe-mayombé!
Sensemayá, la culebra . . .
¡Mayombe-bombe—mayombé!
Sensemayá, no se mueve . . .
¡Mayombe-bombe-mayombé!
Sensemayá, la culebra . . .
¡Mayombe-bombe-mayombé!
¡Sensemayá, se murió!

---

[30] **silbar**—chiflar; pitar.

PREGUNTAS

1. Analiza la métrica de "Balada de los dos abuelos", con especial atención a su ritmicidad. ¿Por qué optaría el poeta por esta forma? ¿Qué efecto tiene este aspecto formal sobre el fondo poético, o sea, sobre la idea que se expone?

2. ¿Intuyes tú alguna preferencia en "Balada de los dos abuelos" por las cualidades del abuelo negro o por las del abuelo blanco? ¿Crees tú que Guillén condena de alguna forma a cualquiera de sus dos linajes? Defiende tus observaciones con detalles del poema.

3. Describe los aspectos formales del poema "Sensemayá", y discute el efecto que su arte produce en el ánimo del lector. ¿Crees tú que si Guillén se hubiera valido de una métrica clásica, podría haber afectado al lector de la misma manera? ¿Por qué?

4. Comenta el efecto artístico del léxico de Guillén, o sea, de las palabras que utiliza en sus poemas. Comenta el efecto artístico de la repetición de palabras y de sonidos.

5. Escoge uno de los romances que hayas leído de Federico García Lorca, y compara y contrasta su estructura lírica con la estructura lírica de uno de los poemas de Guillén. Analiza la relación que existe entre el fondo y la forma de cada uno de los dos poemas. ¿Por qué crees que se valieron Guillén y Lorca de la estructura de sus respectivos poemas para lograr su expresión poética?

Índice alfabético

Texto

16 "El hijo" by Horacio Quiroga. Reprinted by permission of Editorial Losada S.A.

25 "Mi caballo mago" by Sabine R. Ulibarrí. Editorial Losada S.A., Buenos Aires 1998.

34 "No oyes ladrar los perros" de *El llano en llamas* por Juan Rulfo © Juan Rulfo, 1953, y Herederos de Juan Rulfo. Reimprimido con permiso.

41 "La siesta del martes" de Los funerales de la Mamá Grande por Gabriel García Márquez. © Gabriel García Márquez, 1962. Reimprimido con permiso.

75 "Las ataduras" by Carmen Martín Gaite from *Cuentos completos y un monólogo*. © Carmen Martín Gaite. © Editorial Anagrama, S.A. / Ediciones Destino, S.A., 1994. Reprinted by permission of Grupo Planeta.

143 "El Sur" by Jorge Luis Borges. © 1995 by Maria Kodama. Reprinted with the permission of The Wylie Agency, Inc.

155 "La muerte y la brújula" by Jorge Luis Borges. © 1995 Maria Kodama. Reprinted with the permission of The Wylie Agency, Inc.

173 "Continuidad de los parques" de *Final del juego* por Julio Cortázar. © Julio Cortázar, 1956, y Herederos de Julio Cortázar. Reimprimido con permiso.

177 "La noche boca arriba" de *Final del juego* por Julio Cortázar. © Julio Cortázar, 1956, y Herederos de Julio Cortázar. Reimprimido con permiso.

190 "Chac Mool" de *Los días enmascarados* por Carlos Fuentes. © Carlos Fuentes, 1954. Reimprimido con permiso.

206 "Un señor muy viejo con unas alas enormes" de *Los funerales de la Mamá Grande* por Gabriel García Márquez. © Gabriel García Márquez, 1962. Reimprimido con permiso.

219 "El ahogado más hermoso del mundo" de *Los funerales de la Mamá Grande* por Gabriel García Márquez. © Gabriel García Márquez, 1962. Reimprimido con permiso.

230 "Dos palabras" de *Cuentos de Eva Luna* por Isabel Allende. © Isabel Allende, 1990. Reimprimido con permiso.

246 "Un día de Éstos" de *Los funerales de la Mamá Grande* por Gabriel García Márquez. © Gabriel García Márquez, 1962. Reimprimido con permiso.

252 "La prodigiosa tarde de Baltazar" de *Los funerales de la Mamá Grande* por Gabriel García Márquez. © Gabriel García Márquez, 1962. Reimprimido con permiso.

Fotos

305 © Kobal Collection/El Desea-Lauren
306 *top* © Reuters/Win McNamee/Hulton/Archive by Getty Images
306 *bottom* © Ed Reinke/AP/Wide World Photos
307 *top* © David Kennerly/Corbis
307 *bottom* ©AFP/Corbis
317 © Herederos de Federico García Lorca. Courtesy of Fundación de Federico García Lorca/William Peter Kosmas
334 © Corbis
337, 398 © Godo-Foto
367 © Private Collection/Ken Walsh/Bridgeman Art Library
376 Museo de America, Madrid, Spain/Bridgeman Art Library
389 © Photo courtesy of Jack Agueros
403 © RDA/Archive Photos/Hulton/Archive by Getty Images
411 © Prensa Latina/Hulton/Archive by Getty Images